Naming Rights de Bens Públicos

Naming Rights de Bens Públicos

2017

Luis Felipe Sampaio

***NAMING RIGHTS* DE BENS PÚBLICOS**
© Almedina, 2017

AUTOR: Luis Felipe Sampaio
DIAGRAMAÇÃO: Almedina
DESIGN DE CAPA: FBA
ISBN: 978-858-49-3215-3

Dados Internacionais de Catalogação na Publicação (CIP)
(Câmara Brasileira do Livro, SP, Brasil)

Sampaio, Luis Felipe
Naming Rights de Bens Públicos / Luis Felipe
Sampaio. -- São Paulo : Almedina, 2017.
Bibliografia
ISBN: 978-85-8493-215-3
1. Bens públicos 2. Bens públicos - Brasil 3.
Direito de nome 4. Marca de produtos I. Título.

17-03433   CDU 351.713(81)

Índices para catálogo sistemático:
1. Brasil : Naming Rights : Bens públicos : Direito administrativo 351.713(81)

Este livro segue as regras do novo Acordo Ortográfico da Língua Portuguesa (1990).

Todos os direitos reservados. Nenhuma parte deste livro, protegido por copyright, pode ser reproduzida, armazenada ou transmitida de alguma forma ou por algum meio, seja eletrônico ou mecânico, inclusive fotocópia, gravação ou qualquer sistema de armazenagem de informações, sem a permissão expressa e por escrito da editora.

Abril, 2017

EDITORA: Almedina Brasil
Rua José Maria Lisboa, 860, Conj.131 e 132, Jardim Paulista | 01423-001 São Paulo | Brasil
editora@almedina.com.br
www.almedina.com.br

AGRADECIMENTOS

A presente obra corresponde a uma versão atualizada e revisada de minha dissertação de Mestrado em Direito Público na Universidade do Estado do Rio de Janeiro, a qual foi aprovada com grau máximo e recomendação de publicação por distinta banca examinadora, composta por Rodrigo Brandão, Alexandre Aragão e Floriano de Azevedo Marques Neto.

Naquela ocasião, afirmei que a parte mais prazerosa de toda jornada ocorre ao final, quando é possível refletir e rememorar tudo que foi vivido durante o percurso, e grande parte da satisfação envolve a gratidão por todos que me auxiliaram nesta trajetória.

Não há nada nem ninguém que mereça mais minha gratidão que Deus, pois, sem Sua vontade, nada é possível. Ele está em tudo que veio antes e durante este trabalho, assim como naquilo que virá. Todos os demais agradecimentos que se seguirão decorrem diretamente deste primeiro.

Sou eternamente grato a meus familiares, por tudo que representam. Ao longo da vida, cada um contribuiu à sua própria maneira para que fosse possível chegar até aqui: minha mãe, Carla, com sua inesgotável disposição para o trabalho; meu irmão Newton, com suas muitas lições sobre vida e solidariedade; e minha irmã Carol, a grande amiga com quem tive a felicidade de compartilhar a maior parte de minha existência. Sou realmente abençoado por tê-los em minha vida.

Também devo enorme gratidão à minha esposa Denize, com quem tive a sorte de me casar enquanto este livro era escrito. Afora suas inúmeras qualidades humanas, que a tornam uma das pessoas mais incríveis de que já tive notícia, é ainda uma jurista excepcional. Ela não apenas evitou que qualquer fato cotidiano atrapalhasse a elaboração deste trabalho, mas também leu e releu cada linha, inúmeras vezes, tecendo críticas e fazendo comentários extremamente pertinentes. Sem ela, o resultado final certamente teria sido diferente e muito menos interessante.

Minha sorte não se limita à esfera familiar, estendendo-se também ao ambiente acadêmico que a UERJ me proporcionou na linha de pesquisa de Direito Público. Tive a oportunidade de estudar com Professores de notória capacidade intelectual, que contribuíram decisivamente para o aprimoramento das ideias aqui contidas (e de muitas outras), e que são unidos pela vontade e pela satisfação de promover o conhecimento. São eles: Rodrigo Brandão, Alexandre Santos de Aragão, Luís Roberto Barroso, Gustavo Binenbojm, Patrícia Baptista, Daniel Sarmento e Ana Paula de Barcellos. Os dois primeiros foram particularmente importantes para este livro: Rodrigo Brandão, por ter orientado minha dissertação com comentários sempre agudos e pertinentes, que agregaram ao presente trabalho uma visão constitucionalizada do regime jurídico dos bens públicos; e Alexandre Aragão, por todas as observações e críticas decorrentes de seu olhar experiente em relação ao Direito Administrativo. Com um time de professores como esse, fica evidente que eventuais equívocos neste trabalho só podem ser imputados a mim mesmo.

Mas o ambiente acadêmico não é formado apenas pelos professores, vez que o nível intelectual e participativo dos alunos é parte decisiva para o sucesso de um programa de ensino. Fui agraciado com colegas de turma brilhantes, cheios de ideias inovadoras, com ímpeto questionador, e que, além de intelectualmente privilegiados, se mostraram grandes companheiros. Dentre eles, destaco José Marcos Vieira, Felipe de Melo Fonte, Filipe Guedes, Bruno Belsito, Joana Menezes, Ciro Grynberg, Aline Osorio, Rodrigo Zambão, Leonardo Coelho, Pedro José Ribeiro, Marcelo Valença, Luiza Vereza, Pedro Duarte, Carina Lellis, Juliana Cesário Alvim, Semirames Khattar, André Cyrino, Carlos Alexandre Campos, Thiago Magalhães, Alonso Freire e Deborah Pereira.

O mestrado ainda me permitiu criar e lecionar a disciplina "Exploração econômica do patrimônio público", onde pude amadurecer várias ideias que se encontram presentes nesta obra. Em boa parte, isso se deveu ao alto nível dos debates realizados durante as aulas, que contaram com a participação de alunos dedicados e inteligentes que honram a tradição de qualidade da Universidade. Nesse ponto, devo agradecer ainda a Erick Tavares Ribeiro, jurista extraordinário de quem tenho a honra de ser colega de trabalho na Procuradoria-Geral do Estado do Rio de Janeiro, que aceitou gentilmente meu convite para comparecer à última aula e compartilhar experiências profissionais relativas à exploração econômica de bens públicos.

Devo também tecer algumas considerações especiais em relação a Floriano de Azevedo Marques Neto, por quem tenho enorme gratidão. Desde o primeiro momento em que surgiu a ideia de escrever sobre o tema deste livro, não conseguia imaginar concluí-lo sem submetê-lo ao exame do brilhante Professor, responsável por uma das maiores contribuições (senão a maior) para o tema dos bens públicos no Direito brasileiro. Assim, foi com extrema alegria e alívio que recebi sua resposta aceitando meu convite para integrar a banca examinadora de minha dissertação. E minha expectativa não apenas foi correspondida, como também superada, diante das inteligentes críticas e observações feitas pelo Professor, as quais, após significativa reflexão posterior, vieram a ser incorporadas, em grande parte, no resultado final deste trabalho.

Além disso, ao longo da elaboração desta dissertação, também tive a feliz oportunidade de viver o cotidiano da Procuradoria-Geral do Estado do Rio de Janeiro, meu local de trabalho e minha segunda casa. Trata-se de uma instituição que respira o ambiente acadêmico, e onde a busca pela expansão de conhecimentos é constante. Por isso, e pela convivência diária, agradeço, de forma geral, a todos os membros dessa renomada instituição (Procuradores, demais servidores, residentes e estagiários), e, em especial, àqueles que estiveram mais próximos a mim ao longo desse período e compartilharam minhas angústias diárias: Mariana Cale, Rafael Frias e Alexandre Dantas, três jovens com futuro extremamente promissor.

Encaminhando-me para o final, devo ainda algumas palavras de agradecimento ao Professor e Ministro do Supremo Tribunal Federal Luís Roberto Barroso, com quem tive o prazer de passar a trabalhar logo após a conclusão do mestrado, e durante a revisão e atualização desta obra. Trata-se de um jurista formidável, capaz de encontrar, em segundos, soluções nunca antes imaginadas para questões extremamente complexas, e que, além de toda a sua capacidade e reconhecimento, não deixa de ser sempre gentil, cordial, e disposto a ajudar. Não há dúvidas de que é uma das pessoas mais incríveis com quem já tive o prazer de conviver e trabalhar. Por fim, devo agradecer à sua equipe de assessores no STF, a qual tive a felicidade de integrar, que é composta por pessoas brilhantes e incansáveis, que refletem o nível de exigência e excelência do Ministro, e que dedicam o melhor de si ao trabalho e ao Brasil. Neste ponto, agradeço, em especial, a Renata Saraiva, Paulo Cesar Villela Souto Lopes Rodrigues e Andre Araujo.

Enfim, todos que estiveram à minha volta foram importantes para que cada palavra tivesse sido inserida da forma que foi.

É grande o prazer de completar a jornada. É incomparável fazê-lo com amigos por perto.

APRESENTAÇÃO

O QUE HÁ EM UM NOME?

Luís Roberto Barroso[1]

"What's in a name? That which we call rose
By any other name would smell as sweet".[2]
Shakespeare, *Romeu e Julieta*

I. O Autor

LUIS FELIPE SAMPAIO DE ALMEIDA foi meu aluno no Programa de Pós-Graduação em Direito Público na Universidade do Estado do Rio de Janeiro – UERJ em 2014. O trabalho que aqui tenho a honra de apresentar deu a ele o título de Mestre em Direito, conquistado com grande merecimento. Anteriormente, Luis Felipe já havia sido aprovado no concorrido concurso para Procurador do Estado do Rio de Janeiro, onde fomos contemporâneos por breve período. Além disso, é Professor/Palestrante da Escola da Magistratura do Estado do Rio de Janeiro.

Como se constata singelamente, muito jovem ainda, Luis Felipe já exibe uma vida quase completa, com sucessos a serem celebrados em áreas diver-

---

[1] Professor Titular da Universidade do Estado do Rio de Janeiro. Ministro do Supremo Tribunal Federal.

[2] "O que há em um nome? Aquilo que chamamos rosa, tivesse qualquer outro nome, seria igual no seu perfume". Tradução livre.

sas do Direito. De outubro de 2015 a outubro de 2016, ele atuou como assessor no meu gabinete no Supremo Tribunal Federal, emprestando-me seu talento, competência e seriedade em tudo o que faz. Sem surpresa, produziu ele, na sua dissertação de mestrado que aqui apresento, um trabalho original, criativo e que supre a demanda por informação e balizas jurídicas em um domínio pouco explorado e promissor entre nós. A seguir, algumas breves reflexões sobre seu trabalho.

II. O livro

A presente obra tem dois grandes méritos: o da *inovação*, da busca por ideias simples, originais e ousadas, que são, em boa parte, o que andamos precisando; e o do *desenvolvimento*, consistente no excelente resultado final alcançado pelo autor. Luis Felipe identifica e analisa algumas soluções econômicas inovadoras para a construção de um Estado mais eficiente, mais consensual, menos autoritário e mais atento à realidade e aos avanços da modernidade.

No primeiro capítulo, partindo da concepção de que o Estado só se legitima enquanto agente de promoção da dignidade dos indivíduos, o autor constata que diversos obstáculos precisam ser superados para que o Estado possa atingir sua finalidade, tais como a escassez de recursos públicos, a alta carga fiscal, e a má gestão administrativa, a qual decorre, algumas vezes, de escolhas administrativas equivocadas, e, outras vezes, de simples inércia estatal. Conforme defende o autor, é preciso que a gestão administrativa deixe de ser meramente *reativa* e passe a ser *proativa*, buscando criar oportunidades econômicas e aproveitar melhor aquelas que já estejam disponíveis. É preciso, portanto, aprimorar o Estado. A partir dessas constatações, Luis Felipe se dedica ao estudo do grande problema de gestão do patrimônio público que assola o Estado, e que envolve tanto a ausência de atribuição de qualquer função social a um número relevante de bens públicos, como também, nos demais casos, o subaproveitamento do correspondente potencial econômico. Assim, o autor promove uma importante releitura das utilidades dos bens públicos sob a ótica da eficiência econômica, sem prejuízo da ponderação com outros aspectos constitucionais, como a proteção do valor intrínseco do patrimônio público e da possibilidade de fruição igualitária entre os indivíduos.

No segundo capítulo, após firmadas as premissas de uma boa gestão patrimonial pública, Luis Felipe apresenta o instituto que dá nome ao livro, os *naming rights* de bens públicos: uma forma de explorar comercialmente os nomes desses bens, em que o particular adquire o direito de nomeá-los em troca de uma contraprestação econômica para o Estado. Nesse contexto, o autor realiza uma profunda análise de como a exploração de *naming rights* já se encontra bem desenvolvida em alguns países, e como vem se expandindo significativamente ao redor do mundo em tempos recentes, com exemplos de grande sucesso.

A partir de então, Luis Felipe trata do relevante tema da compatibilização do instituto com o atual quadro jurídico brasileiro, examinando questões complexas referentes (i) a competências, como conflitos federativos e interinstitucionais; (ii) a aspectos substantivos que devem ser levados em consideração, como a relevância do bem para a comunidade, a natureza do nome, e as vedações quanto a nomes de pessoas jurídicas e físicas, vivas e mortas; (iii) à pessoa do nomeante, como eventual interesse de empresas que fabricam produtos nocivos à saúde pública (ex: cigarros) em nomear bens pertencentes a entidades públicas que se destinam justamente à promoção da saúde pública (ex: hospitais); e (iv) ao tempo de contrato, que contrapõe aspectos econômicos a aspectos republicanos.

Além disso, o autor analisa os aspectos procedimentais pertinentes, de modo a esclarecer os requisitos e o modo pelo qual devem ser celebrados contratos de exploração de *naming rights*, e tece considerações sobre a eventual realização de consultas públicas quando se tratar de bens de grande relevância. Por fim, baseando-se nos critérios propostos e detalhados ao longo do trabalho, o autor traça importantes parâmetros de controle judicial, determinantes para que haja respeito à discricionariedade e legitimidade administrativa na condução da gestão pública.

III. Conclusão

A primeira vez que percorri as páginas deste trabalho foi em meados de 2015, quando o nome de Luis Felipe foi lembrado para vir integrar minha equipe de assessores no Supremo. Desde aquele momento pude constatar as virtudes intelectuais e de personalidade que se manifestam neste livro: originalidade, seriedade científica e trabalho árduo. Virtudes às quais acrescenta uma imensa fidalguia, traço que nos tem faltado no país nesta quadra mais áspera que atravessamos.

Se não saísse muito caro, eu bem proporia ao autor que desse ao trabalho o subtítulo de "Dissertação Luís Roberto Barroso", para colar meu nome no sucesso editorial que virá pela frente. Mas, pensando melhor, dei-me conta que não ficaria bem um velho professor pegar carona nos méritos e conquistas dos seus ex-alunos. Porém, a pesquisa e a reflexão valiosas de Luis Felipe Sampaio de Almeida bem justificam a tentação e poderão inspirar, pelo país afora, iniciativas envolvendo *naming rights* que estejam à altura das ideias do presente livro. Saio do caminho, desejando ao leitor que percorra esta obra com o mesmo prazer e proveito com que a desfrutei.

PREFÁCIO

Luis Felipe Sampaio escreveu um livro extraordinário, com muitas virtudes. A primeira delas consistiu na escolha do tema. A exploração de *naming rights* de bens públicos era claramente um tema à espera de um autor. Afinal, ele conjuga complexidade jurídica, interdisciplinariedade, relevância econômica e carência de investigação não só na literatura jurídica nacional, mas também na estrangeira. Porém, a qualidade do tema era proporcional ao desafio. E Luis Felipe dele se desincumbiu com maestria, tendo produzido uma obra que revela uma combinação invulgar entre redação leve e rigor científico, entre ideias inovadoras e a necessária sistematização de um tema tão pouco explorado.

As dificuldades inerentes ao tratamento de tema tão complexo e instigante são reveladas pelo seguinte exemplo cogitado pelo autor:

> "Imagine-se, por exemplo, um hospital público, sem material suficiente para a realização de cirurgias e sem recursos remanescentes para suprir a carência. Seria possível alienar o nome de uma ala desse hospital por valor suficiente para comprar todo o material necessário, de modo a prestar um serviço público satisfatório? Mais: seria possível ir além, e, ao invés de apenas suprir tal carência, construir também toda uma nova ala de tratamento de ponta com recursos obtidos apenas através da cessão do nome dessa ala inicialmente inexistente? Seria necessário adotar alguma precaução antes da realização desse negócio?"

NAMING RIGHTS DE BENS PÚBLICOS

Em cenários de crise econômica e de elevada carga tributária, como o que o Brasil atualmente vivencia, não parece haver dúvidas sobre a conveniência — quando menos em uma perspectiva financeira — de o Estado se valer de meios alternativos de financiamento. Porém, a exploração de *naming rights* de bens públicos suscita questões complexas, como, por exemplo: tratar-se-ia de "privatização", incompatível com o princípio republicano, de uma esfera eminentemente pública?

Em um tema que acirra as paixões políticas, Luis Felipe nos traz um sopro de lucidez e de serenidade. O capítulo 2, dedicado exclusivamente à gestão dos bens públicos, contém premissas teóricas que serão fundamentais para a construção do seu argumento propositivo. Nele, o autor chama atenção para a importância de o Estado buscar fontes alternativas de financiamento em um cenário de grave crise econômica e de exponencial aumento da carga tributária. E também nos lembra que isso "requer criatividade e proatividade por parte da Administração Pública", exigindo "uma mudança em relação à tradicional inércia administrativa." Afinal, é dever do administrador público gerir os bens públicos de modo a potencializar o cumprimento da sua função social e a realização do interesse público.

Porém, a dificuldade está em saber concretamente que tipo de agir administrativo melhor concretiza a função social e o interesse público. Neste particular, não há dúvida de que a eficiência econômica é um vetor fundamental, pois uma das finalidades básicas da gestão de recursos públicos escassos deve naturalmente ser a redução de custos e o incremento de receitas. Embora não se possa nem se deva descurar da importância de uma gestão economicamente eficiente do patrimônio público, Luis Felipe chama atenção para o fato de o Estado ter outros fins, cuja concretização pode implicar soluções que não sejam as melhores economicamente. Salienta, com precisão, que não se deve confundir *"gestão adequada* de bens públicos com *gestão economicamente eficiente."* Uma gestão adequada, embora considere a relevância da eficiência econômica, se guia também por outros objetivos. Pois se a Administração Pública se ativer exclusivamente à eficiência econômica pode incutir a ideia de que "não há nada que o dinheiro não compre.

Os riscos à igualdade são evidentes, pois em um mundo em que tudo ou quase tudo está à venda os maiores beneficiados serão os mais ricos. Por outro lado, também é claro o risco de corrupção dos valores inerentes aos

PREFÁCIO

bens públicos. Com efeito, há instituições cuja exploração do seu nome ofenderia claramente o seu sentido de patrimônio comum da sociedade, como é o caso dos Poderes do Estado, da polícia, das Forças Armadas etc.

Bem estabelecidas as premissas, Luis Felipe realiza, no capítulo terceiro, abordagem ampla, didática e pioneira sobre a exploração de *naming rights* de bens públicos. Inicialmente, o tema é tratado em cotejo com outras formas de nomeação de bens públicos, como as nomeações honorífica, descritiva e organizacional, para em seguida ser conceituada a exploração de *naming rights* de bens públicos como "a possibilidade de a Administração Pública contratar com outrem, de forma principal ou acessória, o direito de este atribuir nome a um bem público, material ou imaterial, mediante contraprestação economicamente apreciável. Não há cessão da propriedade em si, mas apenas de uma fração do direito de uso."

O autor distingue, de forma bastante didática, a exploração de *naming rights* de outras formas de exploração publicitária do espaço público, como adoção de espaços públicos e as doações com encargo consistentes na prerrogativa de o doador escolher o nome do bem. Também de grande relevância prática é a incursão do autor sobre a questão relativa às competências dos entes federativos sobre a matéria. Salienta, com precisão, ser comum a competência administrativa para a exploração de *naming rights* de bens públicos, e que, no âmbito legislativo, a competência é concorrente, cabendo à União a edição de normas gerais. O autor igualmente esclarece questões institucionais de grande relevo prático, asseverando que "em primeiro lugar, a celebração de contratos de *naming rights* de bens públicos independe da existência de legislação que expressamente preveja ou discipline esse tipo de contrato, eis que decorre da autonomia contratual da Administração Pública. Em segundo lugar, o Executivo não pode conceder os direitos de denominação de um bem de modo a substituir o nome atribuído pelo Legislativo por lei formal, vez que apenas lei posterior pode revogar a anterior."

Mais adiante o autor propõe parâmetros para a definição de bens públicos passíveis de exploração, tais como: "quanto mais relevante para a comunidade for o bem, maior será o seu valor de mercado, assim como a necessidade de se estabelecer uma proteção mais intensa. Para se identificar quais bens estão sujeitos ou não à exploração de *naming rights*, devem ser utilizados critérios objetivos e subjetivos, como a existência de vedações gerais a respeito do tipo de bem objeto do negócio, a existência de legislação anterior que atribua nome ao bem de forma específica, a averiguação da natureza do uso do bem pela comunidade, a análise da natureza intrínseca do bem e sua relação com o patrimônio público constitucionalmente protegido, e a aferição do tempo de existência do bem." Por outro lado, "o nome escolhido deve ainda se compatibilizar com os demais princípios constitucionais. Assim, dentre outras exigências, não deve afetar negativamente a imagem da Administração, não deve violar a neutralidade administrativa em relação a temas controversos, nem deve promover ideias que estimulem o ódio, a discriminação, o preconceito, e condutas que possam colocar em risco a integridade dos administrados. Além disso, o nome deve ser compatível com o bem nomeado, tanto no que concerne aos valores que promove como em relação a outros aspectos, como o nicho de mercado no qual o nome se encontra inserido."

O autor não deixa de abordar os requisitos procedimentais que condicionam a validade da exploração de *naming rights*, como, por exemplo, a obrigatoriedade de licitação, a realização de consultas públicas, a duração máxima da avença, a sua instrumentalização através de contrato de concessão de uso, os *standards* que devem pautar o controle judicial etc.

Já se pode perceber que se trata de obra de fôlego, que aborda — se não todos — os principais aspectos relacionados à exploração de *naming rights* de bens públicos no Brasil. Desse modo, o presente livro vem preencher uma relevante lacuna no Direito brasileiro, consistindo em contribuição relevante e original.

Por fim, algumas palavras sobre o autor e a origem da obra. Luis Felipe Sampaio é Mestre em Direito pela UERJ, Procurador do Estado do Rio de Janeiro e festejado Professor em cursos jurídicos no Rio de Janeiro, dentre eles o CEAP. Por sua vez, o presente livro é fruto da dissertação de mestrado aprovada com distinção, louvor e recomendação para publicação por Banca composta por mim (como orientador) e pelos Professores Alexandre Aragão (UERJ) e Floriano de Azevedo Marques Neto (USP), no âmbito do Programa de Pós-Graduação em Direito Público da Faculdade de Direito da Universidade do Estado do Rio de Janeiro. As aulas na graduação, no mestrado e no doutorado da UERJ têm me proporcionado muitos aprendizados, amigos e momentos de felicidade. A orientação do Luis Felipe foi um dos grandes exemplos disso. De aluno se transformou em querido amigo e interlocutor, para a minha felicidade e proveito. Faço votos de sucesso a essa importante obra, que marca a estreia de um Professor de Direito com futuro brilhante.

Brasília, primavera de 2016.

Rodrigo Brandão
Professor de Direito Constitucional da Faculdade de Direito da Universidade do Estado do Rio de Janeiro

SUMÁRIO

INTRODUÇÃO 21

1. GESTÃO DE BENS PÚBLICOS 27
1.1 O pano de fundo: escassez de recursos públicos e alta carga fiscal................27
1.2 Legitimidade estatal e função social dos bens públicos.....................................38
1.3 Eficiência econômica e afetações dos bens públicos...44
1.3.1 Bens dominicais: afetação a fins econômicos...49
1.3.2 Bens de uso comum do povo e de uso especial:
múltiplas afetações e obtenção de receitas originárias..53
1.4. Elementos não econômicos da gestão de bens públicos e potenciais conflitos 57
1.5 Conclusões parciais 65

2. *NAMING RIGHTS* DE BENS PÚBLICOS...67
2.1.1 Distinção entre exploração de *Naming Rights* e outras formas de nomeação. 67
2.1.2 *Naming Rights* e negócios jurídicos similares..78
2.1.2.1 Adoção de espaços públicos..78
2.1.2.2 Doação com encargo..80
2.1.3 A expansão da prática...91
2.2 *Naming Rights* de bens públicos e o ordenamento jurídico brasileiro 99
2.2.1 Competências..99
2.2.1.1 Repartição "vertical" de competência e autonomia federativa.................100
2.2.1.2 Repartição "horizontal": questões institucionais entre Executivo
e Legislativo..110
2.2.2 Aspectos substantivos 115
2.2.2.1 A relevância do bem para a comunidade..115
2.2.2.2 A natureza do nome 127
2.2.2.2.1 Pessoas vivas e mortas, pessoas jurídicas e impessoalidade 127
2.2.2.2.2 Compatibilidade com outros valores constitucionais 134

NAMING RIGHTS DE BENS PÚBLICOS

2.2.2.3 A pessoa do nomeante 139
2.2.2.4 Tempo de exploração: aspectos econômicos vs. aspectos republicanos..141
2.2.3 Aspectos procedimentais..149
2.2.3.1 Instrumentalização de contratos de *Naming Rights*.........................149
2.2.3.2 Exigência de licitação...152
2.2.3.3 Estudos econômicos...157
2.2.3.4 Consultas públicas...159
2.2.4 Controle judicial e aplicação dos parâmetros propostos 165

3. CONCLUSÃO..175

INTRODUÇÃO

O que são *naming rights*[3] de bens públicos? Como eles podem ser úteis à sociedade?

A exploração de *naming rights* – ou "direitos de denominação" – de bens privados e públicos é uma prática desenvolvida apenas em poucos países (em especial nos Estados Unidos), mas que recentemente passou a se expandir em escala global, chegando inclusive ao Brasil, embora neste país a prática ainda se encontre em estágio bastante inicial de desenvolvimento.

Estudar o instituto é tarefa árdua, pois ainda não há volume relevante de publicações acadêmicas ou de legislação sobre o tema. Trata-se, portanto, de caso em que a prática surgiu e vem se expandindo antes de sua teorização ou normatização específica, o que confere um certo caráter experimental a todas as iniciativas na área. Dessas experiências, acredita-se ser possível extrair algumas lições que permitam desenvolver o instituto de modo a maximizar seus pontos positivos e minimizar os riscos dele decorrentes, direcionando sua utilização ao atendimento do interesse público.

---

[3] A utilização da expressão em língua inglesa no texto e no título do trabalho não decorre de obra do acaso ou de predileção por língua estrangeira. Trata-se de uma escolha consciente e simbólica, que busca internalizar a ideia de que o instituto, embora já seja utilizado com relativa frequência no exterior (tendo sua nomenclatura consagrada mundialmente em língua inglesa), ainda é bastante incipiente no Brasil. Fixada essa premissa, ressalva-se que, ao longo do trabalho, o instituto também será abordado através de expressões sinônimas em língua portuguesa, especialmente a nomenclatura "direitos de denominação", com o intuito de evitar repetições demasiadas do mesmo termo, e de facilitar a leitura por aqueles não iniciados na língua inglesa.

Afora essas lições, a elaboração das demais noções sobre o tema depende de reflexões diversas acerca da ordem jurídica e das características peculiares à sociedade brasileira.

Ciente da dificuldade de cumprir essa missão, o presente trabalho busca responder as questões que o inauguram através de uma análise detalhada dos aspectos jurídicos que envolvem a exploração de *naming rights* de bens públicos, mas sem deixar de lado o caráter interdisciplinar do tema, que envolve elementos econômicos, filosóficos, políticos e de outras áreas do conhecimento.

Imagine-se, por exemplo, um hospital público, sem material suficiente para a realização de cirurgias e sem recursos remanescentes para suprir a carência. Seria possível alienar o nome de uma ala desse hospital por valor suficiente para comprar todo o material necessário, de modo a prestar um serviço público satisfatório? Mais: seria possível ir além, e, ao invés de apenas suprir tal carência, construir também toda uma nova ala de tratamento de ponta com recursos obtidos apenas através da cessão do nome dessa ala inicialmente inexistente? Seria necessário adotar alguma precaução antes da realização desse negócio?

Pense-se, agora, em outra hipótese: a de um estádio público, onde habitualmente são realizados jogos de equipe da comunidade local, com relevante frequência de público, e que possui manutenção dispendiosa e não autossustentável. Suponha-se que surja uma proposta de aquisição de *naming rights* do estádio, formulada por um *site* de relacionamentos extraconjugais, cujo objetivo consista em promover seu negócio, e, consequentemente, incutir na comunidade uma cultura de infidelidade conjugal.

Em ambas as hipóteses, o objetivo de auferir receitas para custear despesas públicas pode, em tese, ser alcançado através do negócio pretendido. Entretanto, os elementos preponderantes na análise da segunda hipótese aventada são os mesmos da primeira?

Embora os exemplos sejam hipotéticos, situações similares ocorrem todos os dias. No Brasil, e de modo relativamente homogêneo ao redor do mundo, há necessidade de investimentos públicos em serviços e infraestrutura, mas há escassez de recursos. Para piorar, ao menos no caso brasileiro, a carga fiscal é extremamente elevada, consequência do fato de que, tradicionalmente, a forma mais utilizada para ampliar a arrecadação pública de recursos consiste no aumento da tributação.

INTRODUÇÃO

Assim, já é chegada a hora de se buscar fontes alternativas de receitas públicas, e, portanto, de se observar com mais atenção as potencialidades econômicas à disposição do Estado, dentre elas a exploração econômica de bens públicos. Muitas pessoas prefeririam pagar menos tributos se soubessem que há outras possibilidades de obtenção dos recursos necessários à consecução dos fins públicos.

No Brasil, em qualquer das esferas políticas (municipal, estadual ou federal), a gestão do patrimônio público é bastante deficitária, e muitos bens são relegados ao abandono completo, sendo comum, por exemplo, a veiculação de notícias na mídia acerca de imóveis públicos invadidos, deteriorados ou cedidos gratuitamente para pessoas ou entidades que teriam capacidade para pagar pela cessão. É preciso alterar esse panorama. Uma gestão eficiente dos bens públicos pode gerar receitas elevadas, e, simultaneamente, resolver diversos problemas sociais (como moradia e lazer, dentre outros), resultando na redução indireta de despesas públicas sociais e assistenciais. Dentro desse contexto de mudanças na gestão dos bens públicos, acredita-se que a exploração de *naming rights* é um mecanismo com grande potencial para gerar receitas públicas e minimizar o problema da escassez de recursos.

Seguindo essa linha, o presente trabalho divide-se em dois capítulos, que seguem uma ordem de análise decrescente em termos de abrangência, partindo-se de um tema amplo – a gestão dos bens públicos – para outro tema específico e relacionado ao primeiro – a exploração de *naming rights* dos referidos bens – e que é o foco deste estudo.

No primeiro capítulo, discorre-se, inicialmente, acerca dos fundamentos que justificam a busca da Administração Pública por uma gestão adequada de seu patrimônio, como a escassez de recursos, a obrigação de prestar serviços públicos e assistenciais, e a necessidade de conferir função social aos bens públicos. A partir daí, busca-se construir um raciocínio que permita ao Estado conferir múltiplas utilidades aos bens integrantes do patrimônio público – como a possibilidade, não muito tradicional, de se extrair proveito econômico dos chamados "bens de uso comum" e "bens de uso especial" – e que também imponha ao Estado a necessidade de maximizar a geração de receitas públicas através da exploração dos bens dominicais.

Após fixadas as premissas de eficiência econômica da Administração, pretende-se demonstrar que a ideia de função social envolve tanto a neces-

NAMING RIGHTS DE BENS PÚBLICOS

sidade de utilização dos bens públicos para fins arrecadatórios como também para outros fins não econômicos de interesse público. Por fim, são formuladas algumas conclusões parciais que servirão de base para o estudo específico dos *naming rights*. É importante que se deixe claro que não há pretensão de exaurir o tema, mas apenas firmar os alicerces para a construção teórica que será elaborada no capítulo seguinte, já que as premissas de gestão defendidas neste livro, em boa parte, vão bastante além das concepções da doutrina tradicional.

O segundo capítulo versa sobre o "coração" deste trabalho, sua ideia central: a exploração de *naming rights* de bens públicos. Inicialmente, busca-se averiguar qual é a importância dos nomes dos bens públicos para a sociedade, e as diferentes formas de atribuição desses nomes, de modo a distinguir a cessão econômica dos *naming rights* de outras modalidades de nomeação. Além disso, enumeram-se algumas distinções entre a exploração de direitos de denominação de bens públicos e algumas figuras do ordenamento jurídico brasileiro que lhe são próximas, com o intuito de delimitar o instituto que é objeto deste trabalho.

Em seguida, após traçar-se um panorama da alienação dos direitos de denominação ao redor do mundo, passa-se a uma análise mais detalhada dos fundamentos jurídicos que lhe dão suporte no Brasil. Assim, são objeto de estudo as competências legislativa e administrativa relacionadas ao tema e a autonomia federativa de cada ente político para a exploração de *naming rights*.

Além disso, e correndo-se o risco inerente a todas as ousadias, pretende-se firmar parâmetros que possam orientar a utilização do instituto, ou seja, pontos (substantivos e procedimentais) que devem ser levados em consideração pelos administradores públicos e pelos particulares contratantes quando desejarem realizar a exploração de direitos de denominação de bens públicos.

Por fim, tecem-se algumas considerações sobre a possibilidade de o Judiciário controlar atos referentes à concessão de *naming rights* de bens públicos, os quais envolvem não apenas matéria jurídica, mas também matérias técnicas, políticas e morais. No mesmo tópico, são apontados alguns parâmetros de controle e deferência judicial, com a finalidade de delimitar a margem de atuação judicial legítima.

Em sede de conclusão, busca-se elaborar uma síntese das ideias defendidas ao longo do trabalho, como forma de se estabelecer um modelo de política administrativa para a exploração de *naming rights* de bens públicos que possa servir de referência para as entidades públicas e privadas, e que oriente o desenvolvimento do instituto no Brasil.

Enfim, o tema do presente trabalho envolve uma jornada repleta de novidades e complexidades, realizada com a certeza – parafraseando Amyr Klink – de que o pior naufrágio é nunca partir.

1. GESTÃO DE BENS PÚBLICOS

1.1 O pano de fundo: escassez de recursos públicos e alta carga fiscal

Um estudo realizado em 2015 apontou o Brasil como o décimo sexto país em um *ranking* de felicidade mundial[4], à frente do Reino Unido, da Alemanha, da França, e de outros países com economias sólidas e menor desigualdade social. Todavia, ainda há muito o que ser feito até que se possa comemorar. Exemplo disso é que a população brasileira não tem se mostrado tão contente quando o assunto é a qualidade dos serviços públicos ou a carga fiscal incidente sobre a sociedade[5].

No que concerne aos serviços públicos, uma consulta realizada em 2014 indica que a maior parte da população deseja, *gratuitamente*, serviços amplamente variados, desde hospitais (91%) até *internet* (54%), passando por educação, saúde e transportes. Apesar disso, a avaliação da população em

---

[4] HELLIWELL, John F.; LAYARD, Richard; SACHS, Jeffrey. *World Happiness Report 2015*. New York: Sustainable Development Solutions Network, 2015. Para alcançar os resultados finais, foram utilizados critérios como o PIB *per capita*, as relações sociais, a liberdade de fazer escolhas na vida, a expectativa de vida saudável, a generosidade e a percepção social acerca da corrupção.

[5] Segundo estudo realizado pela Receita Federal do Brasil, em 2015, a arrecadação tributária atingiu o montante aproximado de 32% do Produto Interno Bruto (PIB) brasileiro, aproximando-se do recorde da análise histórica iniciada pela Receita Federal em 2004, que se situa na casa dos 33%. aproximando-se do recorde da análise histórica iniciada pela Receita Federal em 2004, que se situa na casa dos 33%.V. http://idg.receita.fazenda.gov.br/dados/receitadata/estudos-e-tributarios-e-aduaneiros/estudos-e-estatisticas/carga-tributaria-no-brasil/ctb-2015.pdf Acesso em 20/03/2017.

NAMING RIGHTS DE BENS PÚBLICOS

relação aos principais serviços já colocados à disposição do público é bastante insatisfatória, situando-se abaixo de cinco em escala de zero e dez[6]. Ou seja, além de *mais* serviços, a população também deseja *melhores* serviços. É interessante notar que, embora os entrevistados tenham manifestado a percepção de que a vida da população melhorou no ano anterior à pesquisa, 52% deles atribuíam tal avanço ao esforço pessoal, 31% acreditavam que o avanço tinha origem em razões divinas, e apenas 2% creditavam a melhora à atuação da Administração Pública.

Outras pesquisas apontam que o nível de satisfação social com os serviços públicos já vinha decrescendo a passos largos antes das manifestações que tomaram o país em 2013[7], cujo estopim foi o aumento de tarifas de transportes públicos, os quais eram considerados de qualidade insuficiente pela população.

O panorama de descontentamento social não é diferente no que concerne à incidência fiscal. Em outra pesquisa recente, constatou-se que, quando analisada abstratamente a carga fiscal (sem ser associada a qualquer outro elemento específico), mais de 95% dos entrevistados a consideraram alta ou muito alta. No entanto, quando estabelecida uma associação entre a carga fiscal e a qualidade dos serviços públicos[8], o número de entrevistados que a consideraram alta ou muito alta se elevou ainda mais, alcançando o incrível montante de 97,1% do total de entrevistados.

---

[6] V. http://exame.abril.com.br/brasil/noticias/servicos-publicos-sao-mal-avaliados-aponta-pesquisa. Acesso em 20/03/2017. Segundo a notícia, *"a nota dada pelos entrevistados para a segurança é a mais baixa: 3,64. A situação não melhora na avaliação de educação pública (4,56), saúde (3,73) e transporte (3,87)"*.

[7] V. http://www.gallup.com/poll/163229/opinion-briefing-brazilians-growing-discontent. aspx. Acesso em 20/03/2017. Os dados apontados na pesquisa indicam que, quanto à educação, o nível de satisfação era de 57% em 2010, de 55% em 2011, e de apenas 48% em 2012. No que concerne à disponibilidade de atendimento médico de qualidade, o percentual de satisfação era de 41% em 2010, 36% em 2011, e de 25% em 2012. Com relação aos transportes públicos, a satisfação era de 56% em 2010, 50% em 2011, e de 48% em 2012. Por fim, quanto à segurança pública, a satisfação era de 40% em 2010, 48% em 2011, e apenas 36% em 2012, sendo este o segundo pior índice na região, estando o Brasil à frente apenas da Venezuela (26%).

[8] Segundo pesquisa realizada pela Federação das Indústrias do Estado do Rio de Janeiro (FIRJAN), em 2010, em algumas das maiores capitais do Brasil, a carga de impostos se situava em patamar muito alto na percepção de 74,4% da população, e em patamar alto para 21,2%, montantes que, somados, alcançam 95,6% da população. Quando relacionada à qualidade dos serviços públicos prestados, a carga tributária era considerada muito alta para 71% da população, e era considerada alta para 26,1%, percentuais que alcançam, juntos, o patamar de 97,1%.

GESTÃO DE BENS PÚBLICOS

Como ocorre com todas as pesquisas, é possível que se façam eventuais críticas aos critérios, à metodologia e aos dados que serviram de base para os estudos citados anteriormente. Entretanto, eles permitem, no mínimo, que se tirem algumas conclusões intuitivas: (i) o modelo econômico desejado pela população (com fornecimento gratuito de diversas prestações estatais) exige grande volume de receitas públicas, e (ii) para financiá-lo, é preciso encontrar fontes de recursos diversas da elevação da carga fiscal, que permitam melhoras quantitativas e qualitativas na prestação dos serviços públicos, vez que a carga atual é considerada elevada. Passa-se a uma breve análise desses dois pontos.

No que concerne a modelos econômicos estatais, é preciso notar que, embora haja intensa polêmica acerca da existência de um tamanho ideal de Estado (tema que envolve diferentes concepções político-ideológicas e filosóficas), o problema da escassez de recursos públicos se apresenta, com maior ou menor ênfase, em qualquer modelo.

Na concepção clássica de Estado liberal, por exemplo, a defesa das "liberdades negativas" (direitos "de primeira dimensão"), apesar de tradicionalmente atribuída a um "não fazer" estatal, demanda uma atuação constante do Estado. Ilustrativamente, a proteção do direito de propriedade dos indivíduos exige que o Estado disponibilize segurança pública e mantenha uma força para proteção de seu território de invasões externas. Logo, embora seja possível afirmar que na ideia clássica de Estado liberal clássico haja menos pretensões exigíveis do Estado em relação ao modelo que lhe sucedeu, daí não se pode concluir que não há a necessidade de arrecadação significativa de receitas públicas.

O modelo de "Estado social", sucessor do Estado liberal a partir do início do século XX, tem como origem a grande crise do capitalismo[9], e

---

[9] FONTE, Felipe de Melo. *Políticas públicas e direitos fundamentais*. São Paulo: Saraiva, 2013, p. 87. *"O processo de industrialização promoveu a migração de um grande contingente de pessoas para as grandes cidades, já que as indústrias precisavam de mão de obra barata e em larga escala. Com o passar do tempo e a superveniência de crises econômicas, formou-se um excedente de trabalhadores desempregados, de modo que os empresários e empregadores acabaram por desejar transferir ao Estado os encargos de cuidar destas pessoas. O assistencialismo estatal tornou-se, assim, uma vontade da burguesia. Além disso, os sindicatos e associações de trabalhadores, durante as crises de emprego, encontraram no Estado uma resposta rápida para as demandas de suas classes. Uma terceira causa para a encampação da questão social pelo Estado concerne à crescente necessidade de legitimação da atividade administrativa. A ampliação das esferas de atuação da Administração Pública e a realização de políticas fiscais de arrecadação crescente demandavam contrapartidas que pudessem justificá-las, e os direitos sociais foram uma delas. Por fim,*

NAMING RIGHTS DE BENS PÚBLICOS

envolve a ideia de que o exercício do direito de liberdade pelos indivíduos depende da presença de diversas condições, entre elas a igualdade material, sendo insuficiente que o Estado assegure uma igualdade apenas formal entre os indivíduos se estes possuem distintas capacidades de perseguir seus objetivos em decorrência de suas diferentes circunstâncias pessoais.

No modelo "social", o Estado passa a ser responsável pela promoção do bem-estar social, com o dever de prestar serviços públicos e assistenciais ("direitos de segunda dimensão", em complementação aos "direitos de primeira dimensão" do Estado liberal). Naturalmente, o acréscimo no volume de prestações exigidas do Estado em seu modelo "social" aumenta a necessidade de se buscar receitas públicas que viabilizem os novos custos da atividade administrativa.

O modelo econômico estatal consagrado na Constituição da República de 1988 (CR/88) foi influenciado diretamente pelo modelo "social" em diversos aspectos[10], como no que se refere à assistência social e à necessidade de prestação de diversos serviços públicos, os quais dependem, muitas vezes, de grandes investimentos em infraestrutura. Mesmo nos casos em que o Estado não investe diretamente na construção da infraestrutura necessária, transferindo tal atribuição à iniciativa privada, é comum que investidores particulares não disponham da totalidade dos recursos necessários ao desenvolvimento de tais projetos, ou não considerem atraente o risco e o ônus de passar por uma forte descapitalização decorrente dos vultosos investimentos necessários. Consequentemente, é usual que busquem

a própria democratização do poder, realizada na medida em que o sufrágio ia se expandindo, permitiu que os interessados nas ajudas estatais exercessem sua influência por meio da representação política."
[10] Foge do escopo deste trabalho a análise minuciosa de todos os modelos econômicos estatais. Apesar disso, convém destacar que o declínio do modelo de Estado social na segunda metade do século XX também repercutiu na CR/88, levando à adoção de aspectos do modelo de "Estado Regulador", surgido no citado período. Sobre o ponto, v. RAGAZZO, Carlos Emmanuel Joppert. *Regulação Jurídica Racionalidade Econômica e Saneamento Básico*, Rio de Janeiro: Renovar, 2011, pp. 39-41. *"Considero que essa alteração de função para o suposto Estado Regulador foi parcial e, mais ainda, insuficiente para que se altere o modelo de Estado vigente, que ainda é o Estado de Bem-Estar Social, embora numa versão mais adaptada às reformas administrativas que foram implementadas na década de 1990. (...) E não é só. A implementação do Estado Regulador no Brasil foi substancial no âmbito federal, tendo, no entanto, influência reduzida em Estados e Municípios. Isso pode ser evidenciado a partir de uma rápida comparação entre os serviços públicos federais, como telecomunicações e energia, e os serviços públicos municipais ou estaduais, como transporte urbano, serviços funerários e o próprio saneamento básico. Os resultados, em função do próprio modelo de federação brasileiro, são bem diferentes, representando uma forte heterogeneidade nas soluções regulatórias encontradas."*

financiamentos públicos de tais investimentos[11]. Assim, a necessidade de ampliação de receitas públicas se faz presente mesmo nos casos em que o Estado não atua diretamente na satisfação de direitos fundamentais.

Além do que já foi exposto, outro fator originado na segunda metade do século XX contribuiu decisivamente para tornar a necessidade arrecadatória ainda mais premente. Embora a CR/88 não tenha sido a primeira Constituição brasileira a impor deveres prestacionais ao Estado, foi sob sua vigência que o Judiciário passou a intervir de forma mais efetiva no campo dos direitos sociais.

Nas Constituições anteriores, a não implementação das previsões normativas de direito sociais pela Administração Pública[12] dificilmente gerava algum tipo de intervenção judicial, pois concebia-se a Constituição apenas como norma de organização, por vezes composta de exortações sem eficácia jurídica direta, de modo que caberia ao Legislativo e ao Executivo, de forma praticamente exclusiva, o papel de alocar recursos públicos através da formulação das políticas públicas necessárias ao cumprimento dos comandos constitucionais. Esse raciocínio também perdurou por alguns anos após o advento da CR/88, até que gradativamente a postura do Judiciário brasileiro começou a se alterar[13] no sentido de que o texto da Constituição não poderia se converter em "promessa inconsequente", razão pela qual o Judiciário estaria legitimado a impor ao Estado o cumprimento de seu dever constitucional de satisfazer plenamente os direitos sociais[14].

---

[11] PUGA, Fernando Pimentel; BORÇA JUNIOR, Gilberto Rodrigues; NASCIMENTO, Marcelo Machado. In: ALÉM, Ana Cláudia; GIAMBIAGI, Fabio (Org.). *O BNDES em um Brasil em transição*. Rio de Janeiro: BNDES, 2010, p. 63. Segundo os autores, a divisão acerca da origem dos recursos para o financiamento do investimento na indústria e em infraestrutura no Brasil, em 2009, era prevista da seguinte forma: 43,6% dos recursos investidos eram decorrentes de lucros retidos das empresas, e 39,6% consistiam em financiamentos feitos pelo Banco Nacional de Desenvolvimento – BNDES, enquanto o percentual restante dividia-se entre captações externas, debêntures e ações.

[12] SARMENTO, Daniel. O neoconstitucionalismo no Brasil: riscos e possibilidades. In: Daniel Sarmento, *Filosofia e teoria constitucional contemporânea*, 2009, pp. 123-124.

[13] O fenômeno que gerou esta alteração será analisado com maior profundidade adiante, no tópico pertinente à análise do controle judicial de *naming rights*.

[14] Uma das mais importantes decisões nesse sentido foi proferida em medida cautelar na ADPF 45, ocasião em que, embora a decisão monocrática final tenha declarada prejudicada a arguição, consignou-se a possibilidade de intervenção do Judiciário para assegurar prestações de direitos sociais que não tenham sido implementadas por omissão injustificada do Legislativo ou do Executivo: "(...) *É que, se tais Poderes do Estado agirem de modo a neutralizar,*

NAMING RIGHTS DE BENS PÚBLICOS

Ocorre que, pelo fato de a CR/88 ser extremamente generosa ao definir direitos individuais e sociais, em praticamente todos os casos é possível encontrar fundamentos para responsabilizar o Estado pelo cumprimento de obrigações, direta ou indiretamente. Esta situação gera efeitos perversos, como a criação de demandas até então inexistentes (como aquelas decorrentes de *lobbies* de grupos industriais bem organizados) e demandas desnecessárias (fornecimento de prestações a indivíduos de classes econômico-sociais que teriam condições de satisfazer suas próprias necessidades sem o auxílio do erário). Com isso, é evidente que a aludida guinada judicial repercutiu diretamente no problema da arrecadação de receitas públicas, e tornou ainda mais urgente a necessidade de se encarar com seriedade a questão da escassez de recursos.

Em síntese, é possível afirmar que, a partir dessa mudança de postura do Judiciário, o debate acerca das prestações estatais passou a girar, ao menos em um período inicial[15], em torno de quatro eixos: (i) o respeito a um *mínimo existencial* dos indivíduos, que compreende o conjunto de condições mínimas de existência humana digna[16], (ii) a *reserva do possível*, (iii) a *máxima efetividade* dos direitos fundamentais, concepção segundo a qual as disposições normativas sobre direitos fundamentais devem ser interpretadas da forma mais ampla possível, e (iv) a *separação de Poderes*.

Dentre os quatro eixos mencionados, a reserva do possível é aquele com maior preocupação em introduzir elementos econômicos no raciocínio jurídico, apontando para o fato de que não há recursos públicos suficientes para satisfazer todas as necessidades dos indivíduos, de modo que,

---

comprometendo-a, a eficácia dos direitos sociais, econômicos e culturais, afetando, como decorrência causal de uma injustificável inércia estatal ou de um abusivo comportamento governamental, aquele núcleo intangível consubstanciador de um conjunto irredutível de condições mínimas necessárias a uma existência digna e essenciais à *própria sobrevivência do indivíduo, aí, então, justificar-se-á, como precedentemente já enfatizado – e até mesmo por razões fundadas em um imperativo ético-jurídico –, a possibilidade de intervenção do Poder Judiciário, em ordem a viabilizar, a todos, o acesso aos bens cuja fruição lhes haja sido injustamente recusada pelo Estado (...)".* V. BRASIL. STF. ADPF 45 MC/DF. Min. Rel. Celso de Mello. Julgamento em 29/04/2004.

[15] Posteriormente, outros elementos passaram a integrar o debate, como, por exemplo, a questão das capacidades institucionais e a análise econômica do Direito.

[16] TORRES, Ricardo Lobo. Mínimo existencial. In: *Revista de Direito da Procuradoria-Geral do Estado do Rio de Janeiro*, v. 42, 1990, p. 69.

em algum momento, é necessário realizar escolhas trágicas[17], deixando-se alguns interesses desatendidos para que outros possam ser satisfeitos.

Se, por um lado, essas escolhas trágicas são inevitáveis em um cenário de escassez de recursos, por outro lado, é possível afirmar que, quanto maior a arrecadação pública, menor é o número de escolhas trágicas a serem feitas. Daí a noção de que a ampliação da obtenção de receitas públicas pelo Estado é ingrediente indispensável para se incrementar a proteção de direitos fundamentais.

Historicamente, a principal solução econômica estatal para a escassez de recursos foi – e ainda é – a instituição de tributos, em virtude de seu caráter certo e impositivo. Ocorre que existem limites econômicos, jurídicos e morais à ampliação de receitas através da tributação. Passa-se, então, a uma breve análise desses limites, iniciando-se por aqueles de cunho econômico.

A Economia é a ciência que estuda como indivíduos realizam escolhas em um mundo de recursos escassos, envolvendo a ideia de que agentes racionais tomam decisões com base em estímulos ligados às suas preferências. Aplicando-se esta percepção à questão da carga fiscal, é possível presumir que, quanto menor a carga fiscal, mais estimulados estarão os agentes do mercado a praticar o fato gerador do tributo, pois despenderão menos recursos. Da mesma forma, quanto maior a tributação, menor o estímulo para os particulares. A partir dessa noção, cabe indagar: o aumento de tributos sempre gera o aumento de receitas?

A resposta parece ser negativa. Com efeito, é possível afirmar que há um ponto ótimo, até o qual o aumento de tributos corresponde diretamente à ampliação de receitas para o Estado, porém, a partir de tal ponto, a elevação de tributos não produz esse efeito necessariamente, podendo resultar até mesmo em redução da arrecadação. Assim, se é certo que uma alíquota de 0% não geraria nenhuma receita, uma alíquota de 100% também não o faria, em virtude da retirada dos estímulos econômicos que um indivíduo possuiria para desempenhar a atividade tributável, ou em decorrência dos estímulos que este indivíduo possuiria para atuar de forma ilícita, evadindo-se da tributação.

Essa teoria representa graficamente a relação entre *tributação* e *arrecadação* através de uma curva (*curva de Laffer*), em cujo ápice se situa o ponto

---

[17] Para uma cuidadosa análise da evolução da doutrina nacional acerca da reserva do possível, v. OLIVEIRA, Fernando Fróes. *Direitos sociais, mínimo existencial e democracia deliberativa*. 1ª edição. Rio de Janeiro: Editora Lumen Juris, 2013, pp. 35-50.

NAMING RIGHTS DE BENS PÚBLICOS

ótimo entre esses dois elementos. O ápice da curva é variável, e corresponderá, em cada caso, ao ponto exato até onde os indivíduos aceitarão a taxação como meio para a obtenção do volume de bens e serviços que esperam do Estado[18]. Em um cenário de guerra, o ponto ótimo possivelmente se situaria mais próximo de 100%, enquanto em um cenário de paz provavelmente se situaria em patamar muito inferior. Da mesma forma, sociedades que demandam numerosas prestações do Estado (educação, saúde, transporte público etc.), como a sociedade brasileira, tendem a aceitar níveis elevados de taxação. No entanto, a aceitação só vai até um certo ponto, a partir do qual o aumento da tributação não gera aumento de receita, seja pelo desestímulo à prática do fato gerador, seja pelo estímulo à evasão fiscal.

Além do limite econômico, a ampliação exacerbada da tributação também encontra limites jurídicos e filosóficos, muitos deles expressos na CR/88, como, por exemplo, a vedação ao confisco e a necessária graduação conforme a capacidade contributiva dos indivíduos[19], e outros implícitos, como a proteção ao patrimônio mínimo dos indivíduos. Este último consiste em uma garantia patrimonial mínima inerente a toda pessoa humana destinada a assegurar meios de prover uma existência digna, e que pode ser extraída tanto do princípio da dignidade da pessoa humana (CR/88, art. 1º, III), como dos objetivos fundamentais da República (CR/88, art. 3º, III), dentre os quais se insere a erradicação da pobreza e da marginalização e a redução das desigualdades sociais.

Mas é provável que não haja valor mais afetado por uma carga tributária desproporcional do que a *liberdade*. Dentre as diversas vertentes da filosofia política, a defesa mais aguerrida da ideia de que uma carga fiscal elevada representa uma violação à liberdade é realizada pelo *libertarianismo*, movimento que sustenta que todos os indivíduos devem ter o direito de viver suas vidas de acordo com seus planos e esforços, desde que não interfiram no igual direito de outrem[20]. Embora a corrente filosófica libertária possua variações internas, é possível afirmar que "*os libertários defendem as liberdades*

[18] WANNISKI, Jude, Taxes, Revenues, and the "Laffer Curve". In: *The Public Interest*, Number 50, Winter, 1978, pp. 03-16.

[19] TORRES, Ricardo Lobo. *Curso de direito financeiro e tributário*. 18ª edição, revista e atualizada. Rio de Janeiro: Renovar, 2011, p. 93.

[20] BRANDÃO, Rodrigo. Entre a Anarquia e o Estado de Bem-Estar Social: Aplicações do libertarianismo à filosofia constitucional. In: *Teoria e Filosofia Constitucional Contemporânea* (coord. Daniel Sarmento). Rio de Janeiro: Lumen juris, 2009, p. 531.

de mercado e exigem limitações ao uso do Estado para a política social. Portanto, eles se opõem ao uso de esquemas de tributação redistributiva para implementar uma teoria liberal de igualdade"[21]. Assim, para a teoria libertária, o Estado deve ter participação mínima na sociedade, evitando invadir a esfera de autonomia privada de cada indivíduo. O Estado mínimo é o Estado mais extenso que pode ser justificado, pois qualquer noção de Estado mais ampla violaria os direitos individuais[22].

Aplicando-se a aludida teoria à questão da tributação, seria possível desenvolver o seguinte raciocínio: um indivíduo tem direito a si mesmo e às suas propriedades. Ao tributá-lo, o Estado o priva do tempo, do esforço e do dinheiro que investiu nas atividades que permitiram a geração de renda, obrigando-o a trabalhar gratuitamente por um número determinado de horas, a fim de que, somente após, pudesse trabalhar para si mesmo. A tributação, portanto, envolve uma constrição significativa à liberdade dos indivíduos de decidir o que fazer com o tempo que lhes é dado, bem como com os produtos de suas escolhas e esforços.

Outras correntes filosóficas aceitam e consideram importante a tributação como instrumento de justiça redistributiva, como ocorre com o *liberalismo igualitário*, com a justificativa de compensar os indivíduos desfavorecidos[23], seja fornecendo-lhes benefícios particulares (como os assistenciais), seja fornecendo à sociedade benefícios gerais que contribuam para a melhoria da situação daqueles (como no caso dos serviços públicos).

---

[21] KYMLICKA, Will. *Filosofia Política Contemporânea*. São Paulo: Martins Fontes, 2006, p. 119.

[22] NOZICK, Robert. *Anarchy, State, and Utopia*. New York: Basic Books, 1974, p. 149. Consequentemente, muitos adeptos da teoria libertária defendem que a única tributação legítima é aquela que visa à obtenção de receitas para custeio dos serviços essenciais ao Estado mínimo, como a proteção contra crimes e contra o descumprimento de contratos. Afinal, são estes serviços que asseguram o perfeito funcionamento de um sistema de transferências de bens baseado na livre troca entre os indivíduos, modelo de transferência da propriedade que não viola a liberdade individual.

[23] KYMLICKA, Will. *Filosofia Política Contemporânea*. São Paulo: Martins Fontes, 2006, p. 134. *"(...) os liberais dizem que, como é uma questão de sorte bruta as pessoas terem os talentos que têm, seus direitos a seus talentos não incluem o direito de auferir recompensas desiguais do exercício desses talentos. Como os talentos são imerecidos, não é uma negação da igualdade moral o governo considerar os talentos das pessoas como parte de suas circunstâncias e, portanto, como fundamento possível para reivindicações de compensação. As pessoas que nascem naturalmente desfavorecidas têm um direito legítimo sobre os favorecidos e os naturalmente favorecidos têm uma obrigação moral para com os desfavorecidos. Assim, na teoria de Dworkin, os talentosos devem prêmios de seguro que são pagos aos desfavorecidos, ao passo que, na teoria de Rawls, os talentosos só se beneficiam de seus talentos se isso também beneficia os desfavorecidos."*

NAMING RIGHTS DE BENS PÚBLICOS

Porém, uma tributação excessivamente elevada, em muitos casos, poderia representar uma violação à liberdade (bem como à igualdade), na medida em que geraria um ônus superior para alguns indivíduos que, embora produzam mais renda que outros (e, portanto, são mais tributados), não necessariamente estavam em situação de desigualdade em relação àqueles no momento inicial da comparação, sendo a diferença atual apenas o produto de seus esforços pessoais para alcançar maior renda.

Assim, imagine-se uma pessoa X que trabalha o mínimo necessário apenas para prover sua subsistência, pois prefere dedicar sua vida ao lazer. Pense-se, por outro lado, em uma pessoa Y que deseja ser comerciante e abrir um grande negócio, e, para isso, trabalha horas a mais do que seu expediente normal, a fim de receber mais renda. Uma tributação *excessiva* destinada a prover benefícios assistenciais e serviços públicos de qualidade fará com que X obtenha com plenitude o resultado do projeto de vida que implementou (lazer), acrescido de tais benefícios sociais, enquanto Y certamente ficará longe de obter com plenitude o resultado do projeto de vida que implementou (renda), pois foi profundamente tributado para que X pudesse receber os citados benefícios.

Com isso, uma tributação exacerbada restringiria de forma ilegítima a liberdade de indivíduos buscarem projetos de vida mais rentáveis, bem como os trataria de forma injustificadamente desigual[24].

Não é preciso se aprofundar mais em debates filosóficos para se concluir que uma carga tributária excessiva, ao invés de contribuir para a promoção de direitos fundamentais, acaba por violá-los, resultando em constrição desproporcional da liberdade dos indivíduos, em confisco, em invasão do patrimônio mínimo necessário a uma existência digna, e em muitas outras mazelas.

---

[24] DWORKIN, Ronald. *Sovereign virtue: the theory and practice of equality.* Cambridge, Harvard University Press, Fourth Printing, 2002, p. 89. "(...) *por um lado, devemos, sob pena de violar a igualdade, permitir que a distribuição de recursos em qualquer momento particular seja (como se pode dizer) sensível à ambição. Ou seja, ela deve refletir o custo ou o benefício para outros das escolhas que as pessoas fazem, de modo que, por exemplo, aqueles que escolhem investir ao invés de consumir, ou consumir de forma menos dispendiosa ao invés de mais cara, ou trabalhar de formas mais lucrativas ao invés de menos lucrativas, devem poder reter os ganhos decorrentes dessas decisões (...). Mas, por outro lado, não devemos permitir que a distribuição de recursos seja sensível a dotações, isto é, que seja afetada por diferenças de capacidade do tipo que produzem diferenças de renda em uma economia de laissez-faire entre indivíduos com as mesmas ambições.*" (tradução livre).

GESTÃO DE BENS PÚBLICOS

Assim, embora a tributação tenha um valor indispensável para o modelo de Estado "social" predominante na CR/88, é necessário encontrar meios de arrecadação alternativos que não imponham tantas constrições aos indivíduos. E é nesse ponto que entra em cena a possibilidade de arrecadação por meios negociais diversos, como ocorre com a exploração econômica de bens públicos[25].

Nas relações negociais, há superação (ao menos parcial) da assimetria de posições jurídicas na relação entre administrador e administrado – pautada em subordinação, verticalidade e imposições unilaterais – por uma relação de tipo diverso, caracterizada por significativa coordenação, horizontalidade e consensualidade[26].

A gestão de bens públicos, por exemplo, sob a perspectiva da exploração econômica, envolve diversos instrumentos negociais, em que o particular busca a Administração Pública para obter o direito a alguma forma de utilização de um bem público, entregando ao Estado uma contrapartida econômica[27]. Desse modo, é integralmente respeitada sua liberdade de decidir o destino de seu tempo, de sua energia e de seu patrimônio. Trata-se, portanto, de situação inteiramente diferente da que ocorre com a obtenção de receitas através da tributação, na qual o Estado se vale de uma posição de superioridade para sujeitar os cidadãos a prestações que resultam em diminuição patrimonial, independentemente de suas vontades.

---

[25] BARAK-EREZ, Daphne. Three questions of privatization. In: ROSE-ACKERMAN, Susan; LINDSETH, Peter L. (Ed.) *Comparative Administrative Law*. Cheltenham, UK; Northampton, MA, USA: Edward Elgar Publishing, 2010, p. 497.

[26] Acerca da evolução de mecanismos de consenso no direito administrativo, com abordagem histórica acerca da evolução das relações do Estado com os particulares, v. ALMEIDA, Fernando Dias Menezes de. Mecanismos de consenso no direito administrativo. In: ARAGÃO, Alexandre Santos de; MARQUES NETO, Floriano de Azevedo (Coord.), *Direito administrativo e seus novos paradigmas*. Belo Horizonte: Fórum, 2008. p. 335-349.

[27] Conforme será exposto adiante, uma gestão adequada de bens públicos não envolve apenas formas de obtenção de receitas, mas também formas de redução de despesas públicas. No entanto, o foco deste trabalho se concentra na perspectiva arrecadatória.

NAMING RIGHTS DE BENS PÚBLICOS

Uma bem-sucedida tentativa de exploração econômica do espaço público pode solucionar, ao menos parcialmente, o problema da escassez de recursos do Estado brasileiro, assegurar a não elevação (ou até mesmo a redução) da carga fiscal sobre a sociedade, e, consequentemente, viabilizar que os administrados apliquem suas receitas na perseguição de seus objetivos individuais e na implementação de seus projetos de vida.

No entanto, apesar das boas perspectivas acima descritas, a aceitação da validade da exploração econômica de bens públicos depende do enfrentamento de algumas questões prévias: o Estado tem legitimidade para desempenhar este tipo de atividade? Em caso positivo, com base em quais fundamentos? A exploração *remunerada* de um bem público será sempre a utilização mais adequada? Existem limites para essa prática?

Os tópicos seguintes, que completam o primeiro capítulo deste livro, se dedicam a examinar essas e outras questões pertinentes à exploração econômica de bens públicos, sem a pretensão de esgotar o tema, mas com o intuito de fixar as premissas essenciais à análise da cessão remunerada de *naming rights* de bens públicos.

1.2 Legitimidade estatal e função social dos bens públicos

Para que se possa pensar na possibilidade de exploração econômica de bens públicos, é indispensável que previamente sejam enfrentadas duas questões: (i) a quem pertencem os bens públicos?; e (ii) qual é a utilidade desses bens?

A primeira pergunta decorre de uma questão lógica: não há como se cogitar a exploração de bens públicos, a título oneroso ou gratuito, sem a participação do respectivo proprietário. Somente a partir da resposta a esta pergunta será possível analisar se o Estado possui legitimidade para explorar os bens públicos. A segunda pergunta, por sua vez, se justifica diante da necessidade de se verificar para que servem os bens públicos e se há alguma imposição do ordenamento jurídico quanto à sua destinação. Passa-se, então, a responder cada uma dessas indagações.

Inicialmente, quanto à questão pertinente à propriedade dos bens públicos, é preciso investigar se tais bens pertencem ao Estado, a todos os indivíduos (coletividade abstratamente considerada), ou ainda a ninguém especificamente (em virtude da impossibilidade de apropriação de bens de uso geral).

GESTÃO DE BENS PÚBLICOS

Para que se possa esclarecer qualquer dúvida sobre o ponto, convém destacar que, na Idade Média, ao menos na tradição ocidental, era comum não haver propriamente uma divisão exata entre o domínio do soberano (esfera privada) e o domínio público.

Conforme destaca Floriano de Azevedo Marques Neto[28], com a criação do Estado Moderno e com o advento da teoria da personalidade jurídica estatal – a qual permitiu o reconhecimento do Estado como sujeito de direitos e obrigações – surgiu a patrimonialidade estatal (tal como é conhecida atualmente). O marco da separação entre o patrimônio do soberano e o patrimônio público ocorreu na França, com a edição da Lei de 22 de novembro – 1º de dezembro de 1790, denominada *"Le Domaine de La Nation"*, ocasião em que *"o ente personificado Estado assume a posição de dono dos bens públicos (fruíveis ou não em caráter geral por toda gente) e, assim, torna dispensável a construção do 'condomínio das coisas por toda a gente'"*[29].

Em âmbito brasileiro, a noção de que o Estado é verdadeiro proprietário dos bens públicos é corroborada pelo ordenamento jurídico. Em primeiro lugar, a Constituição da República afirma peremptoriamente que são bens da União e do Estado aqueles descritos em seus artigos 20 e 26. Além disso, o art. 98 do Código Civil dispõe que *"são públicos os bens do domínio nacional pertencentes às pessoas jurídicas de direito público interno; todos os outros são particulares, seja qual for a pessoa a que pertencerem"*. Note-se que o texto legal faz menção expressa à ideia de pertencimento a pessoas estatais, e ainda estabelece que *todos* os demais bens são privados, de modo que não é possível conceber uma terceira categoria de bens públicos (como a hipotética categoria "bens da coletividade"). O inciso III do art. 99 do Código Civil[30], por sua vez, volta a dispor que os bens nele mencionados constituem o patrimônio das pessoas jurídicas de direito público. Há, ainda, outros dispositivos legais que corroboram a tese[31].

---

[28] MARQUES NETO, Floriano de Azevedo. *Bens públicos*: função social e exploração econômica: o regime jurídico das utilidades públicas. Belo Horizonte: Fórum, 2009, pp. 64-65.

[29] MARQUES NETO, Floriano de Azevedo. *Bens públicos*: função social e exploração econômica: o regime jurídico das utilidades públicas. Belo Horizonte: Fórum, 2009, p. 71.

[30] *"Art. 99. São bens públicos: (...) III - os dominicais, que constituem o patrimônio das pessoas jurídicas de direito público, como objeto de direito pessoal, ou real, de cada uma dessas entidades."*

[31] No entanto, vale frisar que a constatação de que o Estado é o proprietário dos bens públicos não significa que que todos os bens que representem interesses "comuns a todos" sejam públicos. A própria Constituição da República, em diversos momentos, separa a ideia de patrimônio público de outros tipos de patrimônio "comum", como se pode observar no

NAMING RIGHTS DE BENS PÚBLICOS

Para que se pudesse entender de forma diversa, no sentido de que os bens públicos não pertencem ao Estado, mas à coletividade, ou, ainda, a nenhuma pessoa em especial (*res nullius*), seria necessário superar os obstáculos legais acima mencionados. Além disso, haveria uma série de inconvenientes decorrentes dessa concepção, dentre os quais dois merecem ser destacados por sua relevância.

O primeiro deles consiste nas eventuais dificuldades existentes para se regular o uso e o acesso aos bens públicos, o que facilitaria a apropriação privada e o uso predatório desses bens, circunstâncias similares àquelas descritas por Garrett Hardin como "tragédia dos comuns"[32], hipótese que versa sobre os conflitos existentes entre os interesses de cada indivíduo e o interesse da coletividade na utilização de recursos comuns e finitos[33]. Com o intuito de ilustrar a tese, o autor menciona a hipótese de uma pastagem comunitária, em que todas as pessoas poderiam colocar seu rebanho para nela pastar. Cada indivíduo, ao inserir uma nova unidade de gado na pastagem comunitária, obteria como *vantagem* todo o lucro decorrente de sua futura venda, o qual equivaleria a "+1". Por outro lado, as *desvantagens* decorrentes da introdução de uma nova unidade de gado na pastagem comunitária – como, por exemplo, a deterioração mais célere do pasto – não seriam sentidas exclusivamente pelo seu proprietário, mas por toda a comunidade que utiliza o pasto. Logo, o prejuízo do indivíduo que inseriu a nova unidade não equivaleria a "-1", mas apenas a uma fração deste valor. Nesse contexto, cada indivíduo que aumenta seu rebanho ganha mais do que perde. Seria insuficiente, e de êxito extremamente improvável, um mero apelo à consciência de cada indivíduo para que deixasse de buscar

---

inciso LXXIII de seu art. 5º, que estabelece a possibilidade de ajuizamento de ação popular para anular ato lesivo ao patrimônio público (relação de *propriedade* pública) e também ao meio ambiente, ao patrimônio histórico e ao patrimônio cultural (bens ou coisas que não possuem necessariamente uma relação de propriedade com o Estado, pois podem pertencer a particulares, apesar de representarem interesses comuns a toda a sociedade).

[32] HARDIN, Garrett. The tragedy of the commons. In: *Science*, New series, vol. 162, nº 3859, 1968, pp. 1243-1248.

[33] Atualmente, o termo "comuns" vem sendo utilizado com abrangência mais ampla, de modo a compreender tudo aquilo que compartilhamos na qualidade de indivíduos integrantes de uma comunidade, o que inclui elementos de naturezas muito variadas, como o ar puro, as reservas ambientais, o sistema judicial e até mesmo a *internet*. V. WALLJASPER, Jay. *All that we share: a field guide to the commons*. New York, NY: New Press, 2010, p. 02.

GESTÃO DE BENS PÚBLICOS

o aumento de seus lucros, de modo a não criar ou aumentar os prejuízos que recairiam sobre toda a sociedade.

O segundo inconveniente envolve a redução das utilidades econômicas dos bens públicos, pois mesmo que o Estado não obstasse o uso geral ao qual o bem público é naturalmente destinado, ainda assim não poderia dar a ele usos secundários, ainda que extremamente úteis ao interesse geral, inclusive para o incremento da arrecadação[34].

Mas apesar da constatação de que o Estado é proprietário dos bens públicos, daí não se extrai que este possa usá-los livremente ou deles dispor como poderia um proprietário particular.

Na verdade, antes de se prosseguir, é preciso deixar claro que nem o direito de propriedade dos bens particulares é absoluto, entendimento que, embora pacífico em tempos atuais, nem sempre foi o predominante[35]. O último e mais importante momento em que prevaleceu a concepção individualista do direito de propriedade iniciou-se em 1804, alguns anos após a eclosão da revolução francesa, com a edição do Código Civil francês, também conhecido como Código Napoleônico, o qual, refletindo a ideologia burguesa que alcançara o poder, contemplou a propriedade de forma a transmitir a ideia de um direito quase absoluto[36]. Essa concepção individualista prevaleceu durante praticamente todo o século XIX – ao final do qual surgiram alguns temperamentos[37] – e só começou a ser lenta e gradativamente superada a partir do início do século XX, com o processo de transição do Estado Liberal para o Estado Social[38]. Nesse sentido, a Cons-

---

[34] MARQUES NETO, Floriano de Azevedo. *Bens públicos*: função social e exploração econômica: o regime jurídico das utilidades públicas. Belo Horizonte: Fórum, 2009, p. 94.

[35] DUGUIT, Léon. *Las transformaciones del derecho público y privado*. Granada: Editorial Comares, S.L., 2007, p. 212.

[36] Código Civil francês: *"Art. 544. A propriedade é o direito de gozar e dispor das coisas da maneira mais absoluta, desde que não se faça um uso proibido pelas leis ou pelos regulamentos"* (tradução livre do autor).

[37] As primeiras restrições surgiram no contexto francês a partir da teoria do abuso do direito, firmadas em casos como o que um proprietário edificou chaminé com a finalidade de emanar gases no terreno vizinho, e outro caso em que o proprietário levantou alto muro com hastes de ferro para causar danos aos dirigíveis que partiam do prédio contíguo. V. FARIAS, Cristiano Chaves de; ROSENVALD, Nelson. *Direitos Reais*, 2ª edição. Rio de Janeiro: *Lumen juris*, 2006, p. 203.

[38] Ao longo da história, a propriedade individual esteve inserida em um movimento pendular, em que ora prevaleciam concepções privatistas, ora prevaleciam concepções sociais. Na Grécia antiga, a propriedade tinha uma vertente predominantemente funcional. Em período

NAMING RIGHTS DE BENS PÚBLICOS

tituição do México de 1917[39] e a da Alemanha de 1919[40] (Constituição de Weimar) foram as primeiras a prever expressamente o condicionamento da propriedade privada ao interesse público, atribuindo-lhe um aspecto social, ideia que alcançou o Brasil pela primeira vez com a Constituição de 1934[41]. Atualmente, na vigência da Constituição da República de 1988 (CR/88), a função social da propriedade é prevista expressamente no rol de direitos e garantias fundamentais e configura um dos princípios gerais da atividade econômica[42], tamanha a sua relevância.

Se, por um lado, a função social *condiciona* o exercício do direito de propriedade privada, por outro lado, no que concerne aos bens públicos, ela é *o próprio fundamento* do direito de propriedade estatal[43].

Partindo-se da premissa de que a razão de existência do próprio Estado se baseia no atendimento ao interesse público (organizando a sociedade e criando meios para que os indivíduos possam estabelecer e perseguir os seus ideais de vida boa), seria inconcebível a existência de bens em seu patrimônio (bens públicos) cuja função não estivesse em consonância com essa destinação pública. Afinal, não se pode conceber o Estado como mero acumulador de patrimônio, nem se pode permitir que a propriedade pública seja destinada a particulares em favor de anseios egoísticos. Em reforço a esses argumentos, vale notar que a exigência constitucional

---

posterior, em Roma, prevaleceu a concepção individualista. Entretanto, ao longo de todo o período histórico pelo qual se estendeu o império romano, este caráter individual também foi lentamente atenuado. Sobre o último ponto, v. CRETELLA JÚNIOR, J. *Bens públicos*, 2ª edição. São Paulo: Livraria e Editora Universitária de Direito Ltda., 1975, p. 359.

[39] Constituição do México, 1917: *"Art. 27. A Nação terá, em qualquer tempo, o direito de impor à propriedade privada as determinações ditadas pelo interesse público (...) para fazer uma distribuição equitativa da riqueza pública e cuidar de sua conservação. (...)"* (tradução livre do autor).

[40] Constituição da Alemanha, 1919: *"Art. 153. (...) A propriedade obriga. Seu uso deve simultaneamente servir ao interesse comum"* (tradução livre do autor).

[41] Constituição de 1934: *"Art 113 - A Constituição assegura a brasileiros e a estrangeiros residentes no País a inviolabilidade dos direitos concernentes à liberdade, à subsistência, à segurança individual e à propriedade, nos termos seguintes: (...) 17) É garantido o direito de propriedade, que não poderá ser exercido contra o interesse social ou coletivo, na forma que a lei determinar. (...)."*

[42] Constituição de 1988: *"Art. 5º. (...) XXIII - a propriedade atenderá a sua função social"; "Art. 170. A ordem econômica, fundada na valorização do trabalho humano e na livre iniciativa, tem por fim assegurar a todos existência digna, conforme os ditames da justiça social, observados os seguintes princípios: (...) III - função social da propriedade".*

[43] MARQUES NETO, Floriano de Azevedo. *Bens públicos*: função social e exploração econômica: o regime jurídico das utilidades públicas. Belo Horizonte: Fórum, 2009, p. 95.

GESTÃO DE BENS PÚBLICOS

de construção de uma sociedade mais justa e solidária (um dos objetivos fundamentais da República) não deixa espaço para se compreender a propriedade pública de forma divorciada de sua função social[44].

Em outras palavras, se a existência do próprio Estado só se justifica enquanto destinada à satisfação do bem comum, consequentemente seu patrimônio também só pode ser utilizado para fins públicos, ou seja, de acordo com uma função socialmente relevante[45]. Por esse motivo, já houve quem afirmasse até mesmo que *"a alusão à função social da propriedade estatal qualitativamente nada inova, visto ser ela dinamizada no exercício de uma função pública"*[46], e que *"falar em função social da propriedade pública soa como um pleonasmo"*[47]. Independentemente de se considerar a função social da propriedade pública uma decorrência lógica da finalidade pública que envolve a atividade administrativa, ou de se considerá-la um elemento autônomo que reforça o dever de satisfação do interesse público, o fato é que não há dúvidas de que todos os bens públicos devem atender a uma função socialmente relevante.

Portanto, é possível afirmar que os bens públicos são dotados de uma instrumentalidade *"ao quadrado"*, pois são instrumentos conferidos ao Estado (outro instrumento) apenas para que este possa cumprir suas missões e satisfazer o interesse público.

Em decorrência da constatação de que a função social é inerente aos bens públicos, é possível afirmar que o Estado não apenas *pode* dar uma

---

[44] MELO, Marco Aurélio Bezerra de. *Direito das coisas*. Rio de Janeiro: *Lumen juris*, 2007, p. 91.

[45] Vale notar que a Constituição da República de 1988, além de tratar da função social da propriedade no art. 5º, XXIII, e no art. 170, III, também estabelece expressamente, no art. 182, o dever municipal de executar políticas urbanas que permitam o pleno desenvolvimento das *funções sociais da cidade* e garantam o bem-estar de seus habitantes. A partir do citado dispositivo é possível extrair a ideia de que a função social é inerente a todo o sistema jurídico e ao próprio Estado.

[46] GRAU, Eros Roberto. *A ordem econômica na Constituição de 1988*. 16ª ed. São Paulo: Malheiros, 2014, p. 232.

[47] DI PIETRO, Maria Sylvia Zanella. Função social da propriedade pública. In: *Revista Eletrônica de Direito do Estado*, Salvador, Instituto de Direito Público da Bahia, nº 06, abril/maio/junho, 2006, p. 01. Disponível em http://www.direitodoestado.com.br. Acesso em 20/03/2017. "É possível falar em função social da propriedade pública? A dúvida tem sua razão de ser. É que, estando o poder público vinculado a fins de interesse público, mais especificamente ao bem-comum – que é a própria finalidade que incumbe ao Estado garantir – não há dúvida de que todo o patrimônio público tem que ser utilizado com esse objetivo. Desse modo, falar em função social da propriedade pública soa como um pleonasmo."

NAMING RIGHTS DE BENS PÚBLICOS

destinação pública a um bem, mas, na verdade tem o *dever* de lhe dar tal destinação. Afinal, falar em "função" significa falar em dever para o Estado de gerir seus bens adequadamente[48]. A eventual não utilização de um bem público não é uma opção para a Administração Pública, mas antes um desvio de conduta que necessita ser corrigido.

E é importante ressaltar que o Estado não se desincumbe do dever de conferir função social quando dá *qualquer* destinação pública ao bem. Para que cumpra adequadamente tal dever, o Estado necessita maximizar as utilidades dos bens públicos, encontrando, em cada caso, a solução que extrai o máximo de benefícios de cada bem diante das circunstâncias concretas, raciocínio que é aplicável não apenas aos bens dominicais, mas também aos bens tradicionalmente denominados de uso comum do povo e de uso especial. A maximização das utilidades pode envolver tanto destinações gratuitas – que não gerem qualquer receita pública para o Estado – como destinações onerosas – que contribuam para reduzir a escassez de recursos públicos.

Ante o exposto, conclui-se que o Estado, por ser o proprietário dos bens públicos, tem legitimidade para geri-los em conformidade com o interesse público, dando-lhes as destinações que melhor se adequarem aos fins públicos em cada caso. E a função social ínsita aos bens públicos impõe que o Estado efetivamente o faça, sob pena de estar se desviando de suas obrigações primordiais. Resta, então, aprofundar o estudo acerca do conteúdo dessas destinações, e dos valores (econômicos e não-econômicos) envolvidos na gestão dos bens públicos.

1.3 Eficiência econômica e afetações dos bens públicos

A Constituição da República dispõe que a Administração Pública direta e indireta deve obedecer a diversos princípios, entre os quais se encontra o princípio da *eficiência*[49]. A partir daí, é possível concluir que o Estado deve

---

[48] DI PIETRO, Maria Sylvia Zanella. Função social da propriedade pública. In: *Revista Eletrônica de Direito do Estado*, Salvador, Instituto de Direito Público da Bahia, nº 06, abril/maio/junho, 2006, p. 06.

[49] CR/88. *"Art. 37. A administração pública direta e indireta de qualquer dos Poderes da União, dos Estados, do Distrito Federal e dos Municípios obedecerá aos princípios de legalidade, impessoalidade, moralidade, publicidade e eficiência e, também, ao seguinte: (...)"* (grifo nosso). A inserção do princípio da eficiência no catálogo expresso de disposições constitucionais ocorreu com o advento da

GESTÃO DE BENS PÚBLICOS

buscar o máximo de eficiência possível ao planejar e desenvolver as atividades administrativas, inclusive no que concerne à gestão de bens públicos. Mas o que significa exatamente *ser eficiente*?

Por uma perspectiva econômica, por exemplo, uma atuação administrativa eficiente pode ser considerada aquela que maximiza o bem-estar das partes envolvidas através da utilização de um critério distributivo (como Pareto ou Kaldor-Hicks[50], por exemplo), dentre outros significados possíveis.

Por outro lado, sob uma ótica jurídica tradicional, o conceito de eficiência recebe uma variedade de definições, de modo que, por vezes, tal conceito é relacionado a uma ideia de *eficácia*, ou seja, a atividade eficiente é aquela que alcança um objetivo pretendido, e, outras vezes, o conceito é ligado a uma ideia de *economicidade*, em que se considera eficiente a solução que acarreta menos despesas ou que gera mais lucro ao erário, independentemente da qualidade desta solução. Em tempos mais recentes, a eficiência passou também a ser relacionada à ideia de *proporcionalidade*[51], e,

Emenda Constitucional nº 19/98, embora já fosse possível extrair um dever de eficiência do conjunto de disposições constitucionais originárias.

[50] Uma distribuição "Pareto eficiente" ocorre quando não é possível redistribuir recursos para melhorar a situação de uma pessoa sem que outra pessoa tenha sua situação piorada, o que pode ocorrer mesmo quando a distribuição é desigual. Por sua vez, o critério de Kaldor--Hicks apresenta um aprimoramento em relação ao critério de Pareto, classificando como eficiente uma distribuição em que os privilegiados por uma nova distribuição ganhem mais do que os prejudicados percam, a ponto de os primeiros poderem compensar os últimos por suas perdas, de modo a deixá-los em situação igual ou melhor à situação anterior (segundo suas concepções).

[51] ARAGÃO, Alexandre Santos. O princípio da eficiência. In: *Revista Eletrônica de Direito Administrativo Econômico*, Salvador, Instituto de Direito Público da Bahia, nº 4, nov-dez/2005, jan/2006, p. 04. Disponível em http://www.direitodoestado.com.br. Acesso em 20/03/2017. Fernando Leal também analisa a proximidade entre a eficiência e a proporcionalidade, e enumera duas distinções principais. Para o autor, o primeiro ponto envolve a ideia de que o dever de proporcionalidade incide em qualquer caso de colisão de princípios, ao passo que o exame da eficiência só é indispensável nos casos de implementação de medidas custosas voltadas à realização de um fim. O segundo ponto, de certa forma, decorre do primeiro: se é possível que ambos os postulados pautem a análise de certa medida, é necessário definir o âmbito de abrangência de cada um. Segundo o autor, a distinção entre ambos não ocorre durante a fase de exame da adequação da medida para alcançar o fim que se pretende, mas na fase seguinte, ou seja, no exame da necessidade do meio utilizado. A eficiência exige que sejam comparados os custos e a qualidade dos meios aptos a alcançar uma finalidade almejada. Por sua vez, o exame da proporcionalidade permite que a Administração, eventualmente, não escolha o meio mais eficiente, diante da análise de outras finalidades públicas colateralmente afetadas pela medida, o que envolve a verificação de meios e princípios contrapostos, e, portanto,

NAMING RIGHTS DE BENS PÚBLICOS

ainda, a ser invocada como argumento para superação da legalidade formal (no sentido de que, para se alcançar a conduta administrativa mais eficiente, é possível, em algumas circunstâncias, superar uma regra legal expressa de modo a se atingir o resultado por ela almejado).

Embora distintas, as noções apontadas não são necessariamente incompatíveis entre si, de modo que podem ser combinadas em diferentes arranjos, o que explica, em boa parte, a falta de uniformidade doutrinária e jurisprudencial acerca do conceito de eficiência administrativa. Percebe-se, portanto, que é possível adotar tanto um conceito *restritivo* (associando-o exclusivamente a uma das noções anteriormente expostas), como também é possível adotar um conceito excessivamente *expansivo*, que englobe aspectos bastante diversos entre si. Porém, nenhum desses extremos parece ser satisfatório. Se um conceito restritivo deixa de lado considerações importantes sobre eficiência administrativa, um conceito demasiadamente elástico também não merece elogios, vez que não contribui para esclarecer o que é uma conduta eficiente em cada caso e como esta pode ser alcançada.

Embora não se pretenda aqui dissecar o conceito de eficiência administrativa (tarefa que, ante sua complexidade, exigiria considerações que fugiriam ao propósito deste trabalho), é preciso definir em que sentido se pretende utilizar o referido conceito, para que se possa ter clareza no desenvolvimento das ideias que serão expostas adiante acerca de uma gestão eficiente dos bens públicos. Por isso, esclarece-se que a noção de eficiência a seguir adotada está relacionada principalmente a aspectos econômicos (eficiência econômica), envolvendo considerações acerca dos custos e/ou receitas envolvidos nas condutas administrativas destinadas a alcançar um objetivo de interesse público. Em tópico adiante[52], serão analisadas questões primordialmente não econômicas e seus possíveis conflitos com as questões econômicas tratadas no presente tópico.

Embora hipoteticamente fosse possível encaixar todas essas questões (econômicas e não econômicas) dentro de um conceito mais amplo, gené-

---

extrapola considerações sobre eficiência. Contudo, como destaca o próprio autor, há zonas nebulosas entre a eficiência e a proporcionalidade. V. LEAL, Fernando. Propostas para uma abordagem teórico-metodológica do dever constitucional de eficiência. In: *Revista Eletrônica de Direito Administrativo Econômico* (REDAE), Salvador, Instituto Brasileiro de Direito Público, nº 15, agosto/setembro/outubro, 2008, pp. 13-16. Disponível em http://www.direitodoestado.com.br/redae.asp. Acesso em 20/03/2017.

[52] Tópico 1.4.

rico e *substantivo* de eficiência, opta-se por não fazê-lo, com a expectativa de tornar mais claras as divisões entre os interesses colidentes que serão levantados, vez que, caso contrário, a eficiência poderia ser, a um só tempo, a finalidade a ser perseguida e a medida para se aferir *se* e *o quanto* foi alcançada. Ao invés disso, a avaliação da melhor conduta administrativa em cada caso deve ser feita através de um teste de proporcionalidade, que leve em conta, de um lado, a eficiência econômica da atividade administrativa (e todos os fundamentos que lhe são complementares ou subjacentes), e, de outro lado, princípios e interesses que não possuam conteúdo econômico imediato, mas que sejam importantes para a sociedade.

Fixados os termos em que se utilizará a ideia de eficiência administrativa, é possível afirmar que há um dever de eficiência econômica do Estado na gestão de recursos públicos (genericamente considerados) presente em todo o ordenamento jurídico, que envolve a ideia de *rentabilidade*[53] na atividade administrativa, a qual abrange, de forma geral, dois elementos, que podem ou não ser encontrados simultaneamente: a procura pelo menor custo e a busca por maiores receitas.

Nesse sentido, é possível identificar diversas formas de manifestação do dever de eficiência econômica do Estado. A Constituição da República, por exemplo, busca garantir a previsibilidade das despesas e o equilíbrio fiscal, de modo a evitar a utilização de recursos públicos de modo inadequado e irresponsável. Por sua vez, a lei de responsabilidade fiscal (Lei complementar nº 101/2000) busca assegurar que haja planejamento da gestão das finanças públicas, dispondo que *"a responsabilidade na gestão fiscal pressupõe a ação planejada e transparente, em que se previnem riscos e corrigem desvios capazes de afetar o equilíbrio das contas públicas, mediante o cumprimento de metas de resultados entre receitas e despesas"*. Com finalidade correlata, a lei de improbidade administrativa (lei 8.429/92), dentre outros objetivos, busca san-

---

[53] BERNARD, Sébastien. *La recherche de la rentabilité des activités publiques et le droit administratif.* Paris: L.G.D.J., 2001, pp. 04-05. Conforme destaca o autor, há uma intensidade variável de rentabilidade em função do domínio da atividade pública, que pode ser traduzida em uma *escala de rentabilidade*. Para a gestão do patrimônio público e para as atividades públicas industriais e comerciais, o elemento preponderante é a procura por lucro. Por outro lado, a busca pela rentabilidade através da modernização da gestão administrativa envolve tanto a procura pelo menor custo como a procura por lucro. Em uma terceira situação, concernente à prestação de serviços públicos, o elemento preponderante é a procura pelo menor custo, seguindo a ideia de que o Estado deve buscar gastar o mínimo de recursos suficientes para prestar seus serviços com qualidade e abrangência adequadas.

cionar os responsáveis pela malversação de recursos públicos. O dever de eficiência econômica também se faz presente quando se pretende decidir administrativamente acerca do modelo direto ou indireto de prestação de serviços públicos, bem como, no caso da prestação indireta, quando se estabelece a forma mais adequada de delegação em cada caso (concessões, permissões etc.). Da mesma forma, no que concerne à lei de licitações (lei 8.666/93), também são objeto de influência de fatores econômicos, ao menos em parte, a seleção do modelo licitatório a ser empregado, a definição do risco de cada parte contratante e o eventual emprego de cláusulas exorbitantes nos contratos administrativos, dentre outros elementos.

Além de todos os exemplos citados sobre a atividade administrativa genericamente considerada, o dever de eficiência econômica também se aplica, particularmente, à gestão administrativa dos bens públicos, impelindo a Administração Pública a adotar modelos de gestão que propiciem a redução do gasto de recursos públicos, e o incremento na obtenção de receitas.

Imagine-se, por exemplo, uma situação em que há diversos imóveis públicos desocupados e inutilizados, e, simultaneamente, há indivíduos que, em decorrência de um desastre natural de grandes proporções, se tornaram desabrigados. Neste caso, uma conduta administrativa economicamente eficiente poderia consistir na cessão temporária de uso dos imóveis para as vítimas do desastre, com a finalidade de que neles habitassem temporariamente. Ao menos em tese, a cessão do bem poderia custar menos do que a entrega mensal de valores em pecúnia às vítimas para que encontrassem e pagassem por suas próprias moradias temporárias (aluguéis sociais), e, além disso, ainda serviria para dar destinação a imóveis que não vinham cumprindo sua função social.

Mas, conforme já exposto, uma gestão economicamente eficiente dos bens públicos busca não apenas reduzir despesas, mas também aumentar receitas, permitindo que o Estado possa se capitalizar, e, em seguida, reverter tais recursos em prestações sociais. Utilizando o exemplo anteriormente citado, caso o Estado concluísse que o potencial de obtenção de receitas com a cessão de uso onerosa dos imóveis para terceiros interessados era muito superior às despesas necessárias a assegurar moradia aos desabrigados, seria mais eficiente economicamente que se desse uma destinação onerosa aos referidos imóveis, gerando receitas públicas cujo soma-

GESTÃO DE BENS PÚBLICOS

tório permitiria não apenas a entrega de valores aos desamparados, mas também a possibilidade de investimentos em outras necessidades sociais.

Deve-se observar, no entanto, que gerar receitas sem se recorrer à imposição de tributos não é simples, e requer criatividade e proatividade por parte da Administração Pública. Exige, portanto, uma mudança em relação à tradicional inércia administrativa. Demanda que a Administração Pública deixe de apenas *reagir* às necessidades cotidianas ou aos impulsos dados por particulares (postura *reativa*), e passe a *agir* (postura *proativa*), buscando criar oportunidades econômicas e aproveitar aquelas que já estejam disponíveis.

Nesse sentido, a gestão de bens públicos parece ser um campo fértil para essa iniciativa, diante da grande quantidade de bens existentes, e das variadas oportunidades econômicas que lhes são relacionadas, como, por exemplo, a exploração econômica de *naming rights*. O dever estatal de dar função social aos bens públicos pode e deve ser cumprido de forma economicamente eficiente (salvo quando motivos de ordem não econômica forem preponderantes em eventual ponderação).

Para que seja possível transformar legitimamente esse potencial econômico em realidade, é preciso ter em mente que tais bens se sujeitam a diferentes tipos de afetação, e quaisquer soluções econômicas encontradas pela Administração Pública devem ser compatíveis com a destinação principal de cada bem. Por esse motivo, é oportuno fazer algumas reflexões sobre os diferentes tipos de afetação.

1.3.1 Bens dominicais: afetação a fins econômicos

Tradicionalmente, costuma-se analisar o instituto da afetação em conjunto com os tipos de bens públicos definidos pelo Código Civil: bens públicos de uso comum do povo, de uso especial, e dominicais[54]. Afirma-se que os bens públicos de uso comum do povo e os bens de uso especial são bens necessariamente afetados, por possuírem destinações públicas, seja de utilização pela população em geral, seja pela Administração Pública, sem as quais

---

[54] Código Civil, art. 99. "*São bens públicos: I – os de uso comum do povo, tais como rios, mares, estradas, ruas e praças; II – os de uso especial, tais como edifícios ou terrenos destinados a serviço ou estabelecimento da administração federal, estadual, territorial ou municipal, inclusive os de suas autarquias; III – os dominicais, que constituem o patrimônio das pessoas jurídicas de direito público, como objeto de direito pessoal, ou real, de cada uma dessas entidades. (...)*".

NAMING RIGHTS DE BENS PÚBLICOS

não poderiam ser classificados como tais. Tratam-se de bens com afetação *direta*[55]. Todavia, a situação dos bens dominicais é um pouco mais complexa e exige maior reflexão quanto à amplitude do conceito de afetação.

Há autores que defendem a adoção de um conceito *restrito*, segundo o qual a afetação diz respeito à destinação de um bem público a uma utilização específica, comum ou especial[56]. Assim, entre os três tipos de bens públicos discriminados pelo Código Civil, os bens dominicais se distinguiriam exatamente em virtude de não estarem afetados a um destino público, limitando-se a integrar o patrimônio da pessoa jurídica de direito público titular[57].

Por outro lado, há autores que sustentam um conceito *amplo* de afetação, no sentido de que esta pode ser conceituada como "*o fato administrativo pelo qual se atribui ao bem público uma destinação pública especial de interesse direto ou indireto da Administração*"[58].

Seguindo essa segunda linha de raciocínio, os bens dominicais se distinguiriam dos demais por seu caráter residual, ou seja, por não se enquadrarem nas definições de bem de uso comum ou especial, mas ainda assim possuírem algum tipo de destinação pública.

---

[55] A utilização do termo *direta*, assim como a utilização do termo *indireta* nas passagens seguintes, ao invés da utilização da nomenclatura *própria* e *imprópria*, decorre de opção voltada a evitar associações entre estes últimos termos e as ideias de *correção/validade* e *incorreção/invalidade*. Entretanto, cabe destacar que, às vezes, a doutrina brasileira faz uso da designação substituída.

[56] JUSTEN FILHO, Marçal. *Curso de direito administrativo*. 9ª edição. São Paulo: Editora Revista dos Tribunais, 2013, p. 1120. "*Um dos institutos fundamentais ao regime dos bens públicos consiste na afetação, que se aplica aos bens de uso comum e de uso especial. Os bens dominicais, como se verá adiante, não são afetados. (...) Alguns bens públicos estão integrados na atuação institucional administrativa e constituem instrumentos diretos da realização dos valores fundamentais buscados. São os bens de uso comum do povo e os bens de uso especial. Mas existem outros bens na titularidade estatal que não têm utilização institucional. Ou seja, são bens que não são aplicados para o desempenho das funções próprias da Administração Pública. Esses bens não são afetados e são qualificados como dominicais.*"

[57] MELLO, Celso Antônio Bandeira de. *Curso de direito administrativo*. 29ª edição. São Paulo: Malheiros, 2012, p. 931. "*Afetação é a preposição de um bem a um dado destino categorial de uso comum ou especial, assim como a desafetação é sua retirada do referido destino. Os bens dominicais são bens não afetados a qualquer destino público*".

[58] CARVALHO FILHO, José dos Santos. *Manual de Direito Administrativo*, 25ª edição. Rio de Janeiro: Atlas, 2012, p. 1133.

Com efeito, embora os bens dominicais possam não ter afetação *direta* a uma utilização comum ou especial, daí não parece possível concluir que não possam ter *qualquer* afetação a alguma destinação pública, vez que poderão estar afetados de forma *indireta*.

Considerando que o Estado não pode acumular patrimônio de forma despropositada, nem pode ser inerte em dar destinação a seu patrimônio, eis que tais condutas (ou omissões) são ilegítimas e violam o interesse público e a função social de tais bens, não parece aceitável a ideia de que sejam considerados bens dominicais aqueles aos quais nenhum destino público é dado pelo Estado. Se tal situação se faz presente, significa que há um desvio de conduta estatal que necessita ser remediado. Os bens dominicais (assim como os bens de uso comum e de uso especial) são propriedades públicas, e, logo, precisam estar afetados a uma função social, mesmo que de forma indireta.

Assim, se a afetação direta está relacionada à utilização do bem em uma destinação da qual advenha diretamente um benefício para a sociedade, a afetação indireta, em contrapartida, ocorre nas situações em que o benefício advindo da destinação do bem é revertido à sociedade de forma sucessiva e reflexa, como na hipótese de utilização de bens dominicais para a obtenção de receitas, que posteriormente serão utilizadas pelo Estado para o cumprimento de suas missões constitucionais.

Nesse sentido, é possível afirmar que a distinção entre afetação direta e indireta possui alguma semelhança com a separação que alguns autores costumam realizar entre interesse público *primário* e *secundário*[59], segundo a qual o interesse *primário* se identificaria com os interesses gerais da cole-

---

[59] Por fugir ao escopo deste trabalho, não serão analisadas pormenorizadamente as diversas discussões acerca da citada distinção. Sobre o ponto, e apenas a título ilustrativo, vale citar a obra de Daniel Hachem, que aponta ao menos duas importantes controvérsias sobre o tema: (i) a divergência acerca da efetiva existência de um interesse público secundário, relativa à terminologia extraída das lições de Renato Alessi, nas quais o autor se referiria a *interesses secundários* – que seriam identificados como interesses particulares, seja dos indivíduos, seja da Administração Pública – que não se confundiriam com o *interesse público*; e (ii) a controvérsia a respeito do significado de interesse público primário e secundário, eis que, na doutrina lusitana, o interesse público primário estaria ligado às funções política e legislativa, e o interesse público secundário seria aquele pertinente ao exercício da função administrativa. V. HACHEM, Daniel Wunder. *Princípio Constitucional da Supremacia do Interesse público*. Curitiba: Fórum, 2011.

NAMING RIGHTS DE BENS PÚBLICOS

tividade, enquanto o *secundário* teria relação com os interesses que o Estado possui como pessoa jurídica.

Dessa forma, a afetação direta dos bens de uso comum e de uso especial estaria vinculada ao aludido conceito de interesse público primário, enquanto a afetação indireta dos bens dominicais estaria ligada à ideia de interesse público secundário. Seguindo a referida terminologia, a afetação indireta, decorrente da atuação administrativa com base em um interesse público secundário, busca adequar a utilização do bem à sua função social através de sua exploração econômica, de modo a gerar *receitas originárias*[60] que possam viabilizar a consecução do interesse público primário em um momento posterior.

Assim, é possível concluir que os bens dominicais não apenas *podem* estar afetados a alguma destinação pública, mas, na verdade, *devem* estar afetados a uma função que atenda o interesse público (ainda que se qualifique tal afetação como indireta), sem que isso represente uma perda de sua caracterização[61]. A exploração econômica dos bens dominicais é inerente a uma gestão economicamente eficiente do patrimônio público, e, portanto, é uma imposição da ordem jurídica.

---

[60] As receitas públicas podem ser classificadas como originárias, derivadas e transferidas. As receitas derivadas são as obtidas através de uma relação vertical e impositiva entre Estado e particular, como ocorre com os tributos. As receitas transferidas são aquelas que, como diz o nome, decorrem de transferências compulsórias ou facultativas Por fim, as receitas originárias são aquelas obtidas em situações em que os interessados se encontram em nível horizontal de interesses, apenas ocorrendo relação entre eles caso haja bilateralidade de intenções, ainda que não haja comutatividade de obrigações. Assim, as receitas públicas obtidas através da gestão do patrimônio público possuem natureza originária. Sobre o tema, v. OLIVEIRA, Régis Fernandes. *Receitas não tributárias (taxas e preços públicos).* 2ª edição. São Paulo: Malheiros, 2003, pp. 62-69.

[61] Em sentido similar, v. MARQUES NETO, Floriano de Azevedo. *Bens públicos*: função social e exploração econômica: o regime jurídico das utilidades públicas. Belo Horizonte: Fórum, 2009, pp. 284-285. *"(...) tais bens (dominicais) não podem ser tratados como se fossem desprovidos de qualquer qualificação a um uso específico de interesse da Administração. Note-se que o CCB, ao definir os bens dominicais, não afirma serem eles bens não afetados. E quando prevê a inalienabilidade dos bens de uso comum e especial apenas se reporta ao fato de estarem eles qualificados a uma finalidade de uso específico, ou seja, ao fato de estarem eles direta ou indiretamente empregados a um serviço público. Daí nossa posição no sentido de que haverá bens que, mesmo sem serem qualificados a um uso comum ou especial, são destinados a uma finalidade (patrimonial) de interesse geral, podendo-se identificar esta destinação como uma afetação imprópria (na medida em que o uso não corresponde a uma fruição direta ou indireta pelo administrado, mas ao cumprimento de uma atividade meio de caráter fiscal)".*

1.3.2 Bens de uso comum do povo e de uso especial: múltiplas afetações e obtenção de receitas originárias

Os bens públicos de uso comum e de uso especial, diferentemente dos bens dominicais, possuem uma afetação própria que lhes caracteriza, destinando-se à utilização direta pelos indivíduos ou pela Administração. Mas será que tais bens só podem estar afetados a uma única finalidade? Novamente, a resposta passa pela função social do patrimônio público.

Atribuir a um bem público a característica de uso comum ou de uso especial equivale a afirmar que tal bem possui uma afetação, e, portanto, cumpre, *em alguma medida*, sua função social. Ocorre que, eventualmente, a afetação que recai sobre o bem pode não ser suficiente para dele extrair o máximo de proveito possível para a sociedade. Tome-se como exemplo uma rua: o trânsito de veículos e pedestres lhe confere afetação pública. Entretanto, a instalação de postes de eletricidade, de modo a permitir que seus habitantes recebam energia elétrica, lhe acrescenta outro tipo de utilidade, aprimorando a sua destinação pública, e, consequentemente, maximizando sua função social.

Assim, a Administração Pública deve, sempre que possível, buscar gerir o patrimônio público de modo a satisfazer a sua função social com a maior intensidade possível. A depender das circunstâncias de cada caso, esse resultado poderá ser alcançado pela afetação única ou pela *afetação múltipla* do bem público. Apesar de necessária uma avaliação casuística, parece que a segunda hipótese gerará, com mais frequência, os melhores resultados, por ampliar e diversificar a gama de funcionalidades dos bens públicos.

Fixada a premissa de que é possível que os bens públicos possuam múltiplas afetações, é necessário dar o passo seguinte, e analisar se os bens de uso comum e de uso especial podem possuir, além da afetação principal que os caracteriza, uma afetação indireta que viabilize ao Estado a obtenção de receitas através de sua exploração econômica, uma finalidade tradicionalmente atribuída apenas aos bens dominicais.

No que concerne a bens públicos de uso comum, há previsão legal expressa acerca da possibilidade de cobrança de retribuição pela correspondente utilização (art. 103 do Código Civil[62]). É verdade que podem ser extraídas duas interpretações diversas do dispositivo: uma no sentido de que a retribuição deve ser limitada à manutenção e conservação dos próprios bens, e outra no sentido de que a retribuição pode ser utilizada como medida para expandir as receitas públicas. Entretanto, independentemente da interpretação que se considere mais adequada, a mera previsão de cobrança de retribuição demonstra a possibilidade de uma afetação múltipla dos bens de uso comum, pois permite, além da destinação direta ao uso da sociedade (afetação primária) uma afetação indireta, voltada à obtenção de receitas (afetação secundária), as quais, caso não fossem obtidas através de retribuição dos usuários, fatalmente dependeriam de recursos obtidos através de outras fontes (como a tributária).

Note-se ainda que, embora o citado dispositivo legal não faça menção a bens de uso especial, a aludida cobrança também pode ser estendida a bens que estejam sujeitos a este tipo de afetação principal, nas hipóteses em que houver compatibilidade com a utilização pela Administração Pública. Nesses casos, a cobrança será uma imposição do dever estatal de gerir seus bens de forma economicamente eficiente.

No já citado exemplo da rua na qual foram instalados postes de eletricidade, seria possível pensar na atribuição de outras afetações, que teriam aptidão para viabilizar a obtenção de receitas, como a instalação de *outdoors* e totens de publicidade na via pública.

Além desses, podem ser citados muitos outros exemplos, como a concessão onerosa de *naming rights* de edifícios e espaços públicos de uso comum do povo ou de uso especial, a possibilidade de envelopamento publicitário de composições de metrô e de trem, a "adoção" de praças e de canteiros públicos por empresas e indivíduos que custeiam a manutenção destes

---

[62] Código Civil, art. 103. *"O uso comum dos bens públicos pode ser gratuito ou retribuído, conforme for estabelecido legalmente pela entidade a cuja administração pertencerem."*

GESTÃO DE BENS PÚBLICOS

locais em troca de exposição de nome ou marca em pequenas placas, e ainda muitas outras formas de *marketing municipal*[63-64].

E mesmo que não houvesse qualquer previsão legal, ainda assim seria possível a obtenção de receitas por meio de afetação múltipla de bens de uso comum e especial, por se tratar de uma decorrência da função social dos bens públicos, que impõe que a Administração Pública busque extrair da gestão do patrimônio público o máximo de benefícios sociais[65].

Entretanto, há nuances relativas ao tipo de afetação de cada bem que interferem em sua aptidão para a geração de receitas. Em regra, os bens de uso comum são fruídos de forma generalizada pela população, e os bens de uso especial são utilizados de forma privativa pela Administração Pública, diferentemente do que ocorre com os bens dominicais, que não

---

[63] O termo se tornou popular para representar negócios feitos por Municípios para o aumento das receitas públicas, cujo objeto envolve exploração publicitária de serviços e instalações municipais. Michael Sandel enumera diversos setores em que essa prática publicitária já foi realizada, como salvamento em praias, fornecimento de bebidas, estações de metrô, trilhas naturais, hidrantes, carros de polícia, cadeias, escolas, e outros. Apesar do termo fazer menção à esfera "municipal", é certo que outros entes federados também podem cogitar as mesmas práticas, desde que utilizem bens próprios. V. SANDEL, Michael J. O que o dinheiro não compra: os limites morais do mercado. Tradução de Clóvis Marques. Rio de Janeiro: Civilização Brasileira, 2012, p. 189. "(...) *No outro lado do país, em Orange County, na Califórnia, a garantia de salvamento nas praias passou a ser oferecida pela Chevrolet. Num acordo de patrocínio que valia US$2,5 milhões, a General Motors dotou os salva-vidas locais de 42 novas caminhonetes com anúncios que as apresentavam como 'veículo oficial de salvamento marítimo das praias de Orange Coast'. (...) Em 1999, a Coca-Cola pagou US$6 milhões para se tornar o refrigerante oficial da praia de Huntington, na Califórnia. Pelo acordo, passava a deter direitos exclusivos de venda de refrigerantes, sucos e água mineral nas praias, nos parques e prédios municipais, paralelamente ao uso do logotipo*".

[64] BOLLIER, David. *Silent theft: the private plunder of our common wealth*. New York and London: Routledge, 2002, pp. 158-159.

[65] DI PIETRO, Maria Sylvia Zanella. Função social da propriedade pública. In: *Revista Eletrônica de Direito do Estado*, Salvador, Instituto de Direito Público da Bahia, nº 06, abril/maio/junho de 2006, pp. 06-07. Disponível em http://www.direitodoestado.com.br. Acesso em 20/03/2017. "*Não obstante essas duas modalidades de bens [de uso comum do povo e de uso especial] tenham uma destinação* pública específica (porque ou servem ao uso coletivo ou se destinam ao uso da Administração para consecução de seus fins), essa afetação não impede que se amplie a sua função, seja para outros usos da própria Administração, seja para assegurar aos administrados a possibilidade de utilização privativa, desde que seja compatível e não prejudique o fim principal a que o bem se destina. (...) os bens públicos, precisamente pela função social que desempenham, devem ser disciplinados de tal forma que permitam proporcionar o máximo de benefícios à coletividade, podendo desdobrar-se em tantas modalidades de uso quantas forem compatíveis com a destinação e com a conservação do bem".

estão destinados a uma fruição direta pela população ou pelo Estado. Como se demonstrará adiante, essa diferença quanto à fruição direta ou indireta dos bens públicos gera repercussões importantes em relação à correspondente exploração econômica, inspirando cuidados adicionais quanto aos bens de uso comum e de uso especial, a fim de se evitar a geração de mais malefícios que benefícios. Como se verá, a função social da propriedade pública não se restringe a viabilizar eventual cobrança de retribuições pecuniárias ou implementação de outros modos de geração de receitas, pois também estabelece limites para essas práticas.

Com efeito, a Administração Pública não poderia, em sua busca por rentabilidade, agir de forma a violar direitos fundamentais dos administrados, conduta que, intrinsecamente, acarretaria também uma violação aos princípios gerais da Administração Pública. Assim, não seria possível promover a cobrança de preços elevados (ou até mesmo de qualquer preço) pela utilização de bens públicos amplamente utilizados por indivíduos dotados de poucos recursos econômicos, sob pena de tratá-los de forma desigual em relação aos indivíduos para os quais o pagamento do preço não prejudicaria o sustento próprio[66]. Tal medida poderia violar ainda inúmeros outros direitos fundamentais, como o direito ao lazer, à cultura, à liberdade e outros. A busca por rentabilidade não é um fim em si mesmo, mas um instrumento para se alcançar a maior satisfação possível das necessidades dos indivíduos em um cenário de escassez de recursos.

Por sua complexidade, a questão das limitações à exploração econômica dos bens públicos será aprofundada em tópico apartado, a seguir.

Para a conclusão do presente tópico, na linha do que se expôs até o presente momento, é possível afirmar que os bens de uso comum e de uso especial podem ter afetações múltiplas (e não apenas a afetação que lhes conferem suas caracterizações). Além disso, sempre que possível, uma ou mais destinações de tais bens devem estar voltadas à busca pela obtenção de receitas originárias que permitam a manutenção dos próprios bens, assim como a geração de recursos excedentes que possam ser utilizados tanto na conservação de outros bens que não possuam aptidão econômica para cus-

---

[66] Em regra, a ideia de cobrança de preços pelo acesso a bens de uso coletivo tradicionalmente gratuito tende a gerar comoção social. Exemplificativamente, em 2015, no Estado do Rio de Janeiro, houve grande polêmica em torno da ideia de se instituir cobrança de entrada para as praias cariocas em dias de grande fluxo de pessoas.

tear sua própria manutenção (subsídio cruzado), como também na prestação de serviços públicos e assistenciais com maior amplitude e qualidade.

Em síntese, o Estado tem o dever de gerir os bens públicos de forma economicamente eficiente, conferindo-lhes o máximo de funcionalidades possíveis, desde que compatíveis com suas respectivas afetações principais.

1.4. Elementos não econômicos da gestão de bens públicos e potenciais conflitos

Apesar da constatação de que a eficiência econômica é importante na gestão de bens públicos, esse não é o único fator a ser levado em consideração pelo Estado para que possa realizar uma gestão adequada de tais bens[67]. O presente tópico busca exatamente explorar os motivos pelos quais não é possível confundir *gestão adequada* de bens públicos com *gestão economicamente eficiente*. A primeira pressupõe a segunda, mas a ela não se limita. Nesse sentido, será demonstrado, inicialmente, que a eficiência econômica não pode receber a mesma ênfase na esfera pública que recebe na esfera privada. Em seguida, serão explorados os motivos pelos quais o foco exclusivo ou excessivo em questões econômicas pode gerar sérios problemas de legitimidade na atuação estatal.

Assim, inicia-se a exposição destacando-se que, embora na esfera privada seja comum avaliar o sucesso de uma empresa através do grau de sua eficiência econômica, este critério não pode ser transposto acriticamente para a esfera pública (inclusive no que concerne à gestão de bens públicos) mesmo que o Estado utilize mecanismos de gestão retirados de exemplos bem-sucedidos da esfera privada, pertinentes à administração de empresas e aos negócios privados em geral.

O setor privado é constituído por entes que lutam pela própria sobrevivência no mercado, o que instiga a busca pela eficiência econômica e pela lucratividade, enquanto o setor público é composto por entes que buscam

---

[67] MARQUES NETO, Floriano de Azevedo. *Bens públicos*: função social e exploração econômica: o regime jurídico das utilidades públicas. Belo Horizonte: Fórum, 2009, p. 270. *"A gestão dos bens públicos envolve dois aspectos inter-relacionados: a gestão patrimonial, entendida como a otimização do emprego do patrimônio público, com vistas a obter a maior racionalidade econômica, e a disciplina do uso, voltada a assegurar que este emprego seja consentâneo com as finalidades de interesse geral* às *quais o bem está consagrado. É da combinação destes dois aspectos que se dá a adequada gestão dos bens públicos."*

operacionalizar metas governamentais pautadas em projetos políticos. Tais metas e os critérios de avaliação de seu sucesso não são reduzidos a lucros e perdas, pois buscam satisfazer interesses conflitantes de diversas naturezas, que muitas vezes não seguem princípios econômicos e organizacionais[68]. De fato, a produção de riquezas pelo Estado não é um fim em si mesmo, mas apenas um modo de maximizar os recursos públicos necessários ao cumprimento das missões constitucionais, muitas das quais são perseguidas por meios economicamente deficitários, como ocorre com as prestações assistenciais destinadas a fornecer aos indivíduos recursos mínimos para sua dignidade.

Além dos objetivos governamentais, a Constituição da República delimita a margem de atuação do Estado no desempenho da atividade administrativa, de modo que não seria juridicamente possível a adoção de medidas que, apesar de prestigiarem a eficiência econômica, contrariassem regras constitucionais e também princípios como a moralidade e a impessoalidade.

Ademais, muitas das decisões tomadas na esfera pública dependem do preenchimento de requisitos burocráticos e de exigências de participação social, destinadas a apreender e harmonizar os interesses sociais variados e antagônicos presentes na sociedade, de modo diverso do que ocorre com as decisões no setor privado, as quais costumam ser tomadas por pequenos grupos ou por indivíduos detentores de poder sobre o negócio privado, o que lhes garante maior celeridade. A necessidade de preenchimento das formalidades legais e a dificuldade para conciliar os interesses sociais divergentes são tradicionalmente vistas como elementos de redução da eficiência econômica, embora essa percepção não seja imune a críticas[69].

---

[68] FARNHAM, D.; HORTON, S. *Managing the new public services*. London: Macmillan, 1992, *apud* PAULA, Ana Paula Paes de. Por uma nova gestão pública: limites e potencialidades da experiência contemporânea. Rio de Janeiro: FGV, 2005, pp. 83-85. Ao se distinguir *administração* de *management*, é possível afirmar que, na *administração*, o foco está em objetivos gerais, mede-se o sucesso da gestão pela capacidade de se evitar erros e de se fazer as coisas certas, e o uso eficiente dos recursos configura um objetivo importante, mas secundário. Já no *management*, o foco está em objetivos específicos, o sucesso se mede por resultados quantitativos, e o uso eficiente dos recursos é um objetivo primário. Segundo a autora, Farnham e Horton concluem que: "*no setor público, os sistemas administrativos são predominantes, enquanto os sistemas de management acabam adquirindo suas características, de modo que tendem a operar de forma ineficiente*".

[69] A noção de que o setor privado sempre adota práticas economicamente eficientes muitas vezes é contestável (vide, por exemplo, o notório caso *Enron*, e a crise de bancos privados iniciada em 2008). O investidor privado tende a aceitar mais riscos em busca da multiplicação

Apesar de essas não serem as únicas diferenças entre o setor público e o setor privado, as circunstâncias apontadas são suficientes para demonstrar que nem sempre o setor público poderá adotar a conduta mais eficiente economicamente, embora deva fazê-lo sempre que for possível e compatível com os demais interesses em jogo.

Superado esse primeiro ponto comparativo entre as esferas pública e privada, é possível passar à análise de um segundo ponto relevante acerca da gestão de bens públicos: os riscos para a sociedade da valorização exacerbada de aspectos econômicos na atividade administrativa.

Se, por um lado, uma gestão de bens públicos que não seja economicamente eficiente pode dificultar o cumprimento das missões estatais (deixando de aumentar receitas ou até mesmo gerando prejuízo às finanças públicas), por outro lado, uma gestão excessivamente focada na eficiência econômica pode gerar graves problemas.

Para identificar esses problemas, convém refletir de forma mais abrangente sobre a influência da economia em relação a outros sistemas sociais (como o direito, a política etc.), e, com isso, construir uma argumentação mais robusta acerca da análise da gestão de bens públicos.

A sociedade moderna é composta por vários sistemas diferenciados funcionalmente. Em tempos pré-modernos, era comum que a política e a religião pautassem o que era bom/ruim e certo/errado de forma tão determinante que as conclusões extraídas de outros sistemas não eram dotadas de força suficiente para se autoafirmar e prevalecer, como ocorria, por exemplo, com descobertas científicas que contrariavam orientações religiosas. Diferentemente, a sociedade moderna possui abertura suficiente para permitir avaliações independentes a partir de cada sistema social, o que contribui para o desenvolvimento de racionalidades parciais distintas.

A Economia, por exemplo, gira em torno de um eixo próprio, de acordo com a racionalidade econômica, assim como o direito se orienta de acordo com a racionalidade jurídica. Enquanto a racionalidade econômica pode ser averiguada, por exemplo, pelo código binário "ter/não ter", a raciona-

---

de riquezas, o que, por vezes, pode gerar uma conduta pautada apenas em suposições e sorte. Por sua vez, o administrador público tende a ser mais conservador, por lidar com recursos públicos que, uma vez mal empregados, podem gerar consequências graves, inclusive responsabilidade pessoal do gestor por improbidade.

lidade jurídica pode ser encontrada no código "lícito/ilícito", e a racionalidade política no código "poder/não poder"[70].

Em perfeito funcionamento, a racionalidade econômica gera efeitos positivos, facilitando o acesso aos bens, a evolução social e a satisfação de preferências individuais. Entretanto, a expansão exacerbada da racionalidade econômica pode acabar sabotando a racionalidade dos demais sistemas[71], e corrompendo os critérios de avaliação que por eles seriam realizados em circunstâncias ideais.

Com isso, a utilização excessiva da lógica da Economia pode fazer com que a sociedade caminhe para um ponto em que todos os demais códigos não tenham força suficiente para prevalecer frente ao código econômico. Em outras palavras, a exacerbação dessa lógica, em casos extremos, pode gerar a sensação de que não há nada que o dinheiro não compre, sendo a diferença entre o "sim" e o "não" apenas uma questão de preço. E mesmo em casos não tão extremos, há o risco de gerar ao menos dois importantes problemas: a desigualdade e a corrupção[72].

No que concerne à *desigualdade*, vale observar que, a partir do momento em que mais coisas são suscetíveis de avaliação econômica, beneficiam-se mais os indivíduos que possuem maior capacidade aquisitiva. Assim, em uma sociedade em que muitas coisas de diferentes naturezas estejam à venda, a vida fica mais difícil para os que dispõem de poucos recursos financeiros, pois a importância relativa do dinheiro aumenta, vez que este pode ser convertido em mais tipos de diferentes bens sociais, tais como *status*, saúde, cultura ou influência política, o que amplia o distanciamento entre pessoas com diferentes condições aquisitivas.

No que concerne especificamente à gestão de bens públicos, é certo afirmar que há diferenças de acesso a tais bens pelos administrados mesmo em situações de utilização equilibrada da lógica econômica. Afi-

---

[70] NEVES, Marcelo. Transconstitucionalismo. São Paulo: Martins Fontes, 2009, p. 22-24.

[71] NEVES, Marcelo. Transconstitucionalismo. São Paulo: Martins Fontes, 2009, pp. 42-43: *"(...) o código de um dos sistemas é sabotado pelo código de um outro sistema, de tal sorte que aquele perde sua capacidade de reprodução consistente. Assim, se o código "ter/não ter" (economia), por via do processo eleitoral ou dos procedimentos fiscais e tributários, corromper as regras do jogo democrático, sabotando diretamente o código da política (diferença governo/oposição construída democraticamente), dar-se-á a corrupção sistêmica, se houver incapacidade do sistema político de reagir, conforme seus próprios critérios e programas, à sobreposição negativa da economia."*

[72] SANDEL, Michael J. O que o dinheiro não compra: os limites morais do mercado. Tradução de Clóvis Marques. Rio de Janeiro: Civilização Brasileira, 2012, p. 14.

GESTÃO DE BENS PÚBLICOS

nal, toda utilização de um bem que não seja concedida a todos de forma simultânea acaba gerando alguma desigualdade. No entanto, a restrição de acesso baseada na utilização excessiva da lógica econômica, além de ampliar a desigualdade natural do acesso, ainda pode conduzir a resultados inaceitáveis.

Veja-se, por exemplo, o seguinte caso noticiado pela imprensa. Uma certa praia situada em área militar não era acessível aos membros da comunidade local. Entretanto, o ente público responsável por administrar a área cedeu onerosamente a um particular, por certo período de tempo, o direito de instalar um "clube de luxo" no local, cobrando preços bastante elevados (em relação ao poder aquisitivo da maior parte da população) para aqueles que desejassem frequentar a praia e aproveitar as instalações e festas. A situação gerou polêmica, inclusive a criação de um movimento popular que ameaçava "invadir a praia" gratuitamente, com comida e isopores. Logo após, a cessão foi extinta antes de seu termo final.

Desconsiderando-se todos os demais detalhes eventualmente presentes na situação narrada (e analisando-se, portanto, de forma hipotética as circunstâncias descritas), é possível realizar algumas reflexões.

Por um lado, através de um raciocínio estritamente econômico, seria plausível conceber a cessão como um meio eficiente de ampliação de receitas públicas. Em primeiro lugar, a medida oneraria apenas os usuários – os únicos que se beneficiariam diretamente do uso – e não a coletividade como um todo (o que incluiria até aqueles que não tivessem interesse ou possibilidade de acessar o bem). Em segundo lugar, os que não tivessem condições de pagar não teriam sua situação *prejudicada*, eis que também já não tinham acesso no momento anterior. Em terceiro lugar, haveria benefícios reflexos para toda a coletividade, vez que o aumento da arrecadação do ente possibilitaria que este melhorasse e ampliasse suas atividades públicas sem a necessidade de elevação de tributos.

Por outro lado, partindo-se de perspectivas não econômicas, seria possível que alguém realizasse o seguinte raciocínio: enquanto o acesso era vedado a todos, vigorava a presunção de que aquela área pública estava afetada a uma atividade estatal, e a restrição de acesso se justificava em virtude de circunstâncias condizentes com o interesse público (segurança pública, necessidade administrativa etc.). Entretanto, a partir do momento em que se permitiu que algumas pessoas pudessem frequentar aquela área, duas circunstâncias se alteraram. A primeira se refere ao desaparecimento

NAMING RIGHTS DE BENS PÚBLICOS

(ou mitigação) da presunção de que a restrição de acesso era justificável com base em razões de interesse público. A segunda concerne ao fato de que possivelmente a parcela majoritária da população (que não possuía recursos suficientes para pagar os elevados valores cobrados pelo ingresso) passou a se sentir inferiorizada por sua exclusão do espaço público com base em seu reduzido poder aquisitivo.

Colocando-se de outra forma: é possível conceber que, no imaginário comum, enquanto o acesso era restrito por motivos supostamente legítimos, dinheiro algum poderia "comprar" o acesso, e, consequentemente, todos os administrados se encontravam em situação de igualdade em relação ao espaço público. No entanto, a partir do momento em que o espaço foi aberto, porém apenas para quem pudesse e se dispusesse a pagar elevadas quantias (o que excluía a maior parte da população), é possível que tenha surgido a sensação de que houve tratamento privilegiado para alguns indivíduos. Seguindo essa linha de raciocínio, a venda de tais privilégios ampliaria a *desigualdade* já existente entre as classes sociais para *além do dinheiro*, estendendo-se à própria condição de membro da comunidade: os "membros superiores" teriam acesso a todos os espaços públicos da comunidade, enquanto os "membros inferiores" somente teriam acesso restrito.

O que se pretende demonstrar com as reflexões expostas é que a racionalidade econômica é importante, mas pode não ser a única necessária a uma gestão adequada de bens públicos. O exemplo do acesso à praia permite constatar como a aplicação da lógica de mercado aos bens públicos tem o potencial de gerar desigualdades entre os administrados que vão além de questões meramente financeiras.

E, conforme já se adiantou, a desigualdade não é o único problema decorrente da aplicação irrestrita da lógica de mercado à gestão dos bens públicos. Dentre outros, um dos mais importantes problemas é a *corrupção* dos valores intrínsecos ao patrimônio público.

Com efeito, há um fator corrosivo nos mercados, os quais não se limitam a regular a distribuição de bens (eventualmente gerando problemas de desigualdade), mas também expressam e promovem certas atitudes em relação aos produtos trocados, degradando seu valor intrínseco[73].

---

[73] SANDEL, Michael J. O que o dinheiro não compra: os limites morais do mercado. Tradução de Clóvis Marques. Rio de Janeiro: Civilização Brasileira, 2012, pp. 14-15: "*(...) A remuneração de crianças para que leiam livros pode levá-las a ler mais, mas também faz com que passem a encarar a*

GESTÃO DE BENS PÚBLICOS

Ilustrativamente, é provável que a maior parte da população brasileira não apoie a concessão de *naming rights* dos nomes de seus próprios Estados (unidades federativas) ou dos "Poderes Executivo, Legislativo e Judiciário", ainda que o valor proposto seja tão grande que garanta a redução de tributos por anos. Além da existência de diversos outros argumentos contrários à realização do negócio, a mera colocação de tais direitos "no mercado" provavelmente já degradaria seus valores intrínsecos, por tratá-los como simples mercadorias, quando deveriam ser tratados como elementos de identificação da sociedade e do país[74].

Outro exemplo possível concerne à possibilidade de inserção de publicidade particular em viaturas policiais. Segundo Sandel[75], uma empresa norte-americana formulou a proposta de fornecer veículos para a polícia por preço exíguo (US$1 por ano), diante de restrições financeiras atravessadas pelas cidades que resultavam em dificuldade para aquisição de novos veículos, estabelecendo como contrapartida que a empresa pudesse inserir publicidade nos aludidos veículos.

Pelo aspecto econômico, a aceitação da proposta poderia ser a solução para os problemas de segurança pública enfrentados pela sociedade, sem que isso resultasse em aumento da carga fiscal pelos indivíduos. Ainda que cobertas por publicidades, as viaturas cumpririam suas funções de

---

leitura como um estorvo, e não como fonte de satisfação em si mesma. O leilão de vagas numa instituição de ensino pode aumentar sua renda, mas também corrói a integridade do estabelecimento e o valor de seu diploma. A contratação de mercenários estrangeiros em guerras talvez sirva para poupar a vida dos nossos cidadãos, mas corrompe o significado da cidadania. Os economistas costumam partir do princípio de que os mercados são inertes, de que não afetam os bens neles trocados. Mas não é verdade. Os mercados deixam sua marca. Às vezes, os valores de mercado são responsáveis pelo descarte de princípios que, não vinculados aos mercados, devem ser respeitados".

[74] Tratando de situação diversa da exploração de *naming rights*, Sandel utiliza um exemplo bastante esclarecedor sobre o efeito corrosivo do mercado: *"Não colocamos crianças à venda no mercado. Ainda que os compradores não maltratassem as crianças compradas, a existência de um mercado de crianças estaria expressando e promovendo uma maneira errada de tratá-las. As crianças não são bens de consumo, mas seres que merecem amor e cuidados. Ou então, vejamos a questão dos direitos e das obrigações da cidadania. Se você for convocado a participar de um júri, não poderá contratar um substituto. E os cidadãos tampouco têm o direito de vender seus votos, embora não falta quem esteja ansioso por comprá-los. Por que não? Porque consideramos que os deveres cívicos não devem ser encarados como propriedade privada, mas como uma responsabilidade pública. Terceirizá-los significa aviltá-los, tratá-los de maneira errada".* SANDEL, Michael J. O que o dinheiro não compra: os limites morais do mercado. Tradução de Clóvis Marques. Rio de Janeiro: Civilização Brasileira, 2012, p. 15.

[75] SANDEL, Michael J. O que o dinheiro não compra: os limites morais do mercado. Tradução de Clóvis Marques. Rio de Janeiro: Civilização Brasileira, 2012, pp. 192-193.

permitir o patrulhamento e garantir que a polícia atuasse com celeridade para atender emergências.

Entretanto, por outra perspectiva, apesar de a celebração do negócio viabilizar a aquisição de viaturas policiais, poderia haver comprometimento da autoridade da função policial. É certo que a autoridade da polícia não é definida pelas cores ou adereços de seus veículos, e sim pela função de proteção e manutenção da ordem que desempenha na sociedade. O corpo policial concentra o poder de coerção estatal através do uso da força, o qual não é extensível aos particulares, salvo em hipóteses excepcionais. Ainda assim, é possível que indivíduos abordados em uma operação policial, mesmo racionalmente conscientes de todas as razões que legitimam sua autoridade, encarem com menos seriedade e respeito – ainda que subconscientemente – uma viatura policial coberta por publicidade de animais de pelúcia e brinquedos infantis. E isso não apenas pelo significado desses objetos, mas pela possível sensação de que o policiamento, serviço público essencial, também se dobra à pressão do dinheiro.

Embora seja verdade que há outros serviços igualmente essenciais à vida em sociedade que passam por variadas formas de privatização sem que haja muitas objeções – como ocorre com o fornecimento de energia elétrica e de água – o argumento se situa mais próximo da ideia de que a função policial constitui um patrimônio comum da sociedade, que não está à venda para um particular específico, especialmente quando este busca apenas promover seu negócio. E quanto mais a lógica de mercado adentra esse conjunto de bens e serviços integrantes do patrimônio compartilhado por todos, maior é a sensação de perda do caráter público de tais elementos, que gradativamente passam a ser identificados como parte do patrimônio privado de terceiros[76].

Percebe-se, assim, a complexidade de uma gestão adequada de bens públicos. Nenhum dos argumentos acima pode ser simplesmente desprezado, e nenhum pode ser considerado de certeza indiscutível. Na verdade, a questão colocada no exemplo das viaturas policiais provavelmente encontraria respostas muito divergentes na sociedade, e tais divergências seriam absolutamente legítimas, especialmente pelo fato de envolverem bens públicos, cujo destino é de interesse de toda a sociedade.

---

[76] BOLLIER, David. *Silent theft: the private plunder of our common wealth*. New York and London: Routledge, 2002, p.3.

Para solucionar esses casos difíceis, é indispensável que sejam identificados quais são os valores em disputa, e que, em seguida, sejam eles submetidos a uma ponderação pautada pela proporcionalidade, de modo a encontrar a medida ideal de compressão de cada interesse em cada caso. No segundo capítulo deste livro, ao se tratar da exploração de *naming rights* de bens públicos, o tema será retomado com maior profundidade. Por ora, é suficiente constatar que a inserção de uma lógica de mercado na gestão de bens públicos, quando mal realizada, possui, efetivamente, o poder de de ampliar a desigualdade entre as pessoas e corromper o significado desses bens, diminuindo seu valor intrínseco e deteriorando as relações que possuem com a comunidade.

1.5 Conclusões parciais

Conforme se expôs anteriormente, o presente capítulo se destina a fixar as bases necessárias para o estudo da exploração econômica de *naming rights* de bens públicos, sem a pretensão de exaurir os temas nele abordados. Convém, então, rememorar algumas das lições e conclusões alcançadas até o momento, para que se possa passar ao tema central deste trabalho.

Conforme se demonstrou anteriormente, diante de um cenário de escassez de recursos econômicos e de alta carga fiscal, é preciso encontrar fontes alternativas de receitas que permitam ao Estado satisfazer todas as suas missões constitucionais, que não são poucas.

Paralelamente, é necessário que se dê função social ao vasto patrimônio público existente, de modo a satisfazer direitos fundamentais direta ou indiretamente (através da redução de despesas e da ampliação de receitas públicas).

A exploração econômica de bens públicos pode satisfazer essas duas necessidades simultaneamente, desde que exercida em conformidade com o ordenamento jurídico, sempre se levando em consideração que o Direito deve ser pensado como uma *caixa de ferramentas*[77], fornecendo os apetrechos necessários para que o Estado possa cumprir a sua finalidade social. Logo, ao mesmo tempo em que deve permitir o surgimento de soluções criativas que possibilitem a otimização da gestão econômica do patrimônio

---

[77] SUNDFELD, Carlos Ari. *Direito administrativo para céticos*. São Paulo: Malheiros, 2012, pp. 38-40.

público, também deve limitar excessos, resguardando a compatibilidade entre as atividades administrativas e os ideais constitucionais.

Essa constatação é especialmente importante na exploração econômica de bens públicos, pois, como se verificou, a aplicação incondicionada da lógica de mercado ao patrimônio público pode gerar efeitos negativos e contraintuitivos, como (i) o aumento da desigualdade entre os administrados, ao dificultar ou até inviabilizar o acesso aos bens públicos por indivíduos desfavorecidos economicamente, e (ii) a corrupção e degradação dos valores inerentes a tais bens, em virtude de serem tratados como mercadorias.

Por outro lado, é inquestionável que a aplicação da racionalidade econômica ao espaço público possui muitos pontos positivos, especialmente no que concerne ao aumento de receitas passíveis de conversão em benefícios para a comunidade, como a prestação de serviços públicos em melhor e maior quantidade, ou em redução da carga fiscal.

Assim, se por um lado é certo que a aplicação da lógica de mercado a questões inerentes ao espaço público (que envolve valores que habitualmente se orientam por racionalidades diversas da econômica) pode gerar efeitos perversos como aqueles mencionados, por outro lado também não se deve considerá-la a razão de todos os males do mundo. Ao contrário, uma aplicação ponderada da lógica de mercados ao espaço público pode ser essencial para resolver grande parte dos problemas financeiros da sociedade na atualidade.

No próximo capítulo, busca-se, então, abrir a "caixa de ferramentas jurídica", e dela retirar os instrumentos necessários para ajustar a exploração de *naming rights* de bens públicos ao ordenamento brasileiro.

2. *NAMING RIGHTS* DE BENS PÚBLICOS

2.1 Introdução

2.1.1 Distinção entre exploração de naming rights e outras formas de nomeação

Qual é a importância de um nome?

Nomes podem ser importantes por permitirem a identificação[78], a diferenciação e a individualização de pessoas, espaços e objetos. Todo nome carrega consigo um significado, e, consequentemente, transmite informações acerca daquele ou daquilo que é nomeado, assim como de quem o nomeou.

Nomes também podem exprimir características positivas, negativas, ou neutras (meramente descritivas) acerca de coisas e pessoas. Além de

---

[78] A respeito do nome como elemento de identificação das pessoas, Anderson Schreiber afirma que *"[c]ompreendido, historicamente, como instrumento necessário para garantir a segurança coletiva por meio da precisa identificação de cada indivíduo no meio social, o nome foi regulado no Brasil como verdadeira questão de Estado.".* Em seguida, o autor demonstra a gradual evolução na compreensão do tema, rumo a uma concepção do nome como direito da personalidade, elemento da autodeterminação da pessoa, necessário à plena realização humana: *'Uma das poucas coisas, antes talvez a única coisa que eu sabia ao certo era essa: que me chamava Mattia Pascal'. Inicia-se assim o célebre romance de Pirandello sobre o homem que, lendo no jornal a notícia equivocada da própria morte decide passar a viver como alguém que não era, descobrindo-se, após um período inicial de satisfação, atormentado pela presença constante daquele que foi um dia. A frase inaugural da obra revela, com força literária, que o nome representa bem mais que o sinal de reconhecimento do seu titular pela sociedade: o nome estampa a própria identidade da pessoa humana."* SCHREIBER, Anderson. *Direitos da personalidade.* São Paulo: Atlas, 2011, pp. 181-183 e 205.

NAMING RIGHTS DE BENS PÚBLICOS

transmitirem ideias, podem ser empregados para homenagear, para mostrar gratidão, ou, ainda, para criar métodos de organização.

No que concerne à esfera da Administração Pública, nomes podem influenciar diretamente a concretização de metas constitucionais como a proteção da dignidade da pessoa humana[79], o acesso à cultura e à educação, e a preservação da memória e do patrimônio histórico-cultural, dentre outros fatores.

Um fato noticiado no fim de 2014 exemplifica o ponto: a Fundação Zoo-Botânica de Belo Horizonte – entidade da administração indireta do Município – realizou eleição pública para a escolha do nome de um filhote de gorila, na qual os participantes poderiam escolher uma entre três opções de nomes de origem africana. O Ministério Público de Minas Gerais, então, elaborou uma recomendação à Fundação no sentido de suspender a eleição, por considerar que a atribuição de nomes de origem africana a um gorila seria racista e ofensiva, podendo acarretar danos aos grupos étnicos diretamente atingidos, como negros africanos e brasileiros afrodescendentes. A Procuradoria-Geral do Município, entretanto, entendeu que a eleição não apresentava qualquer traço de racismo, e que a escolha de nomes africanos buscava estimular no público visitante do zoológico a percepção da correlação dos animais com seu ambiente de origem, e, desta forma, colaborar com as atividades de educação ambiental e preservação da biodiversidade[80].

Outro exemplo pode ser observado em ação movida pelo Ministério Público Federal (MPF)[81] em face da União Federal e de concessionária da Ponte Presidente Costa e Silva, popularmente conhecida como "Ponte Rio-Niterói", situada no Estado do Rio de Janeiro, cujo nome foi atribuído

---

[79] Seguindo essa linha, o Código Civil de 2012 estabelece que o direito a um nome é um direito da personalidade, protegendo-o de utilização abusiva: *"Art. 16. Toda pessoa tem direito ao nome, nele compreendidos o prenome e o sobrenome. Art. 17. O nome da pessoa não pode ser empregado por outrem em publicações ou representações que a exponham ao desprezo público, ainda quando não haja intenção difamatória. Art. 18. Sem autorização, não se pode usar o nome alheio em propaganda comercial. Art. 19. O pseudônimo adotado para atividades lícitas goza da proteção que se dá ao nome."*

[80] V. http://portal6.pbh.gov.br/dom/iniciaEdicao.do?method=DetalheArtigo&pk=1134969. Acesso em 20/03/2017.

[81] BRASIL. Tribunal Regional Federal da 2ª Região – Seção Judiciária do Rio de Janeiro. 10ª Vara Federal. Processo nº 0002039-10.2014.4.02.5101. V. www.jfrj.jus.br

através da lei federal 5.595/1970[82], editada durante a vigência do Ato Institucional nº 5, de 13 de dezembro de 1968.

Na referida ação, o MPF defendeu, em apertada síntese, que a nomeação da ponte com o nome do ex-Presidente feriria o art. 216 da CR/88[83], base constitucional do direito à memória, por entender que haveria violação à formação do patrimônio histórico-cultural brasileiro, em virtude de a lei ter sido editada em período marcado pelo autoritarismo, e que o nomeado teria perpetrado grandes violações contra o povo brasileiro. Após tecer considerações inerentes à relevância da ponte para a sociedade regional e nacional, sustentou que a retirada do nome representaria *"um mecanismo relevante contra o 'negacionismo' ou 'silenciamento', rejeitando uma tendência ao esquecimento"*, defendendo, enfim, a necessidade de que *"esses capítulos da História do Brasil não sejam mais escritos a lápis, apropriados, apagados e reescri-*

---

[82] Lei 5.595/70. *"Art. 1º É denominada "Presidente Costa e Silva" a ponte Rio-Niterói parte integrante da Rodovia BR-101-Natal-Niterói-Rio-Osório, do Plano Rodoviário Nacional."*

[83] *"Art. 216. Constituem patrimônio cultural brasileiro os bens de natureza material e imaterial, tomados individualmente ou em conjunto, portadores de referência à identidade, à ação, à memória dos diferentes grupos formadores da sociedade brasileira, nos quais se incluem:*
I - *as formas de expressão;*
II - *os modos de criar, fazer e viver;*
III - *as criações científicas, artísticas e tecnológicas;*
IV - *as obras, objetos, documentos, edificações e demais espaços destinados às manifestações artístico--culturais;*
V - *os conjuntos urbanos e sítios de valor histórico, paisagístico, artístico, arqueológico, paleontológico, ecológico e científico.*
§1º - O Poder Público, com a colaboração da comunidade, promoverá e protegerá o patrimônio cultural brasileiro, por meio de inventários, registros, vigilância, tombamento e desapropriação, e de outras formas de acautelamento e preservação.
§2º - Cabem à administração pública, na forma da lei, a gestão da documentação governamental e as providências para franquear sua consulta a quantos dela necessitem.
§3º - A lei estabelecerá incentivos para a produção e o conhecimento de bens e valores culturais.
§4º - Os danos e ameaças ao patrimônio cultural serão punidos, na forma da lei.
§5º - Ficam tombados todos os documentos e os sítios detentores de reminiscências históricas dos antigos quilombos.
§6 º É facultado aos Estados e ao Distrito Federal vincular a fundo estadual de fomento à cultura até cinco décimos por cento de sua receita tributária líquida, para o financiamento de programas e projetos culturais, vedada a aplicação desses recursos no pagamento de:
I - *despesas com pessoal e encargos sociais;*
II - *serviço da dívida;*
III - *qualquer outra despesa corrente não vinculada diretamente aos investimentos ou ações apoiados."*

NAMING RIGHTS DE BENS PÚBLICOS

tos ao sabor das conveniências; (...) ao revés, [sejam] marcados e rememorados com o seu devido valor".

Recentemente, outro exemplo acerca da relação entre nomes e o aludido período histórico surgiu no Estado do Maranhão, onde foi editado o Decreto Estadual nº 30.618/2015, que, dentre outras disposições, vedou a atribuição a bens públicos de nomes de pessoas, ainda que falecidas, que tenham constado do Relatório Final da Comissão Nacional da Verdade (lei nº 12.528/2011) como responsáveis por crimes cometidos durante a ditadura militar. Após a edição do Decreto, as escolas públicas cujos nomes eram incompatíveis com a nova vedação tiveram seus nomes substituídos por outros escolhidos pela população.

Os exemplos citados demonstram, independentemente do entendimento que se adote acerca das controvérsias neles contidas, que nomes carregam importantes significados, e podem ter participação decisiva na concretização de metas constitucionais. Essa participação pode se dar tanto de modo *direto* – quando a atribuição do nome, por si só, possui o condão de atingir o objetivo constitucional – ou *indireto* – quando a denominação é utilizada como meio para a obtenção de recursos necessários à implementação das metas constitucionais.

A concessão de *naming rights*, por exemplo (uma das diversas formas de atribuição de nome a bens públicos), permite, via de regra, a concretização dos objetivos constitucionais de modo indireto, por assegurar recursos para ações administrativas, mas pode, igualmente, vir a contribuir de forma direta para os aludidos objetivos, quando o nome atribuído também tiver aptidão para promovê-los[84].

Para que se possa delimitar com clareza o objeto do presente trabalho, e evitar confusões terminológicas, convém traçar os contornos de algumas modalidades de nomeação de bens públicos, de modo a diferenciá-las da exploração de *naming rights*. Passa-se, então, à análise das nomeações honoríficas, descritivas e organizacionais.

A nomeação *honorífica* é realizada como forma de honrar alguém ou algo que possua relevante significado para a sociedade. Trata-se de categoria bastante abrangente, que pode compreender figuras históricas de notória importância, pessoas que tenham contribuído de forma significativa para o

---

[84] Em sua vertente negativa, no entanto, um nome mal escolhido na concessão de *naming rights* poderia contrariar os objetivos constitucionais e trazer efeitos negativos. O ponto será aprofundado adiante.

desenvolvimento da sociedade, personagens folclóricos e literários, datas e fatos relevantes para a comunidade, dentre outras espécies de nomes que se pretenda prestigiar e cujo mérito se pretenda reconhecer (ex: Avenida Presidente Vargas, Aeroporto Santos Dumont etc.).

Por sua vez, a nomeação *descritiva* envolve a atribuição de nomes destinados a descrever circunstâncias do bem ou local nomeado. Logo, essa modalidade costuma ser utilizada para representar elementos geográficos, urbanos, ou outros que tenham aptidão para caracterizar o objeto da nomeação (ex: Morro Cara de Cão[85], Rua da Feira etc.).

Pode-se citar ainda a nomeação *organizacional*, que decorre da ideia de utilizar o nome como forma de organizar um conjunto de áreas ou de bens, de modo a facilitar sua localização e identificação. Essa modalidade é frequentemente utilizada através da numeração de ruas ou bairros (como em *New York* ou *Paris*), ou trechos de espaços públicos, mas também pode ser realizada através de coordenadas geográficas ou quaisquer outros elementos integrantes de uma metodologia organizacional.

As três modalidades de nomeação aludidas possuem algumas características em comum.

Em primeiro lugar, todas buscam satisfazer de forma *direta* o interesse público. O nome atribuído tem aptidão para cumprir alguma missão estatal, seja para homenagear, para descrever ou para organizar o ambiente público urbano ou rural. Busca-se, portanto, atender o que alguns autores denominam *interesse público primário*.

Em segundo lugar, são conferidas pela Administração Pública de forma unilateral e espontânea, através do Legislativo ou do Executivo (de acordo com cada situação específica).

Em terceiro lugar, todas possuem caráter gratuito, ou seja, em todas, a atribuição do nome não envolve uma contraprestação econômica por parte de qualquer interessado.

Traçados os principais contornos das nomeações honoríficas, descritivas e organizacionais, é possível seguir adiante e analisar as nomeações decorrentes da exploração de direitos de denominação de bens públicos. Para isso, no entanto, é necessário entender em que consiste tal explora-

---

[85] SOUZA, Gabriel Soares de. *Tratado descritivo do Brasil em 1587.* Colaborador: Francisco Adolpho de Varnhagem. Rio de Janeiro: Typographia Universal de Laemmert, 1851, p. 88. O morro Cara de Cão se situa ao lado do Pão de Açúcar e é o local onde foram feitos alguns dos primeiros assentos na cidade do Rio de Janeiro.

ção, o que pode ser feito com base no modo como o instituto se desenvolveu no exterior.

Embora essa análise seja objeto de detalhamento adiante, por ora é suficiente adiantar que *a exploração de naming rights de bens públicos consiste na possibilidade de a Administração Pública contratar com outrem, de forma principal ou acessória, o direito de atribuir nome a um bem público, material ou imaterial, mediante contraprestação economicamente apreciável.*

Da parte da Administração Pública, não há concessão da propriedade em si, nem do direito de gozar, dispor ou reaver a propriedade do bem. O objeto do negócio é exclusivamente a atribuição de um nome ao bem público, que se insere dentro de uma das faculdades da propriedade: o direito de *usar* o bem. Entretanto, ressalte-se que o direito de atribuir nome equivale apenas a uma *fração* do direito de uso, sem abranger as demais frações, como o direito de dar destinação ao bem. Em retribuição, a Administração Pública recebe uma *prestação economicamente apreciável* que seja de seu interesse.

Acerca do conteúdo da referida prestação, seria possível pensar ao menos em três interpretações quanto à sua abrangência: restrita, intermediária e ampla.

A interpretação *restrita* da prestação econômica recebida pela Administração Pública corresponderia a afirmar que tal prestação só poderia ser efetuada em dinheiro, sendo vedada a utilização de qualquer outro tipo de bem.

A interpretação *intermediária* envolveria a possibilidade de a prestação consistir em dinheiro ou em outros bens em relação aos quais não houvesse possibilidade de competição, isto é, bens cuja singularidade inviabilizasse a realização de licitação.

Por fim, a interpretação *ampla* consistiria na utilização de dinheiro ou quaisquer outros bens ou serviços como forma de contraprestação economicamente apreciável para a Administração, situação que equivaleria a uma espécie de permuta[86].

---

[86] JUSTEN FILHO, Marçal. A exploração econômica de bens públicos: cessão do direito à denominação. In: *Revista de Direito da Procuradoria-Geral do Estado do Rio de Janeiro*, edição especial, p. 235, 2012. *"(...) Assim se passa porque a cessão do direito à denominação não configura um contrato de permuta entre Administração e particular. (...) Essa modalidade contratual não se confunde nem com compras, nem com obra, nem com serviço. Está mais próxima à alienação (temporária) de uma faculdade de titularidade pública, o que justifica a submissão ao regime licitatório da concessão ou*

Entende-se, entretanto, que a interpretação intermediária é aquela que melhor se adequa ao ordenamento jurídico brasileiro. Como se demonstrará em tópico adiante[87], além da possibilidade de obtenção temporária de *naming rights* de bens públicos mediante pagamento em dinheiro (regra), também é possível haver concessão de tais direitos através de doações com encargo feitas por um particular para a Administração Pública, o que torna a interpretação "restrita" injustificável, especialmente pelo fato de que tal redução do âmbito de abrangência do instituto seria contrária ao interesse público em diversas situações.

Por outro lado, a interpretação "ampla" não é legítima no Brasil em virtude da necessidade de realização de licitação para que a Administração Pública possa contratar bens e serviços de seu interesse, com a finalidade de se prestigiar a competitividade. Com efeito, a prestação econômica a ser recebida pela Administração em um negócio de *naming rights* não poderia consistir em quaisquer bens ou serviços, pois estes, quando necessários ao Estado, devem ser objeto de licitação específica, que busque encontrar no mercado o máximo de interessados, de modo a aumentar as chances de a Administração conseguir a melhor proposta possível. A interpretação "ampla" restringe a competitividade (subprincípio licitatório[88]) sob duas perspectivas. Em primeiro lugar, nem todos os interessados na concessão dos direitos de denominação do bem público desejarão ou terão capacidade técnica para fornecer o bem ou serviço desejado. Em segundo lugar, nem todos os interessados em fornecer o bem ou serviço almejado terão interesse em serem remunerados através dos direitos de denominação de um bem público. Consequentemente, haveria enorme prejuízo à competitividade que se pretende assegurar nas contratações públicas. Por essa razão, a única interpretação adequada acerca do conteúdo da contraprestação econômica a ser recebida pela Administração Pública em âmbito brasileiro só pode ser aquela anteriormente denominada *intermediária*.

Além de se definir o conteúdo da contraprestação, também é importante destacar que a concessão dos *naming rights* de um bem público não

---

permissão de serviço público. No entanto, poderá configurar-se situação de inexigibilidade de licitação, quando se evidenciar a inviabilidade de competição."

[87] Vide tópico 2.1.2.2.

[88] V. MOREIRA NETO, Diogo de Figueiredo. *Curso de direito administrativo*: parte introdutória, parte geral e parte especial. Rio de Janeiro: Ed. Forense, 2006, p. 179.

envolve a *alienação* definitiva de tal faculdade administrativa[89]. Afinal, o direito de propriedade plena de tal ativo é incompatível com as inúmeras restrições decorrentes do regime de direito público do bem nomeado.

Na ausência de regulamentação específica acerca da instrumentalização da exploração de *naming rights*, o modo mais apropriado para fazê-lo no Brasil, como se demonstrará mais à frente, é através de *concessão de uso*, forma contratual de se delegar a um particular o direito de acessar de forma exclusiva uma das utilidades de um bem público[90].

Vale notar ainda que o direito de denominação pode ser concedido tanto em relação a bens que já existam e integrem o patrimônio público (exemplo: um edifício público), como em relação a bens que ainda não existam ou, *excepcionalmente*, a bens que existem, mas não são originariamente públicos. No primeiro caso (bens ainda inexistentes), a Administração Pública busca junto a eventuais interessados os recursos necessários para a construção ou produção de um bem, com o compromisso de posteriormente lhes conferir o correspondente direito de denominação. O segundo caso (bens que existem, mas não são originariamente públicos) remete à hipótese de doação com encargo, em que o referido encargo consiste na concessão dos *naming rights* do bem privado doado pelo particular à Administração Pública.

Mas o que leva alguém a se interessar pelo direito de dar um nome a um bem público?

---

[89] Embora a alienação (venda) dos direitos de denominação de bens públicos não seja cabível no Brasil, há controvérsia acerca da possibilidade de concessão de uso por prazo perpétuo, tema que será aprofundado no tópico pertinente à análise da questão do tempo de exploração. Enquanto no primeiro caso, a inviabilidade decorre da impossibilidade jurídica de se atribuir regime privado a uma fração do direito de uso de um bem público, no segundo caso (concessão perpétua) a fração de uso concedida permanece sob regime jurídico de direito público.

[90] A análise da instrumentalização da exploração de *naming rights* por meio de concessão de uso será realizada no capítulo 2.2.3.1.

NAMING RIGHTS DE BENS PÚBLICOS

Embora possam ser enumeradas diversas razões[91-92], três se apresentam como as mais relevantes: aumentar a publicidade do nome escolhido, dar novo significado ao nome atribuído, e, especialmente no caso de pessoas físicas, elevar seu *status* na sociedade.

O caso do aumento da publicidade é simples. A atribuição de um nome a um bem público provavelmente o tornará mais conhecido, em virtude do número de pessoas que terão contato com tal nome quando utilizarem ou se referirem ao bem ou quando este for objeto de notícia nos meios de comunicação, dentre outras possibilidades. Imagine-se, por exemplo, o caso de uma empresa que deseja ingressar no mercado nacional, e, com o fim de se tornar conhecida rapidamente, adquire os *naming rights* de um importante bem público.

O caso da ressignificação do nome é relativamente mais complexo. Nessa hipótese, o adquirente dos direitos de denominação tem consciência dos valores que se encontram vinculados ao nome que pretende atribuir ao bem público. No entanto, o adquirente deseja substituir ou complementar os aludidos valores por outros que estão intrinsecamente ligados ao bem público, ou à esfera pública em geral[93]. Pense-se, por exemplo,

---

[91] Marçal Justen Filho sustenta que a atribuição de nomes aos objetos é um requisito fundamental da construção do mundo e da inteligibilidade da comunicação. O autor ainda destaca que há muito tempo se reconheceu que o nome do sujeito e o nome do objeto apresentam enorme relevância econômica no âmbito das atividades empresariais. JUSTEN FILHO, Marçal. A exploração econômica de bens públicos: cessão do direito à denominação. In: *Revista de Direito da Procuradoria-Geral do Estado do Rio de Janeiro*, edição especial, p. 217, 2012.

[92] Para ilustrar a multiplicidade de razões que a criatividade permite existir, é interessante mencionar o caso de alunos da Universidade de Wisconsin-Madison, que pagaram US$85.000.000,00 (oitenta e cinco milhões de dólares) à Universidade para que a sua *School of Business* não recebesse o nome de nenhum "doador" ou adquirente de *naming rights* pelos vinte anos seguintes. Ou seja, optaram por não atribuir qualquer nome, e sim por exigir que a Universidade não negociasse a possibilidade de outro nome ser atribuído. V. BURTON, Terry. *Naming rights: legacy gifts and corporate money*. Hoboken, New Jersey: Wiley, 2008, pp. 07-08.

[93] BARTOW, Ann. *Trademarks of Privilege: Naming Rights and the Physical Public Domain*. UC Davis Law Review, Vol. 40, 2007, pp. 921-922. "*O valor de uma marca está relacionado a quão reconhecível ela é e a quantas associações positivas ela carrega. Uma marca forte e amplamente reconhecida como Coca-Cola começou sua vida como uma designação para um tipo específico de bebida carbonada, mas agora, abrange uma vasta gama de produtos, inclusive vestuário esportivo e potes de biscoitos. Licenciados adquirem o direito de afixar a marca da Coca-Cola em seus produtos porque a marca adiciona valor pelo qual os consumidores estão dispostos a pagar. Quando bens públicos são nomeados, estas dinâmicas são quase completamente invertidas. Parques públicos, escolas, estradas, edifícios, e os correspondentes equipamentos são valiosos porque são visíveis e úteis. Quando nomes ou marcas são anexados a estes bens*

NAMING RIGHTS DE BENS PÚBLICOS

em uma empresa que deseja atribuir seu nome a um importante prédio de uma universidade pública, com o intuito de que as pessoas passem a associar ao nome da empresa ideias positivas, como a noção de parceira da comunidade, de fomentadora da educação, dentre outras ideias correlatas.

Por fim, o caso de pessoas físicas que buscam *status* também é relativamente simples[94], embora possa ser difícil haver o reconhecimento expresso deste motivo. Por exemplo, nos Estados Unidos, é comum que pessoas físicas façam vultosos pagamentos pelo direito de atribuírem seus próprios nomes a bens de universidades, sob o pretexto de estarem apenas retribuindo pelo que a universidade lhes proporcionou, ou de estarem contribuindo para o seu desenvolvimento. Embora o sentimento possa ser verdadeiro, é possível que, de forma consciente ou não, haja algo além da vontade de praticar filantropia. Se não fosse assim, seria suficiente fazer uma mera doação à instituição com a qual se pretende contribuir, ao invés de se adquirir o direito de nomeação de um bem da entidade, vez que esta segunda opção acarreta a retirada de tal oportunidade de obtenção de receitas pela instituição. Possivelmente, a aquisição de direitos de denominação, em tais casos, está ligada à vontade de sobressair na comunidade e de se tornar um exemplo de sucesso, ou seja, está vinculada à ideia de elevação do *status* do nome.

Fixadas as ideias básicas acerca da natureza dos *naming rights*, é possível analisar de forma específica as suas diferenças em relação às demais modalidades de nomeação de bens públicos já explicitadas (nomeações honoríficas, descritivas e organizacionais).

Em primeiro lugar, a nomeação através da alienação de direitos de denominação pode ou não contribuir de forma *direta* para a concretização de objetivos constitucionais, a depender do nome escolhido, mas é mais comum e provável que contribuam apenas de forma *indireta*, ou seja, através da geração de receitas públicas para posterior utilização pela Administra-

---

públicos, o homenageado ou detentor da marca colhe alguma medida deste valor, e portanto este valor é 'privatizado'. Entidades comerciais geralmente compensam o público por esta usurpação de boa vontade pública oferecendo pagamento pelos 'naming rights'."
(Tradução livre do autor).

[94] A atribuição de nome de pessoas vivas a bens públicos no Brasil envolve uma série de complexidades que serão analisadas de forma detalhada no tópico 2.2.2.2. A "simplicidade" mencionada no texto se refere apenas à compreensão da finalidade das pessoas físicas que desejam atribuir seus próprios nomes a bens públicos, como ocorre com frequência nos Estados Unidos, onde a exploração de *naming rights* é desenvolvida.

ção Pública. Em outras palavras, trata-se de conduta que necessariamente prestigia o que se convencionou denominar *interesse público secundário*[95].

Sobre o ponto, embora seja certo que o nome não possa, de forma alguma, *contrariar* objetivos constitucionais (instigando o ódio, a animosidade, a violência ou o preconceito, dentre outros efeitos nocivos[96]), é mais comum que o nome possua relativa *neutralidade* em relação aos objetivos constitucionais. Em outras palavras, na atribuição do nome escolhido através da exploração de *naming rights*, tende a preponderar o interesse do particular que atribui o nome, o qual, normalmente, tem o objetivo de dar publicidade ao nome, e não o de cumprir missões estatais. Contudo, a despeito de essa preponderância viabilizar a atribuição de nomes que não tenham finalidade pública imediata (nomes neutros), é evidente que ela não permite contrariar o interesse público (nomes nocivos).

Em segundo lugar, a exploração de direitos de denominação consiste em um negócio jurídico, que pressupõe a existência de duas ou mais partes interessadas, e possui natureza contratual[97], diferentemente das demais modalidades de nomeação, que, como já se expôs, são realizadas através de atos jurídicos unilaterais da Administração Pública. Consequentemente, não há de se falar em uma vontade espontânea da Administração de atribuir o nome ao particular. A espontaneidade, no máximo, se restringe à ideia, em si, de explorar os direitos de denominação de determinado bem, não alcançando a definição do nome nem do particular beneficiado, a qual só ocorrerá após o devido procedimento licitatório. Para o particular, a aquisição de *naming rights* de bem público busca conferir publicidade a um nome exatamente porque este não a obteria espontaneamente através das demais modalidades de nomeação citadas anteriormente.

Ainda sobre o tema, vale notar que o nome atribuído pelo particular pode até envolver características honoríficas (quando pretender homena-

---

[95] A menção impessoal a interesse público secundário decorre de entendermos que qualquer medida que busque aumentar a arrecadação para posteriormente ser revertida em benefício da sociedade não possui caráter secundário, eis que é igualmente apta a satisfazer o interesse público. A diferença parece estar mais no caráter direto ou indireto com que se alcança o interesse público, do que em eventual distinção entre naturezas primária e secundária.

[96] A relação entre o nome e os efeitos nocivos será analisada de forma aprofundada no tópico 2.2.2.4.

[97] Segundo Caio Mário, contrato é um negócio jurídico bilateral, *"um acordo de vontades, com a vontade de produzir efeitos jurídicos"*. PEREIRA, Caio Mário da Silva. *Instituições de direito Civil*, v. III – Contratos. 12ª edição. Rio de Janeiro: Forense, 2007, p. 7.

gear algo ou alguém relevante para a sociedade), descritivas (ex: ponte da Companhia X, quando a hipotética companhia for localizada próxima a uma ponte cujos *naming rights* foram alienados) ou organizacionais, porém, sem a aquisição dos direitos de denominação, tal nome desejado pelo particular não seria atribuído ao bem pela Administração Pública de forma espontânea, e aquele não teria o direito à manutenção do nome com bases contratuais. Com isso, a qualquer momento, a Administração poderia substituir a nomeação anterior, sem que o particular pudesse manifestar qualquer tipo de oposição ou pleito indenizatório, diferentemente do que ocorre no caso de cessão onerosa de direitos de denominação.

Em terceiro lugar, a natureza da exploração de *naming rights* é necessariamente onerosa. A aquisição dos direitos de denominação de um bem pressupõe a existência de um interessado disposto a ofertar uma contrapartida econômica, que pode consistir em dinheiro ou em outros ativos (em caso de inviabilidade de competição), a depender das circunstâncias e interesses do alienante em cada caso. Com efeito, seria inviável pensar em exploração de *naming rights* de bens públicos caso o negócio fosse gratuito: ou a hipótese configuraria outra modalidade de nomeação (como alguma das citadas anteriormente) ou consistiria em disposição indevida do patrimônio público.

2.1.2 Naming rights e negócios jurídicos similares

Ainda com o intuito de delimitar o objeto dos contratos de exploração de *naming rights*, é importante traçar algumas diferenças entre a exploração de direitos de denominação de bens públicos e alguns negócios jurídicos que lhe são próximos. De modo a conferir objetividade à exposição, serão investigados apenas dois tipos de negócios que possuem grande aptidão para causar dificuldades conceituais em relação à exploração de *naming rights*: a adoção de espaços públicos e a doação com encargo de bens privados para a Administração Pública.

2.1.2.1 Adoção de espaços públicos

A concessão onerosa de *naming rights* é apenas uma dentre diversas formas de exploração publicitária do patrimônio público, como a venda de espaço em placas publicitárias em eventos públicos, a inserção de mensagens de áudio em transportes públicos, e muitas outras.

Ocorre que uma delas é particularmente próxima da exploração de *naming rights*, e, por isso, tende a causar certa dificuldade para a identificação adequada do instituto. Trata-se da adoção comercial de bens públicos, modalidade negocial habitualmente praticada em diversos Municípios[98], mas que pode ser implementada por toda a Administração Pública no exercício de sua gestão patrimonial.

Embora ambas possuam em comum as ideias de desoneração da Administração Pública e de preservação do patrimônio público, há algumas diferenças importantes entre os dois tipos de negócio.

Como já se expôs, a cessão onerosa de direitos de denominação é uma modalidade de atribuição de nome a um bem público. A adoção comercial de um bem público possui objeto diverso: geralmente, o interessado se encarrega diretamente da conservação de um espaço público, e, em contrapartida, lhe é permitida a exibição de uma placa ou símbolo que contenha seu nome, razão social ou logomarca.

Apesar de o nome do interessado ser exibido em uma placa ou em outro tipo de suporte localizado no espaço adotado, o nome do espaço público permanece o mesmo. Ou seja, se a sociedade empresária "A" adota a praça "B", será possível que o nome de "A" conste em uma placa fincada na praça "B", mas esta continuará se chamando "B" para todos os efeitos. Essa característica distintiva em relação à exploração de *naming rights* persiste mesmo nos casos excepcionais em que o interessado não se encarrega diretamente da conservação, limitando-se a entregar dinheiro para que a Administração Pública conserve o bem.

---

[98] A título de exemplo, no Município do Rio de Janeiro, a adoção comercial de espaços públicos é regulamentada pelo Decreto nº 26.149/2005, que, dentre outras disposições, assim estabelece: "*Art. 1º - Os órgãos municipais encaminharão à Secretaria Municipal de Fazenda os processos das áreas públicas e equipamentos urbanos que serão objeto de adoção pela iniciativa privada, informando a delimitação da área/equipamento, custo de implantação, conservação ou manutenção, bem como os padrões técnicos a serem cumpridos pelo adotante. (...) Art. 3º - As áreas públicas adotadas serão identificadas por placas institucionais podendo delas constar apenas e alternativamente a razão social da empresa, nome de fantasia ou logomarca institucional, vedada exibição de marca de bens ou serviços de terceiros.*"

NAMING RIGHTS DE BENS PÚBLICOS

Em alguns casos, admite-se que, além do nome do interessado, conste alguma mensagem, como, ilustrativamente, a menção ao fato de que tal bem é preservado e conservado pelo particular, o que destaca ainda mais a diferença entre este instituto e a exploração de *naming rights*, a qual envolve exclusivamente a atribuição de um nome ao bem público objeto do contrato, sem a inserção de mensagens.

Por fim, conforme se esclareceu anteriormente, a exploração de direitos de denominação de bens públicos pressupõe uma contraprestação econômica consistente em dinheiro (admitidas outras prestações apenas em caso de inviabilidade de competição), enquanto a adoção de espaços públicos envolve a entrega de um *serviço*[99] pelo particular, consistente em manter e conservar o bem público "adotado".

2.1.2.2 Doação com encargo

A doação com encargo feita pelo particular para a Administração Pública é, certamente, o negócio jurídico que apresenta maior complexidade em relação à exploração de *naming rights*. As questões que se levantam são as seguintes: no Brasil, pode um interessado doar um bem para a Administração Pública, estabelecendo como encargo que lhe seja conferido o direito de atribuir nome ao bem doado? Pode um interessado doar dinheiro à Administração Pública para que esta construa ou adquira um bem com o valor da doação, e confira seus direitos de denominação ao doador?

O ponto é relevante, pois conforme já se expôs anteriormente, é comum, em outros países, que interessados façam doações de grande vulto, e, em

---

[99] A questão da natureza da contraprestação econômica dos particulares foi analisada no item 2.1.1.

NAMING RIGHTS DE BENS PÚBLICOS

contrapartida, recebam o direito de colocar seu nome em algum bem do ente público[100]. No Brasil, já houve ao menos uma situação similar[101].

Atualmente, é comum que a realização de uma "doação" em casos como esse seja uma forma disfarçada de obter ganhos decorrentes da exposição do nome e de sua vinculação ao ente público e à caridade. Por isso, convém analisar detalhadamente a natureza da doação com encargo no Brasil, para então poder confrontá-la com o conceito de exploração de *naming rights* de bens públicos que foi exposto anteriormente[102], e, em seguida, verificar a validade da celebração deste negócio por meio de doação com encargo.

A doação pura e simples é *"o contrato em que uma pessoa, por liberalidade, transfere de seu patrimônio bens ou vantagens para o de outra, que os aceita"*[103]. Tradicionalmente, afirma-se que seus requisitos são a gratuidade, a unilateralidade, a consensualidade, e a formalidade.

Entretanto, a natureza da doação muda de figura quando vem acompanhada de um encargo estipulado pelo doador, caso em que também é conhecida na doutrina como *doação modal*[104]. Nesta modalidade, o doador,

---

[100] *"Infelizmente, nos Estados Unidos não parece existir uma distinção muito clara entre naming rights e doações filantrópicas condicionadas: tradicionalmente, os prédios recebiam o nome de pessoas que tinham se distinguido como estudantes ou visionários líderes acadêmicos; agora eles recebem os nomes de grandes doadores".* ALTBACH, Philip G. What's in a name? *Academe*, vol. 92, n° 1 (jan-fev/2006), American Association of University Professors, pp. 48-49 *apud* IKENAGA, Ana Lucia. *A atribuição de nome como modo de exploração de bens públicos.* 2012. Dissertação (Mestrado em Direito do Estado) - Faculdade de Direito, Universidade de São Paulo, São Paulo, p. 39. Em outra oportunidade, ALTBACH afirma *"Universidades tradicionalmente receberam o nome de doadores – pense-se em Harvard, Yale, Brown, e muitas outras. Pelos padrões de hoje, John Harvard dificilmente conseguiria ter um banco com seu nome devido à modéstia de sua doação de livros para a biblioteca no século XVII. (...) Muitas escolas dão nomes de doadores para salas de aula e de seminários. Mais de uma instituição de ensino superior coloca nomes em suas cadeiras – o tipo que uma pessoa senta, e não cátedras. Há muito tempo cátedras recebem nomes de doadores – mas alguns dos doadores que colocaram seus nomes em cadeiras fazem levantar sobrancelhas – a cátedra FedEx e muitas outras. Sem dúvida, há uma cátedra Enron por aí em algum lugar."* (tradução livre). ALTBACH, Philip G. What's in a Name? How Universities Sow Confusion and Cheapen Academe. In: *International Higher Education*, 40 Summer, 2005. V. http://ejournals.bc.edu/ojs/index.php/ihe/article/view/7483/6678. Acesso em 20/03/2017.

[101] V. BRASIL. TJ-SP. Apelação n° 0011162-47.2011.8.26.0053. 5ª Câmara Cível. Rel. designado para o acórdão Des. Francisco Bianco. Julgamento em 10/03/2014.

[102] Vide item 2.1.1

[103] PEREIRA, Caio Mário da Silva. *Instituições de direito Civil*, v. III – Contratos. 12ª edição. Rio de Janeiro: Forense, 2007, p. 245.

[104] *"Chama-se doação modal ou com encargo aquela que, sem prejuízo do animus donandi, contém imposição de um dever ao donatário, o qual tem de cumpri-lo nas mãos do próprio doador, nas de certa*

NAMING RIGHTS DE BENS PÚBLICOS

ao entregar o bem, estabelece uma incumbência para o donatário[105], a qual, se descumprida, pode até mesmo ensejar a revogação da doação[106]. Note-se que, para que se possa considerar o negócio verdadeira doação, é necessário que, a despeito da instituição do encargo, exista uma liberalidade do doador. É o caso, por exemplo, de sociedade empresária que doa computadores a um Município, com o encargo de que sejam utilizados exclusivamente em escolas públicas municipais.

É relativamente pacífico na doutrina que o valor do encargo deve necessariamente ser menor que o valor do bem doado (quando possível esta aferição), sob pena de se descaracterizar o contrato de doação, e, por conseguinte, configurar modalidade diversa de negócio (compra e venda, troca ou outras figuras típicas ou atípicas)[107]. Se o encargo não puder ser tradu-

---

pessoa, ou de alguém indeterminado. Constituindo o encargo (modus) uma restrição criada ao beneficiário do negócio jurídico, não poderá jamais assumir o aspecto de contrapartida da liberalidade". PEREIRA, Caio Mário da Silva. *Instituições de direito Civil*, v. III – Contratos. 12ª edição. Rio de Janeiro: Forense, 2007, p. 253.

[105] Embora não faça menção específica ao contexto de bens públicos, Venosa enumera a alienação de direitos de denominação como possível através de doação com encargo: *"(...) A doação modal, onerosa ou com encargo é aquela na qual a liberalidade vem acompanhada de incumbência atribuída ao donatário, em favor do doador ou de terceiro, ou no interesse geral (art. 553; antigo, art. 1.180). Será doação onerosa, por exemplo, aquela na qual se doa prédio para instalação de escola, nela colocando-se o nome do doador (...)"* VENOSA, Sílvio de Salvo. Direito civil: contratos em espécie. 13.ed. São Paulo: Atlas, 2013, p. 122.

[106] Há relevante discussão doutrinária acerca da natureza obrigacional do encargo, bem como a respeito da possibilidade ou não de execução forçada do encargo. Entretanto, tais discussões escapam do objeto deste trabalho.

[107] PENTEADO, Luciano de Camargo. *Doação com encargo e causa contratual*: uma nova teoria do contrato. 2ª edição revista, atualizada e ampliada. São Paulo: Editora Revista dos Tribunais, 2013, pp. 346-349: *"(...) é importante ter em mente alguns dos critérios usados pela doutrina para afirmar se tal ou qual prestação constitui causa suficiente para romper o esquema de uma doação. Há grande divisão da doutrina: os que advogam um critério objetivo da simples equivalência ou não das prestações, e outros que se atêm a critérios subjetivos.*

Os primeiros, que seguem a forte tendência impressa no estudo da matéria por Pothier, procuram ver se a contraprestação tem caráter tipicamente econômico, ou seja, se ela é objeto de algum dos contratos típicos. Por exemplo, se consiste na transferência da posse ou da propriedade, de dinheiro, e que seja querido em troca de outra prestação –, requisito subjetivo mínimo – e não como uma prestação secundária ou meramente consumptiva da prestação principal. Caso essa contraprestação não possa ser apreciável em dinheiro, tenderão os partidários dessa corrente a qualificar de doação, ainda que a intenção das partes tenha sido outra.

Na hipótese de o critério objetivo ser satisfeito, resta ainda verificar se há proporção entre os sacrifícios. Sendo equivalentes, o contrato é de troca; havendo uma diferença substancial, haverá uma parte equi-

zido em um valor (como em uma obrigação, de fazer ou de não fazer, que não seja economicamente aferível) será necessário averiguar se há proporção entre o encargo e o valor do bem doado, a fim de identificar se realmente se trata de doação, ou se, na verdade, o doador pretende realizar outro tipo de negócio sob aquela roupagem.

Assim, caso o valor da incumbência seja igual ou maior que o valor do bem doado (quando possível a aferição), ou caso seja desproporcional em relação ao objeto da doação (quando não for possível aferir o exato valor econômico do bem), não haverá encargo, mas verdadeira *contraprestação*, e, consequentemente, também não haverá doação, pois esta, como se expôs, pressupõe uma liberalidade, e não a busca por contraprestação.

Fixadas essas premissas acerca do contrato de doação com encargo, resta ainda tecer algumas palavras sobre um ponto essencial à solução da questão formulada no início deste tópico: a existência de um regime jurídico diferenciado quando uma das partes contratantes for a Administração Pública.

Com efeito, embora possua autonomia contratual (tema que será aprofundado mais adiante), a Administração Pública, no Brasil, não é livre para contratar da mesma forma que particulares, devendo obedecer aos princípios gerais administrativos e aqueles especialmente atinentes à contratação pública, bem como as regras estabelecidas na lei 8.666/93[108]. Uma – e talvez a principal – consequência desse regime diferenciado é a necessidade de sempre realizar licitação quando houver possibilidade de compe-

---

valente e uma liberalidade. Estaremos diante de um negotium mixtum cum donatione. (...) A corrente tradicional parece ser a mais coerente com a realidade do contrato e da doação. Uma relação atípica de caráter beneficente, em princípio, é doação. Caso envolva uma contraprestação e essa tenha caráter econômico e seja querida como tal, a qualificação correta é de troca. Mas ainda assim é preciso evitar juízos precipitados que venham a fixar uma regra de solução a priori para esse problema fundamental do direito dos contratos. Por isso, convém proceder a uma análise a partir de casos concretos."

[108] Lei 8.666/93. *"Art. 2º. As obras, serviços, inclusive de publicidade, compras, alienações, concessões, permissões e locações da Administração Pública, quando contratadas com terceiros, serão necessariamente precedidas de licitação, ressalvadas as hipóteses previstas nesta Lei.*

Parágrafo único. Para os fins desta Lei, considera-se contrato todo e qualquer ajuste entre órgãos ou entidades da Administração Pública e particulares, em que haja um acordo de vontades para a formação de vínculo e a estipulação de obrigações recíprocas, seja qual for a denominação utilizada."

tição[109], o que ocorre quando há potencial multiplicidade de interessados, e o bem possui algum grau de escassez.

Feitas as observações necessárias acerca do contrato de doação com encargo e do regime jurídico especial da Administração Pública, passa-se à construção da resposta que é o objeto deste tópico.

Em primeiro lugar, é preciso afastar qualquer dúvida a respeito de quem pode tomar a iniciativa para a realização do negócio, tendo em vista que existem duas partes contratantes (particular e Administração Pública). Seriam as duas partes legitimadas?

Considerando a exigência de licitação da legislação brasileiro, avaliar se a Administração Pública pode tomar a iniciativa significa investigar se ela pode realizar uma "licitação para obtenção de doação com encargo".

Como se viu anteriormente, o encargo é estipulado pelo doador, e não pelo donatário (trata-se de uma restrição criada pelo doador ao beneficiário do negócio jurídico), de modo que a Administração não poderia propor o recebimento de um bem por doação, estabelecendo ela própria o encargo, e sendo ela a parte obrigada a cumpri-lo.

Ademais, caso a Administração optasse por fazer licitação para a alienação do direito de denominação, por tempo determinado, atribuindo-lhe preço significativamente acima do valor de mercado, ainda assim não haveria doação com encargo, mas uma mera aquisição, por um particular, do direito de atribuir nome ao bem pelo prazo estipulado.

Assim, a única hipótese em que se poderia pensar em exploração de *naming rights* através de doação com encargo ocorre quando a iniciativa parte do interessado em adquiri-los.

Nesse caso, suponha-se a existência de duas situações distintas: (i) o valor do encargo é superior ou aproximadamente equivalente ao valor do bem doado; e (ii) o valor do encargo é inferior ao do bem doado.

Na primeira situação, não haveria doação com encargo propriamente dita, eis que o pretenso encargo, na verdade, configuraria uma real contraprestação econômica. A causa que levaria o interessado a celebrar tal negócio não teria relação com uma doação. Haveria uma *troca* (no pri-

---

[109] CRFB /1988. *"Art. 37. (...) XXI - ressalvados os casos especificados na legislação, as obras, serviços, compras e alienações serão contratados mediante processo de licitação pública que assegure igualdade de condições a todos os concorrentes, com cláusulas que estabeleçam obrigações de pagamento, mantidas as condições efetivas da proposta, nos termos da lei, o qual somente permitirá as exigências de qualificação técnica e econômica indispensáveis à garantia do cumprimento das obrigações."*

NAMING RIGHTS DE BENS PÚBLICOS

meiro caso, uma troca mais vantajosa para o particular), em que o particular entregaria o bem almejado, e receberia, em contrapartida, o direito de denominação correspondente[110].

Ilustrativamente, pense-se na seguinte hipótese: uma sociedade empresária doa a uma das mais renomadas universidades públicas do Brasil uma quantia pequena, com o encargo de que a universidade altere a denominação de seu principal prédio para o nome da doadora. Deixando-se de lado as discussões a respeito dos outros fatores envolvidos na realização desse negócio (como a relevância do bem para a comunidade, ponto que será discutido mais à frente), e supondo-se que o único aspecto importante fosse o valor econômico, não haveria doação com encargo no exemplo criado, afinal, este teria valor muito superior ao do bem doado. E, ainda que seu valor fosse equivalente ao valor econômico dos *naming rights* do bem nomeado, ainda assim não haveria doação com encargo. Haveria, sim, um interesse da sociedade empresária na celebração de um contrato de publicidade, e não na realização de uma liberalidade.

Na terceira situação anteriormente descrita, o encargo (direito de denominação do bem doado) possui valor significativamente inferior ao do bem doado, de modo que não configura contraprestação disfarçada, e, portanto, não desnatura a doação. Nesse caso, seria possível a celebração do negócio?

Imagine-se a hipótese de uma sociedade que efetua uma doação de alto valor para uma universidade pública, com o encargo de que esta atribua o nome da doadora a uma de suas salas de aula (cujo valor dos direitos de denominação fosse bastante inferior ao valor da doação).

Conforme se afirmou anteriormente, a Administração Pública está sujeita a um regime jurídico diferenciado, que impõe uma série de restri-

---

[110] PENTEADO, Luciano de Camargo. *Doação com encargo e causa contratual*: uma nova teoria do contrato. 2ª edição revista, atualizada e ampliada. São Paulo: Editora Revista dos Tribunais, 2013, p. 343. *"Nas doações com encargo, o tema da causa razoável relaciona-se diretamente ao problema da causa suficiente. Esta pode ser entendida como um fator apto a romper o esquema da doação, por ter caráter de uma contraprestação. Imaginemos, ad argumentandum, que o modo vai aumentando em valor e importância, desde mero ato do donatário até uma prestação de conteúdo econômico equivalente ao que foi doado. Nesse momento, haverá certa 'bilateralização da doação modal', que poderá acarretar sua qualificação como um contrato atípico de troca, ou como negócio misto com doação. O modo é determinação anexa, que pode consistir em uma prestação meramente 'consumptiva' da principal. Mas, em certos casos, pode se acordar o cumprimento de um encargo que passa a ter tal relevância que consiste na própria causa da "dádiva". Ele é suficiente para romper o sentido da doação e a desfigura para torná-la um contrato com obrigações recíprocas (ultro citroque obligatio)."*

NAMING RIGHTS DE BENS PÚBLICOS

ções à celebração de contratos. Dentre tais limitações, encontram-se os deveres de respeito à impessoalidade, à moralidade, à publicidade, à economicidade à igualdade, e, em especial, o dever de realização de licitação.

No exemplo criado, seria possível pensar, em um primeiro momento, que há uma vantagem econômica para a Administração, apta a legitimar o recebimento da doação, afinal, o particular está entregando mais do que está recebendo. No entanto, outros fatores precisam ser considerados.

Em primeiro lugar, a manifestação de interesse do particular em nomear o bem público é suficiente para, ao menos, dar indícios de que tal bem possui um valor econômico (ainda que menor que o valor da doação), e, portanto, que pode haver uma multiplicidade de interessados em nomeá-lo, o que, no sistema jurídico brasileiro atual, impõe a realização de licitação. Permitir que o particular que propôs a doação tenha acesso a esse bem público direta e imediatamente seria o mesmo que estabelecer uma regra de "quem chegar primeiro, leva", e, embora tal regra possa ter sua utilidade em algumas circunstâncias da vida, não parece ser a mais consentânea com o Direito brasileiro, em particular com a obrigatoriedade de licitação. Além disso, seria possível, ao menos em tese, que, realizada licitação, surgisse outro particular que ofertasse lance superior. E, nesse caso, já não haveria mais vantagem econômica na contratação direta.

Em segundo lugar, a impossibilidade de aceitação direta da doação no caso narrado não seria obstáculo a que o mesmo interessado oferecesse lance em valor idêntico no curso da licitação, competindo com outros eventuais interessados.

Em terceiro lugar, e considerando-se agora a possibilidade de competição, a situação esbarraria nos mesmos problemas mencionados anteriormente quanto à impossibilidade de iniciativa da Administração Pública: ainda que informalmente o particular propusesse a doação ao administrador, e este, então, desse início à licitação, formalmente a iniciativa seria da Administração Pública, e esta teria de estabelecer um encargo para si própria, bem como estaria realizando transação diversa da doação.

E, em quarto lugar, se a intenção do particular fosse verdadeiramente a de realizar uma liberalidade (*animus donandi*), não seria a simples impossibilidade de obtenção dos direitos de denominação de um bem que o impediria. As portas continuariam abertas para a realização de uma doação pura ou para uma doação com outro tipo de encargo que não envolvesse um ativo econômico estatal e não ensejasse a necessidade de competição

NAMING RIGHTS DE BENS PÚBLICOS

(como no caso em que o encargo eventualmente consistisse na obrigação de utilizar o dinheiro doado de acordo com alguma finalidade específica, como, por exemplo, pesquisas médicas). Nesses casos, o doador ainda conseguiria alcançar seu desiderato e a Administração Pública também auferiria vantagens. Assim, chega-se à conclusão de que, em regra, não é possível a concessão de *naming rights* através de doação com encargo de particular para a Administração Pública. Porém, é possível vislumbrar uma exceção.

No caso utilizado como exemplo, o bem doado consistia em dinheiro, bem que qualquer competidor no mercado poderia ofertar. Se fosse substituída a menção a dinheiro por outro bem comum e fungível, ainda assim haveria possibilidade de competição, o que imporia a necessidade de licitação. Contanto, há casos em que a licitação é inexigível, e que, portanto, não há possibilidade de competição.

Imagine-se um interessado que decide doar a biblioteca de seus falecidos pais, repleta de obras raras e valiosas, à Administração Pública, com o encargo de que esta, ao recebê-la, lhe permita manter (ou atribuir) o nome de seus pais como denominação oficial da biblioteca. Ou situação similar envolvendo uma galeria de arte com peças únicas e cobiçadas. Ou, ainda, um imóvel situado no meio do traçado de uma rodovia que a Administração Pública pretende construir, e que precisaria ser desapropriado com pagamento integral do preço.

Em nenhuma das hipóteses aventadas haveria possibilidade de competição, por serem bens únicos, que não poderiam ser ofertados por outros interessados no mercado. Assim, desde que ficasse demonstrado o interesse da Administração Pública na obtenção do bem, seria possível que esta aceitasse a proposta e celebrasse um contrato de doação com encargo consistente na transferência ao doador do direito de atribuir nome ao bem doado. Um interessante caso que ilustra bem a hipótese se passou com o Estado do Rio de Janeiro, que, por sua Procuradoria-Geral, recebeu através de doação com encargo, uma biblioteca com acervo infungível que outrora pertencera a familiares falecidos do doador. Um dos encargos atribuídos pelo doador consistiu na destinação de uma sala exclusiva para a biblioteca, identificando-a com a denominação dos referidos familiares[111].

---

[111] V. FONSECA JUNIOR, Antonio Gabriel de Paula; VASCONCELLOS, Luiz Eduardo Meira de (Org.). *Biblioteca Octavio Tarquinio de Sousa e Lucia Miguel Pereira*. Rio de Janeiro: Contra capa, 2011, p. 116.

NAMING RIGHTS DE BENS PÚBLICOS

Vale frisar que a celebração de doações com encargo dependerá, por evidente, do cumprimento de requisitos eventualmente estabelecidos na legislação de cada ente federativo (no exercício de suas competências normativas) ao qual se vincule o órgão ou pessoa jurídica da Administração Pública que pretendesse receber a doação[112].

Ante todo o exposto, conclui-se ser possível, excepcionalmente, a exploração de *naming rights* de bens públicos em casos de doação com encargo, desde que atendidos dois requisitos cumulativos: (i) os direitos de denominação devem possuir valor proporcionalmente inferior ao do bem doado (a ponto de não desnaturar o encargo e a própria doação), e (ii) que haja impossibilidade de competição para a obtenção do bem doado. Preenchidos esses requisitos, a situação se amolda perfeitamente ao conceito estabelecido neste trabalho para a exploração de *naming rights*, pois configura contratação da Administração Pública com outrem – ainda que de forma acessória (no caso, a doação é o contrato principal) – do direito de atribuição de nome a um bem público, mediante contraprestação de um bem de interesse da Administração que possui valor economicamente apreciável.

Apesar do que foi exposto, vale notar que já foi sustentando entendimento diverso acerca do tema, no sentido de que, a atribuição de nome não pode ser realizada através de doação com encargo, por se tratarem de institutos diferentes no ordenamento jurídico brasileiro[113].

Em defesa desse entendimento em sentido negativo, já se argumentou que a impossibilidade decorreria dos seguintes motivos: (i) A doação, em regra, é um contrato *intuitu personae*, conferido por uma pessoa em prol de outra determinada, o que não ocorre na atribuição de nome, eis que qualquer pessoa que preencha os requisitos estipulados pode atribuir nome a um bem público, não havendo necessidade de uma qualidade especial ou vínculo subjetivo; (ii) A doação é irrevogável e não pode ser realizada por prazo determinado, enquanto a atribuição de nome não pode ser realizada por prazo indeterminado, e poderá ser revogada caso o nome atribuído

---

[112] Como exemplo de requisito específico atribuído em legislação municipal, pode ser citado o inciso XI do art. 2º do Decreto 15.347/2013 do Município de Belo Horizonte, que impõe a necessidade de autorização legislativa quando se tratar de doações de bens imóveis com encargos em geral.

[113] IKENAGA, Ana Lucia. *A atribuição de nome como modo de exploração de bens públicos*. 2012. Dissertação (Mestrado em Direito do Estado) - Faculdade de Direito, Universidade de São Paulo, São Paulo, pp. 74-75.

se torne inadequado; (iii) Na atribuição de nome, não existe liberalidade, mas apenas discricionariedade; (iv) A doação com encargo é um contrato gratuito, enquanto a atribuição de nome é um negócio oneroso; e (v) As doações com encargo podem condicionar o uso do dinheiro e o modo de atuar da Administração Pública, traduzindo-se em ingerência na gestão administrativa, enquanto a atribuição de nome não fixa de maneira rígida o modo de utilização do dinheiro.

Contudo, não é possível concordar com os aludidos argumentos, que podem ser refutados com base nos fundamentos a seguir expostos na mesma ordem em que aqueles foram apresentados:

(i) O caráter *intuitu personae* da doação não interfere na atribuição de nome, pois se refere à pessoa do beneficiário da doação (que, no caso dos *naming rights* de bens públicos, é a Administração Pública), e não à pessoa do doador. Assim, o fato de que o doador pode ser qualquer pessoa não guarda relação com eventual natureza *intuitu personae*. Ademais, nem toda doação possui tal natureza;

(ii) Nem toda doação é irrevogável (a doação com encargo é revogável em caso de seu não cumprimento). Além disso, o prazo do contrato de atribuição de nome é independente do prazo do contrato de doação. Por exemplo, se o prazo do contrato de *naming rights* (contrato acessório ao de doação) for de cinco anos, este encerrar-se-á ao fim do quinquênio[114], e o bem doado permanecerá integrando o patrimônio público, de modo que a Administração estará livre para celebrar novo contrato de direitos de denominação, se assim desejar. Tratam-se de prazos autônomos, portanto;

(iii) Liberalidade e discricionariedade são elementos atinentes a objetos distintos. A liberalidade se refere a ato do doador (e não da Administração Pública), que diminui seu patrimônio para enriquecer o patrimônio alheio. A discricionariedade, por sua vez, se refere a ato da Administração, envolvendo suas margens de atuação em conformidade com a conveniência e a oportunidade. A aceitação, por parte da Administração, do encargo consistente na atribuição de nome pressupõe que haja respeito à discricionariedade adminis-

---

[114] Desde que não ocorra fato superveniente à celebração do contrato que enseje sua rescisão antes do termo final, como se exporá em tópico adiante.

NAMING RIGHTS DE BENS PÚBLICOS

trativa, caso contrário, haverá ilegalidade. Nota-se, portanto, que os conceitos de liberalidade da doação e discricionariedade administrativa não se misturam;

(iv) A gratuidade da doação com encargo é tema de acesa controvérsia na doutrina civilista, havendo autores que entendem que o encargo não torna o contrato oneroso[115], e autores que entendem que a doação com encargo é onerosa[116]. Ainda que se opte pelo primeiro entendimento, é preciso notar que, nos casos de doação com encargo, o caráter "gratuito" não significa que não haverá nenhuma contraprestação do donatário, mas apenas que o encargo não configurará uma contrapartida equivalente ao valor do bem doado. Trata-se, portanto, de noção diversa daquela exposta quando se tratou do caráter gratuito da nomeação honorífica, por exemplo, na qual efetivamente não há *nenhuma* obrigação ou contraprestação a ser realizada pelo homenageado. Assim, embora a exploração de *naming rights* de bens públicos seja onerosa – no sentido de que ela gerará um ônus para o interessado – tal noção é compatível com o instituto da doação com encargo (mesmo segundo o entendimento que considera "gratuita" a natureza desse negócio jurídico) na única hipótese defendida neste trabalho como legítima: aquela cujo encargo possui valor inferior ao do bem doado[117], pois, neste caso, o donatário (Administração Pública) está sujeito ao cumprimento de uma obrigação (o encargo); e

(v) Quanto ao último argumento, em primeiro lugar, o conceito defendido neste livro sobre exploração de *naming rights* através de doação com encargo, como já exposto, envolve a possibilidade de fazer com que a Administração permita a nomeação do próprio bem doado, fator de interferência mínima na gestão administrativa. Há, portanto, uma divergência de premissas conceituais acerca da natureza de um contrato de *naming rights* em relação ao entendimento que defende a impossibilidade de celebração de negócio mediante doação com encargo. Em segundo lugar, como também se demonstrou,

---

[115] V. PEREIRA, Caio Mário da Silva. *Instituições de direito Civil*, v. III – Contratos. 12ª edição. Rio de Janeiro: Forense, 2007, p. 246.

[116] V. GAGLIANO, Pablo Stolze. *O contrato de doação*: análise crítica do atual sistema jurídico e os seus efeitos no direito de família e das sucessões, 4ª edição. São Paulo: Saraiva, 2014.

[117] E desde que haja impossibilidade de competição, como se esclareceu anteriormente.

NAMING RIGHTS DE BENS PÚBLICOS

a exploração de direitos de denominação pode ser o objeto principal do negócio, ou pode ser um negócio acessório, como ocorre nos casos de doação com encargo, sem que haja confusão entre os efeitos de cada um dos negócios jurídicos, já que não se pretende dizer que ambos são a mesma coisa. Logo, não há qualquer obstáculo no ordenamento jurídico brasileiro à coexistência de uma doação, de um encargo, e de um contrato acessório de *naming rights*.

Já é possível concluir, portanto, que não se está a afirmar que o instituto da doação com encargo e o da exploração de *naming rights* são idênticos, mas apenas que este tipo de negócio pode ser celebrado de forma acessória à doação com encargo.

Assim, mesmo que haja diferenças entre ambos – e elas existem – o importante é observar que tais diferenças não inviabilizam a concessão de direitos de denominação através de doações com encargo na única hipótese anteriormente apontada como legítima.

Demonstrados, assim, os contornos básicos da exploração de direitos de denominação, convém, então, passar a uma breve análise de como a utilização do instituto vem se expandindo ao redor do mundo em tempos recentes.

2.1.3 A expansão da prática

É extremamente difícil precisar, com certeza absoluta, a data em que foi celebrado o primeiro contrato de *naming rights*, sendo possível constatar, ao menos, que a prática possui raízes bem antigas[118]. Entretanto, é certo que apenas nas duas últimas décadas o instituto teve uma expansão de proporções inéditas, potencializada pela evolução dos meios de comunicação e de transmissão da informação, que elevaram o valor dos ativos imateriais.

---

[118] Ilustrativamente, em 1804, a Universidade de Rhode Island, Estados Unidos, mudou seu nome para *Brown University*, após uma doação de US$5.000,00 (cinco mil dólares) feita pelo ex-aluno da Universidade Nicholas Brown, que atendeu o apelo público feito pela Universidade para obtenção de recursos, com a promessa de que o doador da aludida quantia teria o direito de nomear a Universidade https://www.brown.edu/web/documents/short-history-of-brown.pdf. Acesso em 20/03/2017.

NAMING RIGHTS DE BENS PÚBLICOS

Também é possível afirmar que, de uma maneira geral, o setor privado foi o grande foco de exploração de *naming rights* em cada país[119], e apenas no período recente a expansão da prática alcançou de forma marcante a esfera pública.

Com efeito, em países nos quais já se praticava a exploração de direitos de denominação de nomes de bens públicos, houve relevante ampliação do número de contratos celebrados, bem como extensão do instituto para bens de natureza diversa da tradicionalmente sujeita a este tipo de atividade[120]. Por sua vez, países que até então não possuíam qualquer experiência na exploração de *naming rights*, ou cujas poucas experiências se restringiam ao setor privado[121], passaram a observar com mais atenção seu grande potencial de geração de receitas. Assim, iniciaram suas próprias incursões na área, com a perspectiva de aumentar a arrecadação pública sem ampliar a carga tributária. A seguir, analisa-se cada um desses casos separadamente.

Em relação à primeira situação (países que já possuíam significativa experiência na exploração de *naming rights*), os Estados Unidos da América (EUA), podem ser tomados como o melhor parâmetro para análise da experiência prática, em virtude do grande número de negócios celebrados naquele país.

No citado país, por longo tempo, os negócios acerca de direitos de denominação eram firmados predominantemente (e não de forma exclusiva) em

---

[119] A exposição de motivos do ato nº 170 de 2007 (*Senate Bill 1716*) de Porto Rico – que autorizou aquele Governo a celebrar contratos de *naming rights* de bens públicos (exceto hospitais e escolas) com pessoas físicas e jurídicas – contém interessante ilustração acerca da expansão desse tipo de negócio no âmbito de arenas esportivas ao redor do mundo: "*Na Europa, assim como no resto do mundo, este tipo de contrato ganhou grande aceitação. Na Grã-Bretanha, o estádio do time de futebol do Bolton Wanderers foi nomeado Estádio Reebok, e o novo estádio do Arsenal Football Club deve ser conhecido como Emirates Stadium. (...) Na Alemanha, Allianz – uma companhia de seguros alemã – a sócia majoritária da sociedade que construiu a Allianz Arena, localizada em Munique e sede dos times de futebol do FC Bayern München e TSV 1860 München, adquiriu os direitos para que o dito estádio carregue seu nome pelos próximos 30 anos. Hamburg é casa da AOL Arena e Wolfsburg seria a Volkswagen Arena. Austrália, México, Brasil, Canadá, Japão, e China, entre outros, também possuem muitas instalações cujos naming rights foram vendidos para companhias renomadas*" (tradução livre). *Act. Nº 170, 2007, Senate Bill 1716*, pp. 03-04. V. http://www.oslpr.org/download/en/2007/A-0170-2007.pdf. Acesso em 20/03/2017.

[120] São os casos de cessões de *naming rights* de trilhas naturais, parques e florestas públicas, dentre outros bens. V. SANDEL, Michael J. *O que o dinheiro não compra*: os limites morais do mercado. Tradução de Clóvis Marques. Rio de Janeiro: Civilização Brasileira, 2012, pp. 191-192.

[121] Dentre eles, o Brasil, a China e os Emirados Árabes, além de diversos outros.

NAMING RIGHTS DE BENS PÚBLICOS

relação a bens privados, especialmente no âmbito de arenas esportivas, e os bens colocados à disposição eram poucos. Além disso, era comum que se estabelecesse a concessão de direitos de denominação de forma perpétua, de modo que, uma vez aproveitada, aquela *naming opportunity*[122] não voltaria a existir.

Nas últimas décadas, com o aumento das batalhas comerciais de *marketing*, os valores envolvidos nesse tipo de negócio passaram a alcançar patamares muito elevados, o que gerou dois fatores importantes: o surgimento de novas oportunidades de nomeação e a redução de casos em que os direitos de atribuição de nome são cedidos de forma perpétua.

Quanto ao primeiro fator (surgimento de novas *naming opportunities*), vale destacar que, se no passado apenas se colocavam à disposição bens que permitissem grande publicidade e que possuíssem significativa relevância para a comunidade local, hoje a criatividade humana expandiu consideravelmente os horizontes, de forma que até banheiros[123] e muros podem ser considerados "oportunidades de nomeação". Quanto ao segundo fator, a diminuição de cessões perpétuas decorre diretamente do fato de que este tipo de cessão gera a perda da oportunidade de se realizar contratos sucessivos de *naming rights* (situação em que o mesmo bem poderia ser uma fonte constante de ingresso de recursos).

Naquele país, além da expansão de oportunidades dentro do âmbito de bens privados, a prática também alcançou o espaço público, sendo hoje uma importante fonte de receita para diversos entes públicos, tais como

---

[122] Atualmente, a expressão *naming opportunities*, traduzida literalmente como "oportunidades de nomeação", faz parte do vocabulário cotidiano dos norte-americanos, e busca retratar toda situação em que existe um bem cujo direito de denominação possa ser objeto de cessão mediante contrapartida econômica.

[123] Segundo notícia, uma importante faculdade de direito dos Estados Unidos concedeu os *naming rights* de um de seus banheiros como contrapartida por uma doação de US$100.000,00 (cem mil dólares). O nome ("Falik Men's Room") foi uma homenagem ao pai do doador, e chamou atenção pela sonoridade, em especial quando associada ao bem nomeado. V. http://www.huffingtonpost.com/2012/02/07/harvard-law-falik-bathroom_n_1261168.html. Acesso em 20/03/2017.

NAMING RIGHTS DE BENS PÚBLICOS

universidades[124], escolas[125], bibliotecas[126] e parques públicos, sendo-lhes atribuídos tanto nomes de pessoas físicas como de pessoas jurídicas, e vem sendo considerada, em muitos casos, uma excelente oportunidade de retirar os entes públicos de dificuldades financeiras, sem necessidade de investimentos públicos[127].

Atualmente, existe um mercado desenvolvido de aquisição de *naming rights* de bens públicos, em que os entes elaboram técnicas competitivas para chegar primeiro aos investidores privados. Muitos inserem as *naming opportunities* em seu sítio na *internet*, logo na página inicial. Em grande parte dos casos, é possível que, em poucos segundos, o interessado consiga encontrar listas que, em regra, seguem formatos similares: em uma coluna, encontram-se todos os bens disponíveis no momento para aquisição de direitos de denominação; em outra coluna, os valores solicitados para a alienação. Algumas vezes, há textos com pequenas descrições dos bens, e apresentação de algumas imagens, ou, no caso de bens que ainda serão construídos, há prospectos com os correspondentes projetos.

Em outros casos – que, geralmente, envolvem valores mais elevados – os entes públicos possuem setores especializados em localizar e entrar em

---

[124] Ilustrativamente, é possível destacar que, em 2007, a Universidade da California – Berkeley (universidade pública), recebeu a quarta maior quantia do ano relativa a contratos de *naming rights* (levando-se em consideração apenas entes públicos ou com fins não lucrativos no âmbito dos Estados Unidos), obtendo US$113.000.000,00 (cento e treze milhões de dólares) em negócio referente a cátedras universitárias (*endowed professorships*). V. BURTON, Terry. *Naming rights: legacy gifts and corporate money*. Hoboken, New Jersey: Wiley, 2008, p. 50.

[125] BLOCHER, Joseph. School naming rights and the First Amendment's perfect storm. *The Georgetown Law Journal*, 96, n. 1, 2007.

[126] ROSSMAN, Ed. What's in a name? Naming rights as revenue generators. *Public Libraries Briefcase*, nº 29, 1st Quarter, 2014.

[127] Sobre o ponto, convém transcrever outro trecho da já citada exposição de motivos do ato nº 170 de 2007 (*Senate Bill 1716*) de Porto Rico: "(...) *a verdade é que nas grandes cidades dos Estados Unidos, como Las Vegas, New York, e Boston, este tipo de contrato adentrou novos espaços, estendendo--se assim a estações de trem e metrô, escolas e bibliotecas, entre outras propriedades. Em Las Vegas, por exemplo, a cidade vendeu para a Nextel Communications os naming rights de uma estação de monorail, localizada em seu centro de convenções, assim como uma linha de seu sistema ferroviário, pela soma de 50 milhões de dólares. Através dessa iniciativa, a cidade pôde evitar a necessidade de imposição de um aumento das tarifas de transporte e de impostos aos consumidores. De fato, Las Vegas está considerando colocar à venda os naming rights de todas as suas estações de metrô, suas linhas de ônibus, suas pontes, e seus túneis. Esse tipo de negócio também contribuiu para custear a manutenção da linha de bonde situada na cidade de Tampa, na Florida*" (tradução livre). *Act. Nº 170, 2007, Senate Bill 1716*, p. 04. V. http://www.oslpr.org/download/en/2007/A-0170-2007.pdf. Acesso em 20/03/2017.

NAMING RIGHTS DE BENS PÚBLICOS

contato com potenciais interessados, de modo a lhes cativar, e a lhes integrar nos projetos desenvolvidos.

Em regra, os entes públicos que promovem negócios como esse possuem políticas internas expressas acerca do modo como serão realizadas as cessões onerosas, em que estabelecem quais tipos de bens podem ser colocados à disposição, quais os prazos mínimos e máximos, e que tipos de pessoas podem adquirir os direitos de denominação, dentre outras regulamentações. E essas restrições têm se mostrado importantes, especialmente pelo fato de que, muitas vezes, se originam de experiências bem-sucedidas ou desastrosas (envolvendo questões de naturezas diversas), cuja repetição se deseja alcançar ou evitar, respectivamente.

Um bom exemplo dos dilemas envolvidos na exploração de *naming rights* ocorreu quando uma cidade norte-americana se deparou com a necessidade de decidir se alienaria ou não os direitos de denominação de um famoso estádio público[128]. Em meados da década de 90, os *naming rights* do estádio haviam sido alienados pelo prazo de alguns anos. Após expirado o prazo contratual, o Conselho Municipal deliberou se iria permitir a realização de nova alienação. Diante do empate na votação, a cessão não foi autorizada. Segundo notícia, a posição favorável à cessão de *naming rights* teve como fundamento principal o aspecto econômico, diante das necessidades orçamentárias da cidade para a prestação de serviços públicos, enquanto a posição contrária se baseou predominantemente em fundamentos morais, partindo da ideia de que o estádio constituía um patrimônio cultural da cidade, e que nem todas as coisas deveriam ser colocadas à venda. Entretanto, alguns anos após a citada rejeição, houve novas propostas de aquisição dos *naming rights* do estádio, e o entendimento favorável à alienação prevaleceu. Em maio de 2013, os direitos à denominação do estádio foram cedidos pela expressiva quantia de US$220.000.000,00 (duzentos e vinte milhões de dólares)[129].

Outro interessante caso noticiado ocorreu no primeiro semestre de 2013, quando uma universidade pública recebeu uma proposta para ceder os *naming rights* de sua arena de futebol americano para uma companhia

---

[128] V. http://www.sfgate.com/sports/article/Traditional-name-will-Stick-for-now-2786486.php. Acesso em 20/03/2017.

[129] V. https://www.forbes.com/sites/aliciajessop/2014/10/19/levis-gains-value-beyond-naming-rights-in-its-partnership-with-the-san-francisco-49ers/#2c521e2456db. Acesso em 20/03/2017.

NAMING RIGHTS DE BENS PÚBLICOS

administradora de prisões[130]. Em virtude da natureza das atividades desempenhadas pela pessoa jurídica adquirente dos direitos à denominação, houve relevantes manifestações populares para que o negócio não fosse realizado. Após algum tempo de controvérsia, a proposta acabou sendo retirada[131].

Pode-se enumerar ainda o famoso caso *Enron*, no qual a citada sociedade empresária celebrou um contrato de exploração de *naming rights* do estádio de um time de *baseball* norte-americano por trinta anos, comprometendo-se a pagar US$100.000.000,00 (cem milhões de dólares). Na época, a companhia era a sétima maior dos EUA. Entretanto, em 2001, veio à tona um escândalo de contabilidade que gerou prejuízo a milhares de pessoas, e transformou negativamente a imagem da companhia, o que levou o clube a readquirir os *naming rights* de seu estádio, a fim de se desvincular dos valores indesejados que passaram a ser associados ao nome da companhia[132].

A exposição dos casos acima narrados, ainda que bastante sucinta, é importante por demonstrar que mesmo em uma sociedade tradicionalmente liberal e com forte viés comercial, há limites para a exploração de *naming rights* que não podem ser ignorados, e que, portanto, devem orientar a sedimentação do instituto nos países que apenas recentemente começaram a utilizá-lo[133]. Assim, de modo a prosseguir com o estudo da expansão do instituto, convém analisar uma experiência recente em outra localidade, a qual pode ser particularmente relevante para o Brasil.

Com efeito, em junho de 2013, irromperam manifestações populares em São Paulo e Rio de Janeiro – que, em seguida, se estenderam para todo o país – cuja motivação inicial decorreu da insatisfação com o aumento de tarifas de serviços públicos de transporte coletivo. Além dos preços ele-

---

[130] V. http://www.usatoday.com/story/gameon/2013/04/02/florida-atlantic-fau-geo-group-stadium-withdraws-offer/2045581/. Acesso em 20/03/2017.

[131] V. http://www.fau.edu/mediarelations/releases0413/041302.php. Acesso em 20/03/2017.

[132] BARTOW, Ann. *Trademarks of Privilege*: Naming Rights and the Physical Public Domain. UC Davis Law Review, Vol. 40, 2007, p. 929.

[133] Sobre a expansão dos direitos de denominação ao redor do mundo, afirma Marçal Justen Filho: "*(...) Mas o fenômeno se difundiu para todo o mundo. Há informação de que a Municipalidade de Wuhan, uma cidade na China, promoveu leilão do direito de denominação de determinados locais públicos. Adotando outro enfoque, 'muitos projetos de PPP no Canadá, especialmente instalações culturais e esportivas, vendem o direito de denominação de edifícios para patrocinadores privados (...)*'". JUSTEN FILHO, Marçal. A exploração econômica de bens públicos: cessão do direito à denominação. In: *Revista de Direito da Procuradoria-Geral do Estado do Rio de Janeiro*, edição especial, p. 222, 2012.

vados, reclamava-se da baixa qualidade dos serviços prestados pelas concessionárias.

Durante o período de manifestações, alguns entes públicos retrocederam, e decidiram reduzir as tarifas ao patamar anterior, mas, em contrapartida, alegaram que seria necessário retirar verbas alocadas em outras rubricas orçamentárias para custear tal redução, possivelmente em virtude da necessidade de manutenção do equilíbrio econômico do contrato celebrado com as concessionárias.

Embora esse não tenha sido o único objeto da pauta de reivindicações dos movimentos populares, o fato de ter sido o estopim para as manifestações demonstra a importância dos serviços públicos de transporte coletivo para a sociedade, e, consequentemente, a necessidade de se compatibilizar baixas tarifas com qualidade na prestação do serviço. Por isso, é interessante analisar a experiência realizada em Dubai em matéria de transportes públicos.

Em 2008, Dubai lançou um projeto de *marketing* ambicioso, voltado à cessão de *naming rights* das estações metroviárias, com o intuito de ampliar e melhorar este serviço de transporte coletivo, além de assegurar a manutenção de tarifas acessíveis, no que foi bem-sucedido.

Na primeira fase do projeto, algumas companhias abraçaram a ideia e adquiriram direitos à denominação de estações metroviárias. O programa resultou em expressiva arrecadação para os cofres públicos, bem como em elevação da qualidade do serviço de transporte. Diante do sucesso obtido, foi lançada, alguns anos depois, a segunda fase do projeto, com a possibilidade de aquisição de *naming rights* de novas estações[134].

Para o cálculo do valor adequado para a nomeação de cada estação de metrô, foram utilizados parâmetros objetivos, tais como a localização e a estimativa de usuários, dentre outros fatores. Segundo a entidade pública responsável pelo transporte metroviário, o programa oferece aos parceiros uma grande plataforma de *marketing*, com garantia de reconhecimento diário da marca, e também desenvolve um senso de comunidade e compromisso com o crescimento público, devido ao significativo número de usuários que utilizam diariamente esta modalidade de transporte público coletivo. Entretanto, a disponibilidade das estações não foi admitida de

---

[134] V. http://dubaimetro.eu/featured/8641/rta-announces-the-second-phase-of-the-dubai-metro-naming-rights-initiative. Acesso em 20/03/2017.

NAMING RIGHTS DE BENS PÚBLICOS

forma irrestrita. Dentre as limitações existentes, podem ser enumeradas a impossibilidade de cessão de *naming rights* de estações situadas em locais históricos ou pontos de referência, e a preocupação em adequar as companhias aos espaços públicos, de modo que todos os nomes de estações de metrô sejam culturalmente adequados[135].

Mudando-se o enfoque para o outro lado do mundo, observa-se que o Brasil, recentemente, também foi sede de algumas experiências no mesmo setor.

No Estado do Rio de Janeiro, chegou a ser noticiada a possibilidade de o transporte público metroviário adotar um programa de *naming rights* de estações, fato que, de pronto, deu início a discussões na sociedade acerca dos pontos favoráveis e desfavoráveis. Entretanto, logo após a divulgação da notícia, e antes que o assunto ganhasse grande repercussão, a sociedade concessionária negou que tivesse interesse em mudar os nomes das estações, esclarecendo que o projeto permitiria apenas a adoção comercial de cada uma[136].

Isso não impediu que, no Estado do Rio Grande do Sul, em 2014, a Empresa de Trens Urbanos de Porto Alegre – Trensurb (sociedade de economia mista federal), licitasse e concedesse os *naming rights* de uma das estações de metrô, localizada em Novo Hamburgo, mediante pagamento mensal de R$9.000,00 (nove mil reais) por até cinco anos, quantia destinada a contribuir para a sustentabilidade econômica da empresa[137].

Fora do âmbito dos transportes públicos, também já surgiram outros casos em que houve negociação de direitos de denominação de bens privados[138] e também de bens públicos, como, por exemplo, no caso da arena multiuso do Município do Rio de Janeiro, construída no período dos Jogos Panamericanos (HSBC Arena[139]), e realizada de forma acessória em rela-

---

[135] *Idem.*

[136] V. http://oglobo.globo.com/rio/sergio-cabral-veta-mudanca-de-nomes-nas-estacoes-do--metro-8410551. Acesso em 20/03/2017.

[137] V. http://www.trensurb.gov.br/paginas/paginas_noticias_detalhes.php?codigo_sitemap =4015&PHPSESSID=wwrheblcb. Acesso em 20/03/2017.

[138] BARCELLOS, Cleudes Teresinha Maffei. *Investimentos em patrocínio na modalidade de naming rights:* empresas que praticam esses negócios no Brasil e características deste mercado. 2013. Dissertação (Mestrado em Ciências Contábeis) - Universidade do Vale do Rio dos Sinos, Rio Grande do Sul.

[139] V. http://www.tcm.rj.gov.br/Noticias/4511/LegadoPan2009.pdf. Acesso em 20/03/2017. *"A Arena Multiuso, utilizando-se da permissão estabelecida no parágrafo segundo da Cláusula Primeira*

ção à concessão do objeto principal do contrato: o uso das próprias arenas esportivas.

Além das cessões onerosas de direito de denominação já citadas e de algumas outras existentes, há ainda vários projetos por todo o Brasil com a finalidade de implementar a exploração de *naming rights* de bens públicos[140].

Feitas essas considerações, que demonstram como a exploração de direitos de denominação de bens públicos vem se expandindo rapidamente ao redor do mundo, inclusive no Brasil (provando que a prática se antecipou à teorização), é essencial analisar detalhadamente como o instituto se acomoda no ordenamento jurídico brasileiro, de modo a encontrar parâmetros que permitam extrair da concessão de *naming rights* de bens públicos o máximo de benefícios à sociedade, e minimizar os riscos existentes.

2.2 *Naming rights* de bens públicos e o ordenamento jurídico brasileiro

2.2.1 Competências

A quem compete criar normas e estabelecer restrições sobre direitos de denominação de bens públicos? É preciso haver lei autorizando a prática desse tipo de negócio? O que ocorre se o Executivo de um ente conceder os *naming rights* de um bem público, e, em seguida, for editada uma lei alterando o nome do referido bem?

As perguntas acima apontam a importância de se definir de forma clara as competências envolvidas na exploração econômica de *naming rights* como passo inicial do estudo para a adaptação do instituto ao ordenamento jurí-

---

do termo de concessão de uso, adotou o nome 'HSBC Arena' (...)".

[140] Ilustrativamente, vale citar o projeto de lei 005.00058.2014, do Município de Curitiba (Paraná), que propunha autorizar o Executivo Municipal a outorgar permissão ou concessão de uso do direito à denominação (*naming rights*) do Viaduto Estaiado situado naquela localidade. O projeto proibia a outorga ou concessão para pessoas jurídicas relacionadas à venda de cigarros, tabaco ou bebidas alcoólicas. A justificativa do projeto era de que a receita extra pelo uso de denominação, *"prática comum na iniciativa privada"*, poderia ser investida em áreas prioritárias, como a saúde e a educação municipais. Afirmava-se ainda que *"temos observado a comercialização dos naming rights nos estádios destinados à prática de esportes. Entretanto, por mais que no Brasil ainda seja novidade este tipo de transação, ele também é utilizado em outros países para denominar bens públicos. Nos Estados Unidos e na Europa, por exemplo, há a concessão em rodovias, estações de metrô, museus e bibliotecas"*. V. http://www.cmc.pr.gov.br/ass_det.php?not=22454. Acesso em 20/03/2017.

dico brasileiro. A depender das respostas, diversos conflitos federativos e institucionais podem surgir.

A seguir, busca-se traçar um panorama do quadro de competências sobre o tema, dividindo-o em duas partes. Na primeira, analisa-se a competência de cada ente (i) para estabelecer normas que regulamentem o instituto, e (ii) para proceder à concessão de direitos de denominação de bens públicos. Na segunda parte, altera-se o enfoque para a competência institucional, interna a cada ente, de modo a analisar o que ocorre quando uma das funções do Poder (Executivo) deseja explorar os *naming rights* de um bem, mas outra (Legislativo) decide realizar a nomeação por modalidade diversa.

2.2.1.1 Repartição "vertical" de competência e autonomia federativa

O Estado brasileiro é um Estado Federal, e, por consequência, possui como elementos básicos a autonomia dos entes federados e a repartição constitucional de competências[141]. Não é por outro motivo que a CR/88 inicia seu título III (organização do Estado) estabelecendo que União, Estados, Distrito Federal e Município são entes autônomos (autonomia federativa)[142], e nos capítulos seguintes, traça, de forma ampla, as principais competências legislativas e administrativas de cada um dos entes.

Assim, a partir das linhas gerais estabelecidas na Constituição, é necessário extrair o regramento para a exploração de *naming rights*, devendo-se aferir qual é o âmbito de abrangência das normas estabelecidas por cada ente federado (competência legislativa), bem como qual é o alcance da competência administrativa de cada um, evitando-se indevida ingerência de um ente no patrimônio do outro.

---

[141] BARROSO, Luís Roberto. Saneamento básico: competências constitucionais da União, Estados e Municípios. *Revista Eletrônica de Direito Administrativo Econômico (REDAE)*, Salvador, Instituto Brasileiro de Direito Público, nº 11, agosto/setembro/outubro, 2007, p. 03. Disponível na *internet*: <http://www.direitodoestado.com.br/redae.asp>. Acesso em 20/03/2017. *"(...) Elementos básicos da ideia de Federação – que é um princípio fundamental do Estado brasileiro – são a autonomia dos entes federados e a repartição constitucional de competências. O primeiro se traduz na capacidade de auto-organização, autogoverno e autoadministração e o segundo consiste na divisão vertical e espacial de poderes."*

[142] CR/88. *"Art. 18. A organização político-administrativa da República Federativa do Brasil compreende a União, os Estados, o Distrito Federal e os Municípios, todos autônomos, nos termos desta Constituição."*

No que concerne à competência *administrativa*, é importante notar que a Constituição estabelece um rol ilustrativo de bens da União e dos Estados, e não arrola os bens pertencentes aos Municípios. Além dos bens expressos no texto constitucional (da União e dos Estados, portanto), também são bens de cada ente aqueles que integram o correspondente patrimônio em virtude de qualquer forma de aquisição de propriedade, original ou derivada. E, dentro da organização político-administrativa interna de cada ente, é possível afirmar que a Administração direta e as pessoas jurídicas integrantes da Administração indireta possuem patrimônios próprios e apartados.

O patrimônio de um ente tem a função pública e social de permitir que este desempenhe, com autonomia, as competências administrativas que lhe são atribuídas pela Constituição e pelas demais normas. Assim, por exemplo, o patrimônio de um Município deve tornar viável a prestação de serviços públicos de interesse local e o funcionamento da máquina administrativa. Desse modo, caso a União decida alienar um bem municipal, haverá violação ao seu direito de propriedade pública, e, evidentemente, à sua autonomia gerencial.

Ante o exposto, é possível concluir que cada ente federado (bem como as pessoas jurídicas da Administração indireta) está legitimado de antemão apenas para a exploração dos *naming rights* de bens públicos integrantes de seu próprio patrimônio.

A análise da questão da repartição de competência se torna relativamente mais complexa no que diz respeito à competência *legislativa* para tratar do tema.

Se, por um lado, a autonomia de cada ente pressupõe que este possa não apenas administrar seus bens, mas também estabelecer as normas que regem o correspondente regime jurídico, por outro lado, a Constituição estabelece competências normativas que, eventualmente, podem gerar superposição de normas emitidas por entes diversos.

De fato, a CR/88, em seu art. 22, inciso XXVII, confere à União competência privativa para legislar sobre *"normas gerais de licitação e contratação, em todas as modalidades, para as administrações diretas, autárquicas e fundacionais da União, Estados, Distrito Federal e Municípios"*, restando aos demais entes legislar sobre questões específicas dentro das respectivas esferas de abrangência.

Além disso, o art. 24 da CR/88 dispõe sobre a competência concorrente dos entes federados, estabelecendo que, nas matérias ali relacionadas, a

NAMING RIGHTS DE BENS PÚBLICOS

União terá competência limitada à criação de normas gerais, que poderão ser suplementadas pelos Estados (art. 25, §2º) e pelos Municípios (art. 30, incisos I e II). Dentre tais matérias, encontram-se algumas que, a depender das circunstâncias, podem se relacionar à exploração de *naming rights*, como, por exemplo, direito urbanístico (art. 24, inciso I) e proteção ao patrimônio histórico, cultural, artístico e paisagístico (art. 24, inciso VIII).

Assim, as normas gerais fixadas pela União no exercício legítimo de sua competência constitucional (como nos casos acima citados) tem aptidão para restringir a competência legislativa dos demais entes sobre exploração de *naming rights*, sem que isso configure violação à autonomia federativa. Nesse caso, costuma-se afirmar que a lei editada tem caráter *nacional*. Entretanto, as normas elaboradas pela União que sejam revestidas de caráter específico (e não geral) não podem restringir a competência legislativa dos demais entes, sob pena de violação da expressa repartição constitucional de competências. Diferentemente do caso anterior, a norma tem caráter *federal* (e não nacional), por se aplicar apenas àquela esfera político-administrativa.

É certo que, até a presente data, não foi editada qualquer lei pela União que estabeleça normas gerais sobre contratos de exploração de *naming rights* de bens públicos. Por outro lado, a lei 8.666/93 estabelece normas gerais sobre licitações e contratações administrativas, e, embora não tipifique expressamente o contrato de atribuição de nome a bens públicos, a referida lei considera ser um contrato, para seus fins, *"todo e qualquer ajuste entre órgãos ou entidades da Administração Pública e particulares, em que haja um acordo de vontades para a formação de vínculo e a estipulação de obrigações recíprocas, seja qual for a denominação utilizada"* (art. 2º, parágrafo único).

Assim, embora não haja normas gerais sobre contratação de *naming rights* de bens públicos, qualquer ente que se proponha a legislar sobre o tema deverá respeitar, no que couber, as normas gerais sobre contratos estabelecidas na lei 8.666/93, como, exemplificativamente, a necessidade de realização de licitação. Logo, nos pontos em que a legislação estadual, distrital ou municipal não conflitar com as normas gerais da lei 8.666/93, poderão os demais entes federados dispor sobre o tema e estabelecer restrições à celebração de contratos de concessão de direitos de denominação.

Um bom elemento para reflexão acerca das afirmações acima expostas consiste na lei 6.454/1977, editada pela União, que "dispõe sobre a denominação de logradouros, obras, serviços e monumentos públicos, e dá

NAMING RIGHTS DE BENS PÚBLICOS

outras providências". Trata-se de lei federal ou de lei nacional? Para que se possa chegar a uma resposta, é essencial analisar o conteúdo da norma.

No que interessa ao presente trabalho, a referida lei, em síntese, proíbe em todo o território nacional, (i) a atribuição de nome de pessoa viva ou (ii) que tenha se notabilizado pela defesa ou exploração de mão de obra escrava a bem público, de qualquer natureza, pertencente à União ou às pessoas jurídicas da administração indireta[143].

Diante das disposições da lei 6.454/1977, é possível concluir que sua natureza é apenas federal, por dois motivos particularmente relevantes.

O primeiro motivo tem relação com o fato de o texto da lei mencionar expressamente que a vedação se aplica à União e às pessoas jurídicas da administração indireta, sem menção a Estados, Distrito Federal ou Municípios. Evidentemente, a menção legal a pessoas integrantes da administração se restringe apenas àquelas vinculadas à administração federal, pois não haveria lógica em se estender os efeitos da lei às administrações indiretas dos Estados, Distrito Federal e Municípios, e não se lhes estender às administrações diretas.

O segundo motivo (e mais importante) diz respeito ao fato de a competência da União para estabelecer normas gerais não poder ser exercida de forma excessivamente profunda, atendo-se a situações particulares e específicas[144], especialmente em casos como o de direitos de denominação,

---

[143] Lei 6.454/1977. "*Art. 1º* É proibido, em todo o território nacional, atribuir nome de pessoa viva ou que tenha se notabilizado pela defesa ou exploração de mão de obra escrava, em qualquer modalidade, a bem público, de qualquer natureza, pertencente à União ou às pessoas jurídicas da administração indireta.

Art. *2º É igualmente vedada a inscrição dos nomes de autoridades ou administradores em placas indicadores de obras ou em veículo de propriedade ou a serviço da Administração Pública direta ou indireta.*

Art. *3º As proibições constantes desta Lei são aplicáveis às entidades que, a qualquer título, recebam subvenção ou auxílio dos cofres públicos federais.*

Art. *4º A infração ao disposto nesta Lei acarretará aos responsáveis a perda do cargo ou função pública que exercerem, e, no caso do artigo 3º, a suspensão da subvenção ou auxílio.*

Art. *5º Esta Lei entra em vigor na data de sua publicação, revogadas as disposições em contrário.*"

[144] Na ADI 927-3 MC/RS, o STF suspendeu cautelarmente os efeitos de dispositivos da lei 8.666/93, quanto aos Estados, Distrito Federal e Municípios, por excederem o aspecto de normas gerais e avançarem para o campo das normas específicas. Sustentou o Ministro Carlos Velloso, relator, que "*(...) a competência da União é restrita a normas gerais de licitação e contratação. Isto quer dizer que os Estados e os Municípios também têm competência para legislar a respeito do tema: a União expedirá as normas gerais e os Estados e Municípios expedirão as normas específicas. (...) Penso que 'norma geral', tal como posta na Constituição, tem o sentido de diretriz, de princípio geral. A norma*

NAMING RIGHTS DE BENS PÚBLICOS

que, longe de atingir o núcleo duro do direito de propriedade pública, versam apenas sobre uma das faculdades a ele inerentes. Logo, mesmo que a citada lei dispusesse que tais vedações são aplicáveis também aos Estados, Distrito Federal e Municípios, ainda assim sua eficácia estaria restrita à esfera federal, ante a necessidade de realização de uma interpretação constitucional que considere devidamente a autonomia federativa.

Note-se que, ao se afirmar que a lei 6.454/1977 possui caráter federal (e não nacional) – aplicando-se, portanto, apenas à União – não se está tecendo qualquer juízo de valor quanto ao mérito das vedações nela contidas. Em outras palavras, não se está defendendo a possibilidade de nomeação nas situações por ela vedadas, mas apenas a impossibilidade de essa vedação decorrer de uma norma de outro ente federativo. Apenas para esclarecer o ponto, seria possível afirmar que, mesmo que inexistisse a lei 6.454/77, nenhum ente federado – nem mesmo a União – poderia permitir que algum bem de seu patrimônio recebesse o nome de pessoas que se notabilizaram pela defesa ou exploração de mão de obra escrava[145]. Afinal, tal vedação não foi *criada* pela aludida lei: a vedação pode ser extraída diretamente da Constituição da República, como uma decorrência lógica da proteção à dignidade da pessoa humana, da condenação do trabalho escravo[146], e de diversos princípios constitucionais fundamentais, como a moralidade e a igualdade.

---

geral federal, melhor será dizer nacional, seria a moldura do quadro a ser pintado pelos Estados e Municípios no âmbito de suas competências. (...) Cuidando especificamente do tema, em trabalho que escreveu a respeito do DL 2.300/86, Celso Antônio Bandeira de Mello esclareceu que 'normas que estabeleçam particularizadas definições, que minudenciem condições específicas para licitar ou para contratar, que definem valores, prazos e requisitos de publicidade (...) evidentissimamente sobre não serem de Direito Financeiro, menos ainda serão normas gerais, salvo no sentido de que toda norma – por sê-lo – é geral. E acrescenta o ilustre administrativista: 'Se isto fosse norma geral, estaria apagada a distinção constitucional entre norma, simplesmente, e norma geral...' ('Licitações', RDP 83/16)". BRASIL, Supremo Tribunal Federal. ADI 927-3. Tribunal Pleno. Min. Carlos Velloso. DJ 11/11/1994.

[145] A análise do mérito da outra vedação contida na lei 6.454/77 (atribuição de nomes de pessoas vidas a bens públicos) será feita no tópico 2.2.2.2.

[146] A condenação ao trabalho escravo é expressamente prevista no texto constitucional, sendo um dos fundamentos da mais grave forma de supressão do direito de propriedade: a expropriação sancionatória, sem indenização. Nesse sentido, vale observar o texto do art. 243 da CR/88. *"Art. 243. As propriedades rurais e urbanas de qualquer região do País onde forem localizadas culturas ilegais de plantas psicotrópicas ou a exploração de trabalho escravo na forma da lei serão expropriadas e destinadas à reforma agrária e a programas de habitação popular, sem qualquer*

NAMING RIGHTS DE BENS PÚBLICOS

Da mesma forma, seria inválida uma lei editada pela União que proibisse, de forma genérica, a exploração de *naming rights* por todos os entes federados e as respectivas entidades da Administração indireta, pois tal vedação invadiria a esfera de deliberação dos demais entes da Federação, violando a autonomia federativa. No caso, não se trataria de uma norma geral, mas de uma escolha específica, formulada em âmbito federal, que indevidamente teria a pretensão de se expandir além das limitações constitucionais.

Ante o exposto, é possível concluir, até o momento, (i) que a inexistência de normas gerais editadas pela União sobre *naming rights* não confere liberdade absoluta para os demais entes legislarem sobre o tema, eis que existem restrições estabelecidas diretamente pela Constituição da República, assim como pela lei 8.666/93, que estabelece normas gerais sobre licitações e contratações administrativas; (ii) que, ainda que venha a ser editada lei sobre o tema pela União, será preciso observar se esta dispõe realmente sobre normas gerais, ou se, ao contrário, estabelece apenas disposições específicas (tendo caráter meramente federal, portanto); e (iii) que qualquer norma editada sobre o tema por entes diversos da União deverá passar por um duplo teste. Em primeiro lugar, deverá ser compatível com a Constituição da República, e, em segundo lugar, deverá se adequar às normas gerais eventualmente editadas pela União sobre o tema[147].

---

indenização ao proprietário e sem prejuízo de outras sanções previstas em lei, observado, no que couber, o disposto no art. 5º.

Parágrafo único. *Todo e qualquer bem de valor econômico apreendido em decorrência do tráfico ilícito de entorpecentes e drogas afins e da exploração de trabalho escravo será confiscado e reverterá a fundo especial com destinação específica, na forma da lei."*

[147] Em apreciação de caso em que um Município criava restrições para contratações administrativas em sua esfera de abrangência através de sua lei orgânica, decidiu o STF, que o conteúdo das restrições homenageava princípios constitucionais e não ofendia a competência da União para editar normas gerais. BRASIL. Supremo Tribunal Federal. RE 423560/MG. Segunda Turma. Min. Rel. Joaquim Barbosa. DJe 18/06/2012. *"DIREITO CONSTITUCIONAL E ADMINISTRATIVO. LICITAÇÃO E CONTRATAÇÃO PELA ADMINISTRAÇÃO PÚBLICA MUNICIPAL. LEI ORGÂNICA DO MUNICÍPIO DE BRUMADINHO-MG. VEDAÇÃO DE CONTRATAÇÃO COM O MUNICÍPIO DE PARENTES DO PREFEITO, VICE-PREFEITO, VEREADORES E OCUPANTES DE CARGOS EM COMISSÃO. CONSTITUCIONALIDADE. COMPETÊNCIA SUPLEMENTAR DOS MUNICÍPIOS. RECURSO EXTRAORDINÁRIO PROVIDO. A Constituição Federal outorga à União a competência para editar normas gerais sobre licitação (art. 22, XXVII) e permite, portanto, que Estados e Municípios legislem para complementar as normas gerais e adaptá-las às suas realidades. O Supremo Tribunal Federal firmou orientação no sentido de que as normas locais sobre licitação devem observar o art. 37, XXI da Constituição, assegurando "a igualdade de condições de todos os concorrentes". Precedentes. Dentro da permissão constitucional*

NAMING RIGHTS DE BENS PÚBLICOS

Mas não é só. Ainda há um outro ponto a ser analisado: a existência, em algumas Constituições Estaduais, de vedações similares às da lei 6.454/1977, com pretensão de restringir a liberdade normativa dos Municípios vinculados aos Estados correspondentes.

Embora não tratem especificamente de *naming rights* de bens públicos, algumas Constituições Estaduais estabelecem restrições quanto a nomeações de tais bens[148] dentro de sua abrangência territorial. Poderia o Estado, através de sua Constituição Estadual, dispor sobre o tema, exigindo que os Municípios a ele vinculados seguissem tais comandos? A resposta deve ser negativa.

A Constituição da República não conferiu aos Estados competência para estabelecer normas gerais sobre o tema, seja através de suas Constituições Estaduais ou de suas demais normas. Ao contrário, optou por fixar expressamente, de antemão, quais seriam as competências estaduais. Vale destacar que, segundo a doutrina clássica, as constituições estaduais não exercem poder constituinte *originário*, e sim poder *derivado*, por retirar sua força da Constituição da República (sua fonte de legitimidade), e não de si próprias. Consequentemente, embora sejam a expressão da autonomia do poder constituinte dos Estados, as Constituições Estaduais estão sujeitas a limitações impostas pela Constituição da República[149].

Por esses motivos, há quem afirme que *"são desnecessárias, nas constituições estaduais, quaisquer disposições sobre a organização municipal"*, pois *"quando existem, acabam por seguir um dentre esses dois destinos: ou são supérfluas (por*

---

para legislar sobre normas específicas em matéria de licitação, é de se louvar a iniciativa do Município de Brumadinho-MG de tratar, em sua Lei Orgânica, de tema dos mais relevantes em nossa polis, que é a moralidade administrativa, princípio-guia de toda a atividade estatal, nos termos do art. 37, caput da Constituição Federal. A proibição de contratação com o Município dos parentes, afins ou consanguíneos, do prefeito, do vice-prefeito, dos vereadores e dos ocupantes de cargo em comissão ou função de confiança, bem como dos servidores e empregados públicos municipais, até seis meses após o fim do exercício das respectivas funções, é norma que evidentemente homenageia os princípios da impessoalidade e da moralidade administrativa, prevenindo eventuais lesões ao interesse público e ao patrimônio do Município, sem restringir a competição entre os licitantes. Inexistência de ofensa ao princípio da legalidade ou de invasão da competência da União para legislar sobre normas gerais de licitação. Recurso extraordinário provido."

[148] São os casos, até o momento da elaboração deste livro, das Constituições Estaduais dos seguintes Estados: Amapá (arts. 35, §7º, 301, e 339), Bahia (art. 21), Ceará (art. 20, V), Maranhão (art. 19, §9º), Paraná (art. 238), Pernambuco (art. 239, caput e parágrafo único), e São Paulo (art. 34, VI).

[149] MENDES, Gilmar Ferreira. *Curso de direito constitucional.* 7ª edição revista e atualizada. São Paulo: Saraiva, 2012, pp. 1131-1132.

meramente repetirem o que diz a Constituição Federal) ou são inconstitucionais, por excederem do que diz a Constituição Federal e, com isso, violarem a autonomia municipal"[150].

Assim, eventual norma da Constituição Estadual que tivesse a pretensão de definir o modo como os Municípios do respectivo Estado iriam explorar os direitos de denominação de seus bens configuraria indevida restrição à capacidade normativa própria dos Municípios, elemento essencial da autonomia federativa municipal, estabelecida e garantida na Constituição da República[151]. A norma da Constituição Estadual, portanto, seria inconstitucional no que concerne aos Municípios[152]. Caso a mesma norma tivesse

[150] FERRARI, Sérgio. A (In)Submissão dos Municípios ao Ordenamento Jurídico Estadual – O caso do §2º do art. 112 da Constituição do Estado do Rio de Janeiro e a Evolução da jurisprudência do TJRJ. In: *Revista de Direito da Associação dos Procuradores do Estado do Rio de Janeiro*, v. 19, 2008. Federalismo. Rio de Janeiro: Lumen Juris, 2008, p. 163. Afirma, ainda, o autor: "É no mínimo duvidosa a possibilidade de que as constituições estaduais venham a veicular princípios distintos daquele que formam a estrutura da própria Constituição Federal. E, ainda que se consiga vislumbrar tal possibilidade, esses princípios 'autônomos' das constituições estaduais terão sempre que se dobrar ao princípio da autonomia municipal, que tem *status de princípio da própria Constituição Federal"*.

[151] DA SILVA, José Afonso. *Curso de direito constitucional positivo.* 25ª edição, revista e atualizada. São Paulo: Malheiros, 2005, pp. 640-641. "*A autonomia municipal é assegurada pelos arts. 18 e 29, e garantida contra os Estados no art. 34, VII, I, c, da Constituição. Autonomia significa capacidade ou poder de gerir os próprios negócios, dentro de um círculo prefixado por entidade superior. E é a Constituição Federal que se apresenta como poder distribuidor de competências exclusivas entre as três esferas de governo. (...) A autonomia municipal, assim, assenta em quatro capacidades: (a) capacidade de auto-organização, mediante elaboração de lei orgânica própria; (b) capacidade de autogoverno, pela eletividade do Prefeito e dos Vereadores às respectivas Câmaras Municipais; (c) capacidade normativa própria, ou capacidade de autolegislação, mediante a competência de elaboração de leis municipais sobre áreas que são reservadas à sua competência exclusiva e suplementar; e (d) capacidade de auto-administração (administração própria, para manter e prestar os serviços de interesse local."*

[152] LEONCY, Léo Ferreira. *Controle de constitucionalidade estadual:* as normas de observância obrigatória e a defesa abstrata da Constituição do Estado-membro. São Paulo: Saraiva, 2007, pp. 96-98. "*O que fazer quando, no controle abstrato de normas perante o Tribunal de Justiça, surgir a questão da inconstitucionalidade do próprio parâmetro de controle estadual? (...) a Constituição Estadual está sujeita às normas centrais de observância obrigatória da Constituição Federal, de tal modo que o não-cumprimento destas pelo constituinte decorrente pode acarretar a nulidade de norma inscrita na Constituição do Estado-membro. (...) o controle abstrato de normas estaduais e municipais em face de norma constitucional estadual envolve o exame da validade desta como questão que antecede o julgamento do mérito da ação direta estadual. Assim, o Tribunal de Justiça, antes de apreciar o mérito da ação direta, estaria sujeito a esta verificação, que, se não está prevista no art. 125, §2º, da Constituição Federal, decorre, entretanto do fato de a Constituição Estadual estar sujeita a várias normas constitucionais federais, a cujos termos deve subordinar-se sob pena de nulidade de suas normas."*.

NAMING RIGHTS DE BENS PÚBLICOS

pretensão de regular o comportamento do Estado (ente federado), seria válida exclusivamente nesta parte.

Do exposto, e tendo em vista a partilha de competências constitucionais, percebe-se que todos os entes federados têm competência para regulamentar o tema, mas as normas editadas por cada ente só serão aplicáveis na respectiva esfera federativa (salvo no caso de normas gerais editadas pela União), desde que a normatização adotada não invada competências legislativas sobre outras matérias definidas constitucionalmente (como direito civil e direito comercial).

A despeito de tudo o que já se expôs, é importante destacar que o Supremo Tribunal Federal (STF), embora nunca tenha apreciado um caso acerca de *naming rights* de bens públicos, já teve a oportunidade de analisar ação direta de inconstitucionalidade (ADI) em que foram impugnados diversos artigos da Constituição do Estado do Ceará[153], dentre eles, um dispositivo que vedava a atribuição de nome de pessoa viva a avenidas, praças, ruas e outros componentes do espaço público. Entretanto, diante da multiplicidade de normas impugnadas naquela ocasião, o dispositivo citado esteve longe de ser o objeto central dos debates realizados naquele julgamento, de modo que extrair do referido julgamento qualquer posicionamento do STF acerca do tema pode acabar se revelando um passo precipitado. Feita essa ressalva, passa-se à análise do caso.

A ADI foi ajuizada pelo Procurador-Geral da República, que endossou provocação que lhe fora feita por associações municipais do Ceará, impugnando diversos dispositivos da Constituição cearense, dentre eles o inciso V do art. 20[154].

Ante a multiplicidade de dispositivos impugnados, foi produzido extenso acórdão, no qual apenas três parágrafos de somente um voto foram dedicados ao citado inciso V do art. 20[155], valendo destacar que o prolator

---

[153] BRASIL. Supremo Tribunal Federal (STF). ADI 307/CE. Tribunal Pleno. Min. Rel. Eros Grau. Julgamento em 13/02/2008.

[154] Constituição Estadual do Ceará, art. 20, inciso V: *"Art. 20. É vedado ao Estado e aos Municípios: (...) V - atribuir nome de pessoa viva a avenida, praça, rua, logradouro, ponte, reservatório de água, viaduto, praça de esporte, biblioteca, hospital, maternidade, edifício público, auditórios, cidades e salas de aula".*

[155] BRASIL. Supremo Tribunal Federal (STF). ADI 307/CE. Tribunal Pleno. Min. Rel. Eros Grau. Julgamento em 13/02/2008. Voto do Min. Eros Grau: *"(...) 8. O inciso V do artigo 20 da CE veda ao Estado e aos Municípios atribuir nome de pessoa viva a avenida, praça, rua, logradouro, ponte, reservatório de água, viaduto, praça de esporte, biblioteca, hospital, maternidade, edifício público, auditórios, cidades e salas de aula. 9. Não me parece inconstitucional. 10. O preceito visa a impedir o culto*

NAMING RIGHTS DE BENS PÚBLICOS

deste voto, Min. Eros Grau, já deixou de integrar o STF, sendo este mais um fator a sugerir que qualquer conclusão extraída do citado julgamento corre grande risco de não corresponder a um real posicionamento do Tribunal acerca do tema.

No citado trecho, foi mencionada apenas uma justificativa para se considerar constitucional o dispositivo da Constituição do Ceará: o fato de que tal dispositivo impediria o culto e a promoção pessoal de pessoas vivas, tivessem ou não passagem pela Administração, de modo que seria compatível com o princípio da impessoalidade. Nota-se, portanto, que o STF se limitou a analisar o mérito da vedação, e não a questão da competência para sua imposição[156].

Conforme já se expôs anteriormente, o fato de o conteúdo da norma ser compatível com o princípio da impessoalidade não tem relação com o argumento da autonomia federativa. Vedações inerentes ao princípio da impessoalidade decorrem diretamente da Constituição da República, e, por isso, independem de previsão em norma constitucional estadual ou em qualquer outra norma infraconstitucional.

O ponto nodal da questão, que acabou ganhando caráter secundário, consistia exatamente na impossibilidade de um Estado estabelecer uma norma cuja pretensão seja interferir no modo como outro ente federativo pode gerir seu próprio patrimônio, sob pena de violação à autonomia federativa. Este argumento não foi analisado pelo STF. Embora seja possível que, à época, aquela Corte o tenha rejeitado implicitamente (silêncio eloquente), o teor do acórdão parece indicar que provavelmente a questão passou despercebida, de modo que ainda não há uma decisão paradigmática sobre o tema na jurisprudência do Supremo[157].

---

e a promoção pessoal de pessoas vivas, tenham ou não passagem pela Administração. Cabe ressaltar que proibição similar é estipulada, no âmbito federal, pela lei 6.454/1977. Leio no parecer do Procurador-Geral da República [fl.10]: '[...] não nos parece, contudo, violar a autonomia municipal a norma constante do art. 20, inciso V, da Carta Estadual cearense. Pelo contrário, ela é plenamente compatível com o princípio da impessoalidade constante do caput do art. 37, da Constituição da República, c/c o respectivo §1º, que não admite promoção pessoal. E tem a norma constitucional inspiração ética, aliás, adotada na legislação federal sobre a matéria [...]'."

[156] A análise do mérito deste julgamento será retomada à frente, no tópico 2.2.2.2.1.

[157] É interessante notar que o entendimento defendido neste trabalho – no sentido de que cada ente é competente para estabelecer suas próprias restrições normativas a nomeações de seus bens – parece ter sido adotado também pelo Ministério Público Federal na ADI 5181/MA (ainda não julgada), em sua petição inicial, quando, ao tratar da lei 6.454/1977, afirma

NAMING RIGHTS DE BENS PÚBLICOS

2.2.1.2 Repartição "horizontal": questões institucionais entre Executivo e Legislativo

Não é apenas de conflitos federativos que podem advir problemas relativos à exploração de *naming rights*. Deles resultam os conflitos externos ao ente federado que pretende realizar a exploração. No entanto, é possível que surjam dificuldades internas, consistentes em ao menos dois tipos de questões institucionais entre o Executivo e o Legislativo.

O primeiro tipo está ligado à eventual disposição do Executivo para celebrar contratos de *naming rights* sem que o Legislativo tenha editado prévia lei autorizativa dessa prática, o que poderia gerar dúvida quanto à validade de tais contratos, especialmente nos casos de entes que possuam normas próprias (em Leis Orgânicas e em Constituições estaduais) que vedem a realização de concessões de uso sem autorização legal prévia[158]. Entretanto, salvo nos casos em que haja vedação normativa, e a despeito da existência de entendimento em sentido contrário, entendemos não haver empecilho à celebração de contratos relativos a direitos de denominação, ainda que inexistente lei anterior que os autorize[159].

Afinal, em primeiro lugar, a nomeação de bens públicos, embora possa ser realizada por lei, consiste em ato ordinário de gestão do patrimônio

---

que "É bem verdade que se trata de lei federal, não diretamente aplicável às esferas estadual e municipal, por força do princípio federativo (...)". BRASIL. Supremo Tribunal Federal (STF). ADI 5181/MA. Min. Rel. Celso de Mello.

[158] Conforme se antecipou no tópico 2.1.1, e será retomado no tópico 2.2.3.1, a natureza jurídica do contrato de *naming rights* de bens públicos se aproxima da concessão de uso, pois envolve a cessão de uma fração do direito de uso do bem (o direito de atribuir-lhe um nome).

[159] Não integra o escopo deste trabalho a análise detalhada do instituto da concessão de uso em geral, sendo relevante seu estudo apenas no que pode ser relacionado à exploração de *naming rights*, ponto que será abordado no tópico 2.2.3.1. Apesar disso, convém destacar que há controvérsia na doutrina acerca da necessidade de lei autorizativa de concessões de uso, como alerta Floriano de Azevedo Marques Neto: "*É também forte na doutrina o entendimento de que a concessão de uso deverá ser autorizada por lei. (...) Porém, somos do entendimento de que não há, de per se, uma obrigação de prévia autorização legislativa necessária à outorga da concessão de uso. E afirmamos isto a partir do raciocínio seguinte. Dissemos que a concessão de uso não implica em uma alienação do bem, que pode ser retomado até antes do fim do período previsto na outorga, respeitadas algumas condições. Mesmo para a alienação de bens públicos, dissemos, é discutível a necessidade de prévia autorização legislativa prevista na Lei de Licitações. A Constituição, quando exigiu prévia autorização por lei para alienação ou concessão, o fez para terras públicas em área superior a dois mil e quinhentos hectares, tornando perfeitamente cabível o raciocínio de que o constituinte teria limitado a ingerência do Legislativo na gestão dos bens públicos a este patamar de bens*".

público, atribuição típica do Executivo, de modo que a exigência de prévia autorização legal poderia violar a harmonia entre os Poderes.

Em segundo lugar, a celebração de contratos de *naming rights* de bens públicos independe da existência de legislação que expressamente preveja ou discipline esse tipo de contrato por decorrer da *autonomia contratual* da Administração Pública. Apesar de a questão da existência de autonomia de vontade da Administração Pública ser objeto de alguma controvérsia[160], a exigência de lei anterior que preveja genérica ou especificamente um tipo de contrato para que a Administração possa celebrá-lo configura um formalismo não justificável ante uma visão constitucional contemporânea do Estado, que prestigia a ideia de *juridicidade* dos atos administrativos[161], especialmente porque a ideia de vinculação estrita à legalidade foi historicamente elaborada em torno do ato administrativo, como forma de

---

[160] Há autores que entendem que o princípio da autonomia contratual não é aplicável à Administração Pública. V. COUTO E SILVA, Almiro. Princípios da legalidade da administração pública e da segurança jurídica no estado de direito contemporâneo. In: *Revista da Procuradoria-Geral do Estado do Rio Grande do Sul*, Porto Alegre, v. 27, 2003, p. 21. "*É, todavia, incontroverso que o princípio a autonomia da vontade não existe para Administração Pública. A autonomia da vontade resulta da liberdade humana, que não é uma criação do direito, mas sim um dado natural, anterior a ele. O direito restringe e modela essa liberdade, para tomar possível sua coexistência com a liberdade dos outros. Sobra sempre, porém, uma larga faixa que resta intocada pelo Direito. A Administração Pública não tem essa liberdade. Sua liberdade é tão somente a que a lei lhe concede, quer se trate de Administração Pública sob regime de Direito Público, de Direito Privado ou de Direito Privado Administrativo*".

[161] A partir do período das revoluções liberais, nos países onde vige o princípio da legalidade, consolidou-se a ideia de que os indivíduos são livres para fazer aquilo que a lei não proíbe, e que a Administração, ao contrário, só pode fazer aquilo que estiver expressamente previsto em lei. Daí se poderia extrair que a Administração não possuiria autonomia de vontade para contratar, sendo esta exclusiva dos particulares. Essa concepção de vinculação estrita à legalidade formal foi gradualmente sucedida pela noção de vinculação a uma legalidade *substancial*, ou, ainda, à ideia de *juridicidade*, princípio que, segundo Alexandre Aragão, "*vem se afirmando na doutrina e na jurisprudência mais modernas como uma nova acepção (não uma superação) do princípio da legalidade*", e se caracteriza pela "*submissão dos atos estatais a um padrão amplo e englobante de legalidade, cujos critérios não seriam apenas a lei estrita, mas, também, os princípios gerais do Direito, e, sobretudo, os princípios, objetivos e valores constitucionais. É a visão de que a Administração Pública não deve obediência apenas à lei, mas ao Direito como um todo. Trata-se, na verdade, de uma expressão ampliada do princípio da legalidade, consequência de uma visão neoconstitucionalista do Direito, onde os princípios jurídicos, as finalidades públicas e os valores e direitos fundamentais constituem, juntamente com as regras constitucionais e legais, o 'bloco da legalidade', que, ao mesmo tempo, legitima e impõe limites à ação administrativa.*". V. ARAGÃO, Alexandre Santos de. *Curso de Direito Administrativo*. Rio de Janeiro: Forense, 2012, pp. 57-58.

mitigar imposições unilaterais, e não do contrato administrativo, que possui natureza bilateral e consensual[162].

É evidente que a autonomia contratual da Administração Pública é consideravelmente mais restrita que a de um particular (a qual também não é absoluta, pois se sujeita a diversas normas de ordem pública, dentre outras restrições), porém isso não significa que ela inexista. A "vontade" administrativa consiste na busca pela realização de uma gestão que atenda ao interesse público, em consonância com uma ideia *material* de lei (em contraposição à visão formal), ou seja, em harmonia com o ordenamento jurídico como um todo[163]. A função administrativa não pode mais receber o significado que lhe foi atribuído pelo modelo liberal clássico ("executar a lei de ofício"). Ao contrário, deve significar o poder-dever de adotar medidas destinadas a servir ao interesse público dentro dos limites da esfera jurídica. Não faz sentido atribuir deveres ao Estado sem lhe dar os instrumentos para cumpri-los. Daí se pode concluir que, respeitadas as limitações inerentes ao regime jurídico dos contratos administrativos, a Administração está legitimada a celebrar contratos que atendam ao inte-

---

[162] CORREIA, José Manuel Sérvulo. *Legalidade e autonomia contratual nos contratos administrativos*. Coimbra: Almedina, 2003, pp. 564-565. *"Não há dúvida de que o princípio da legalidade na modalidade de reserva de norma jurídica foi historicamente elaborado em torno do acto administrativo. A exigência de que a acção administrativa fosse apenas a positivamente regulada correspondeu à necessidade de evitar o arbítrio no exercício unilateral de poderes de autoridade através dos quais a Administração fixa com eficácia imediata a situação jurídica do particular. Ora, no contrato administrativo, a fixação da situação jurídica do particular não é unilateral, antes resultando de uma estipulação conjunta, isto é, da intervenção constitutiva do próprio particular. Por outro lado, a celebração do contrato não traduz um exercício de autoridade porque a estipulação do particular é voluntária e as manifestações de vontade de ambas as partes possuem idêntico valor jurídico. (...) É certo que a desproporção real entre as partes cria riscos de coerção numa celebração aparentemente livre (...) [m]as para combater os riscos inerentes a tal situação, valem os princípios da ordem pública e pode valer uma disciplina normativa das cláusulas contratuais gerais, sem necessidade de substituir a autonomia contratual pela exigibilidade de prévia regulação positiva".*

[163] SOUSA, Guilherme Carvalho e. A liberdade de contratar para a administração pública: a autonomia da vontade no contrato administrativo *in Revista de Direito Administrativo* – RDA, Rio de Janeiro, v. 260, maio/ago. 2012, pp. 197-199. *"A vontade (o querer administrativo) é simples complemento de um interesse público prévio (contido em lei). (...) Em outras palavras, a liberdade de contratar para a administração pública não pode ser tão ampla, eis que informada pelos elementos do direito administrativo, especialmente a finalidade. E, por mais que exista uma 'vontade' com o contratante particular, não deixa de existir uma vontade administrativa anterior, calcada na lei e no interesse público, a exemplo do procedimento licitatório pelo qual deve se submeter a administração pública antes de contratar."*

resse público, aumentando suas receitas e permitindo que desempenhe suas missões constitucionais.

Superada a questão relativa à autonomia contratual da Administração Pública, passa-se à análise de outro tipo de questão institucional que pode surgir entre Executivo e Legislativo, ligado a situações em que ambos queiram nomear o mesmo bem.

Conforme se expôs no tópico introdutório deste capítulo, existem diversas modalidades de nomeações de bens públicos, e, a depender da modalidade escolhida, tanto o Legislativo como o Executivo possuem legitimidade para conferi-la. Entretanto, em regra, apenas o Executivo tem a possibilidade de celebrar um contrato de exploração de *naming rights*[164]. Afinal, cabe ao Executivo gerir o patrimônio público, e, além disso, seria impossível conceber o Legislativo recebendo dinheiro privado para editar leis que nomeassem bens em favor de interessados.

Entretanto, a impossibilidade de o Legislativo celebrar tais negócios não retira sua legitimidade para realizar as demais modalidades de nomeação (como a honorífica, por exemplo), de modo que, ao menos em tese, é possível surgirem duas situações de conflito entre nomeações realizadas pelo Executivo de modo negocial, e nomeações realizadas pelo Legislativo através do procedimento formal de elaboração de leis.

Na primeira situação, o Legislativo atribui nome a um bem público, e, em seguida, o Executivo deseja conceder seus direitos de nomeação. Na segunda situação, o Executivo é quem toma a iniciativa de explorar os *naming rights* do bem, e, em seguida, o Legislativo edita lei para alterar a sua denominação. As situações devem ser analisadas separadamente.

Acerca do primeiro caso, convém destacar que, quando o Legislativo realiza a nomeação, o ato editado é lei apenas em sentido *formal*, e não em sentido *material*, vez que não se presta a regular nenhuma situação com generalidade e abstração, características próprias das normas. Entretanto, apesar de se tratar de ato materialmente específico e concreto, tal ato não pode ser substituído por ato do Executivo, vez que tem força de lei, de modo que a nomeação só poderá ser alterada por lei posterior que revogue a lei anterior. Assim, é ilegal o ato do Executivo que pretenda conceder os

---

[164] Excepcionalmente, o Legislativo e o Judiciário, no exercício de funções atípicas, poderiam celebrar tais contratos em relação a seus próprios bens.

NAMING RIGHTS DE BENS PÚBLICOS

direitos de atribuição de nome a bem público que já tenha sido denominado por lei, em virtude da evidente contrariedade.

No segundo caso, a situação se inverte. Suponha-se, por exemplo, que em um certo Município não haja qualquer legislação vedando a concessão de *naming rights* pela Administração Pública. O Executivo, então, celebra um contrato de exploração de direitos de denominação de um bem público, não nomeado por lei anterior, com uma sociedade empresária, pelo prazo de cinco anos. Na vigência do contrato, a Câmara Municipal aprova lei que atribui um nome diverso ao bem que foi objeto do negócio. O que ocorre com o nome do bem e com o contrato celebrado?

Nos termos do inciso XXXVI do art. 5º da Constituição da República, *"a lei não prejudicará o direito adquirido, o ato jurídico perfeito e a coisa julgada"*. Considerando-se que, na situação narrada, o contrato foi celebrado em conformidade com o ordenamento jurídico vigente à época, o ato se aperfeiçoou, não podendo ser alterado por lei posterior, à qual não é permitido ter efeitos retroativos. Desse modo, o contratante possui direito adquirido à exploração do nome do bem público. Consequentemente, a lei é inválida, pois incompatível com a Constituição. O contrato, portanto, produziria efeitos até seu termo final.

Por fim, um último aspecto merece ser destacado em relação a ambas as hipóteses aventadas. A existência de manifestações de vontade divergentes partindo de duas funções representativas do Poder pode configurar, sob uma ótica pessimista, uma crise institucional, mas, por uma perspectiva otimista, pode ser uma oportunidade de se iniciar um diálogo institucional, que permita a construção da melhor solução para a sociedade[165]. Afinal, abre-se a oportunidade para que as razões que impulsionam cada uma das partes sejam trazidas ao debate público, o que pode contribuir para aferir de forma mais apurada qual o real anseio social a respeito da

---

[165] Ao tratar da questão acerca de quem deve ter a última palavra sobre a Constituição, Rodrigo Brandão sustenta a superioridade normativa das teorias dialógicas na construção de um modelo democrático que busque as melhores soluções para a proteção de direitos fundamentais. Parece ser possível adaptar esta ideia, no que for cabível, à divergência de manifestações de vontades entre Executivo e Legislativo acerca da vontade de atribuir nome a um bem público. V. BRANDÃO, Rodrigo. *Supremacia judicial* versus *diálogos constitucionais*: a quem cabe a última palavra sobre o sentido da Constituição? Rio de Janeiro: Lumen Juris, 2012, pp. 279-289.

NAMING RIGHTS DE BENS PÚBLICOS

forma de nomeação do bem, e, com isso, assegurar maior representatividade democrática à decisão final.

Eventualmente, pode ser que os argumentos utilizados pelo Legislativo para a nomeação de um determinado bem, por exemplo, sejam derrotados após a realização de ampla discussão popular, e, como resultado, este perceba que o interesse público indica a necessidade de revogação da lei que nomeou o bem, abrindo espaço à negociação dos respectivos *naming rights*.

Assim, independentemente da validade ou invalidade dos atos editados pelo Executivo e pelo Legislativo em cada caso, a existência de divergências institucionais, além de configurar uma oportunidade de harmonização dos anseios de ambos, pode ser fator essencial para se identificar o verdadeiro interesse público.

2.2.2 Aspectos substantivos

Em virtude da ausência de legislação ou de doutrina consolidada sobre o tema, entende-se ser essencial decompor o tema da exploração de *naming rights* de bens públicos em elementos distintos, que possam servir de parâmetros para a aferição da utilização adequada do instituto em cada caso.

Assim, no presente tópico, procede-se a uma análise de aspectos ligados à substância da concessão dos direitos de denominação, e, no próximo tópico, realiza-se uma análise de aspectos procedimentais do instituto.

Em relação aos aspectos substantivos da concessão de *naming rights*, há diversas questões que devem ser consideradas pela Administração Pública, e que giram em torno de quatro elementos essenciais: o bem, o nome que se pretende atribuir, a pessoa do nomeante, e o tempo de concessão dos direitos de denominação.

2.2.2.1 A relevância do bem para a comunidade

De acordo com a lógica econômica, quanto mais importante for o bem público para a comunidade, maior será a possibilidade de arrecadação através da exploração de seus *naming rights*. Entretanto, como já se observou na primeira parte deste trabalho, a gestão de bens públicos, de uma forma geral, não deve ser regida por uma lógica exclusivamente econômica, sendo necessário também ter em conta outros aspectos morais e jurídicos.

NAMING RIGHTS DE BENS PÚBLICOS

Se, por um lado, a importância do bem eleva o seu valor de mercado, por outro, ela gera a necessidade de se estabelecer uma proteção mais intensa, em virtude da incorporação de valores importantes para a comunidade (históricos, culturais, sociais, e artísticos, dentre outros). O descuido na exploração econômica de um bem público pode gerar diminuição do valor moral que lhe é atribuído, substituindo-se na percepção coletiva a sensação de que o bem integra o espaço *público* pela sensação de que se trata de mais um bem privatizado.

Tome-se como exemplo o morro Pão de Açúcar, monumento natural situado na cidade do Rio de Janeiro mundialmente conhecido, e que é objeto de tombamento pelo Instituto do Patrimônio Histórico e Artístico Nacional (IPHAN)[166]. Certamente, o potencial econômico de sua exploração publicitária seria enorme. Provavelmente, muitos interessados em celebrar um contrato de *naming rights* desejariam associar seu nome àquele bem. Entretanto, na percepção de grande parte dos indivíduos, o morro Pão de Açúcar representa muito mais que uma oportunidade econômica, por integrar a essência da identidade popular, não apenas da cidade, mas também do Estado e de todo o país, e explorá-lo dessa forma provavelmente contribuiria para a corrosão dos valores que lhe são intrínsecos[167]. Seria possível pensar da mesma forma em relação ao Estádio do Maracanã,

---

[166] Ao tratar da exploração de *naming rights,* Justen Filho afirma que alguns bens públicos possuem intrínseca e indissociável relação com a identidade nacional e estatal, de modo que não poderiam ser submetidos às vicissitudes de uma relação de propriedade privada, nem poderiam servir de suporte para a satisfação de necessidade egoística de um sujeito privado determinado. JUSTEN FILHO, Marçal. A exploração econômica de bens públicos: cessão do direito à denominação. In: *Revista de Direito da Procuradoria-Geral do Estado do Rio de Janeiro,* edição especial, p.227, 2012.

[167] SANDEL, Michael J. Ob. cit., pp. 200-202: "*O comercialismo não destrói tudo que toca. Um hidrante com o logotipo da KFC serve de qualquer maneira para apagar chamas com a água. (...). Entretanto, a afixação de logotipos corporativos nas coisas muda o seu significado. Os mercados deixam a sua marca. (...) tendo constatado que o mercado e o comércio alteram o caráter dos bens, precisamos nos perguntar qual o lugar do mercado e onde é que ele não deve estar. E não podemos responder a essa pergunta sem examinar o significado e o objetivo dos bens, assim como os valores que devem governá-los. (...) Além de debater o significado deste ou daquele bem, também precisamos fazer uma pergunta de caráter mais genérico sobre o tipo de sociedade em que desejamos viver. À medida em que os direitos de nome e o marketing municipal apropriam-se do mundo comum, o seu caráter público vai encolhendo. Além dos danos que causa a bens específicos, o comercialismo corrói o comunitarismo. (...) Queremos uma sociedade onde tudo esteja à venda? Ou será que existem certos bens morais e cívicos que não são honrados pelo mercado e que o dinheiro não compra?*"

NAMING RIGHTS DE BENS PÚBLICOS

situado na mesma cidade, palco de inúmeros eventos importantes (inclusive duas finais de Copa do Mundo), e que possui imenso valor cultural para toda a sociedade brasileira. Talvez por esse motivo o edital de licitação da parceria público-privada (PPP) referente ao citado estádio (elaborado para o período da Copa do Mundo de 2014 e dos Jogos Olímpicos de 2016) tenha vedado a exploração de *naming rights* daquele bem, embora tal negócio tenha sido admitido para o Maracanãzinho (arena anexa de menor porte) e para as demais instalações do complexo esportivo[168].

É indispensável que se encontre, então, o equilíbrio entre os benefícios econômicos obtidos pela concessão de direitos de denominação de um bem público e a proteção aos demais valores que este bem representa para a comunidade. Entretanto, é impossível definir, abstrata e exaustivamente, uma lista de quais bens estão ou não sujeitos à exploração de *naming rights*, pois tal relação variará de acordo com circunstâncias da comunidade em que estiverem inseridos. Assim, a solução é traçar critérios que permitam, com algum grau de segurança, identificar quais bens públicos estão sujeitos a esse tipo de negócio, e quais não estão. Desse modo, entende-se que alguns critérios, objetivos e subjetivos, podem auxiliar nessa missão. São eles: (i) a existência de vedações gerais a respeito do tipo de bem objeto do negócio, (ii) a existência de legislação anterior que atribua nome ao bem especificamente, (iii) a averiguação da natureza do uso do bem pela comunidade, (iv) a análise da natureza intrínseca do bem e sua relação com o patrimônio público constitucionalmente protegido, e (v) a aferição do tempo de existência do bem.

O *primeiro* critério envolve vedações expressas, na legislação local ou nos regramentos internos de pessoas jurídicas de direito público ou órgãos da Administração[169], que enumerem os bens que não estão sujeitos a esse tipo de negócio.

---

[168] Contrato de parceria público-privada (PPP) na modalidade concessão administrativa. Edital de licitação – Concorrência Casa Civil nº 03/2013: *"3.2.2 Ações e Atos Vedados no Âmbito da Operação dos Equipamentos do Maracanã. As seguintes ações e/ou atos relativos à operação do Complexo Maracanã não poderão ser realizados pela Concessionária: (...) celebrar contrato de naming rights referente ao Estádio do Maracanã, sendo admitido tal negócio jurídico para o Maracanãzinho e demais instalações, desde que, no caso do Maracanãzinho, o nome do patrocinador seja veiculado cumulado com o termo 'Maracanãzinho'."* V. http://download.rj.gov.br/documentos/10112/1457028/DLFE-58901.pdf/PPPCOMPLEXOMARACANAContratoVersaoFinal.pdf. Acesso em 20/03/2017.
[169] É importante reiterar que a inexistência de legislação sobre exploração de *naming rights*, sejam normas gerais ou específicas, não impede a celebração deste tipo de negócio, como

NAMING RIGHTS DE BENS PÚBLICOS

A existência de uma regra proibitiva no âmbito da entidade pública que pretende explorar *naming rights* de seus bens configura uma manifestação expressa de uma instância representativa da comunidade acerca do tema, como nos casos de leis ou de decretos emitidos pelo Executivo. Tais determinações devem ser respeitadas não apenas por sua força jurídica, mas pela carga valorativa e deliberativa presumidamente ínsita às referidas vedações. Afinal, locais diferentes envolvem culturas comunitárias diferentes e a existência de normas tende a representar a concepção social predominante sobre o tema.

Sobre o tema, é interessante observar o exemplo da cidade de Toronto, no Canadá, que, assim como outras cidades daquele país e dos Estados Unidos, estabeleceu uma política expressa de exploração de *naming rights* individuais e corporativos para seus bens públicos, destacando alguns que estariam fora do alcance do instituto, como a sede da Prefeitura.[170]

De forma similar, o *segundo* critério se refere à inexistência de lei anterior que fixe o nome do bem que se pretende nomear. Como se expôs anteriormente, ao se tratar da questão da competência para a nomeação de bens públicos, o Executivo não pode conceder os *naming rights* de um bem que já tenha sido nomeado por lei. Novamente, deixando-se de lado a vedação jurídica evidente (ilegalidade), e concentrando-se na questão moral subjacente ao tema, é possível afirmar que, embora nem todas as leis sejam resultado de ampla participação deliberativa, a existência de uma lei anterior, atribuindo um nome a um bem, é um símbolo que não pode ser simplesmente afastado. Afinal, tal denominação terá sido atribuída por representantes eleitos, através de um processo legislativo previamente determinado. Eventual manifestação de interesse do Executivo, ou da própria sociedade, na concessão de *naming rights* de um bem cuja denominação tenha sido previamente realizada por lei permitirá a abertura de novos diálogos entre Executivo, Legislativo e sociedade, de modo a se reavaliar a pressuposta impossibilidade de comercialização daquele bem.

Como se pode notar, o primeiro e o segundo critérios possuem um caráter objetivo: a existência de normas anteriores, genéricas ou específicas, respectivamente, condiciona a alienação dos direitos de denominação de bens públicos. Entretanto, no caso de inexistência de tais normas, há

---

já se expôs anteriormente, com base na autonomia contratual da Administração Pública.
[170] V. http://www1.toronto.ca/city_of_toronto/toronto_office_of_partnerships/files/pdf/ naming-policy.pdf. Acesso em 20/03/2017.

NAMING RIGHTS DE BENS PÚBLICOS

outros critérios subjetivos que também podem ser utilizados como parâmetros para se aferir se um bem pode ou não ser objeto do aludido negócio.

Seguindo essa linha de raciocínio, o *terceiro* critério está ligado à relação entre a relevância do bem para a comunidade e a *natureza de seu uso*.

A grande dificuldade em se traçar critérios subjetivos quanto à avaliação da relevância comunitária se refere ao fato de que uma comunidade é composta por diversos indivíduos, cada qual com suas próprias concepções acerca do que é bom e correto na vida privada e na vida pública. O conjunto dessas concepções permite identificar quais são os valores predominantes na comunidade em que estão inseridos. Entretanto, tais valores variam consideravelmente entre comunidades distintas. Há algumas, por exemplo, que não se oporiam à alienação dos direitos de denominação de rodovias públicas[171], desde que isso gerasse receitas públicas, enquanto outras se recusariam a fazê-lo.

Nesse ponto, as divisórias entre o direito e a moral são mais fluidas. Se não existem regras que restrinjam a exploração de *naming rights* de um tipo de bem em particular, qualquer afirmativa no sentido da impossibilidade do referido negócio precisa buscar uma fonte principiológica, valorativa ou moral, e precisa ser avaliada casuisticamente.

Assim, como já se adiantou, seria impossível elaborar uma lista aprioristica, universalmente aplicável, baseada em um critério subjetivo, que dividisse bens públicos de acordo com sua relevância comunitária, e estabelecesse se podem ou não ser objeto de exploração de *naming rights*, eis que tal lista teria um resultado distinto em cada lugar e tempo em que fosse elaborada. Mesmo que se restringisse o âmbito da análise ao território brasileiro, eventual lista elaborada há vinte anos provavelmente seria diferente de uma lista elaborada atualmente.

Considerando-se, assim, a impossibilidade de determinação de um critério universal, e, por isso, restringindo-se a missão apenas à comunidade brasileira (e suas comunidades internas), seria possível, com uma boa dose de otimismo, pensar que se poderia alcançar, ao menos, zonas de certeza positiva ("é possível haver a concessão de direitos de denominação")[172]

---

[171] V. http://www.washingtonpost.com/local/trafficandcommuting/naming-rights-for-roads--could-be-revenue-for-governments/2013/02/02/3c9ce9b8-6635-11e2-85f5-a8a9228e55e7_story.html. Acesso em 20/03/2017.

[172] Como os bens dominicais desprovidos de algum valor especialmente protegido pela constituição, como valor histórico, cultural e outros.

NAMING RIGHTS DE BENS PÚBLICOS

e zonas de certeza negativa ("não é possível haver o negócio")[173]. Entretanto, a maior parte dos bens (especialmente os de uso especial e de uso comum do povo) permaneceria se situando em uma grande *zona cinzenta*. A seguir, são traçados alguns critérios com a finalidade de deixar este *cinza* um pouco mais *claro*.

Se existe enorme fluidez na definição de quais bens públicos podem ou não ser objeto de exploração de *naming rights*, parece recomendável buscar a utilização de algumas noções já consolidadas na doutrina nacional a respeito de tais bens, como forma de tornar a análise mais familiar. Desse modo, a verificação da possibilidade de comercialização do nome de um bem público pode ser correlacionada à tradicional classificação quanto à sua afetação a uma utilidade pública: bem de uso comum, bem de uso especial, ou bem dominical[174]. Partindo dessa divisão, seria possível indagar se alguma modalidade de afetação inviabiliza a exploração de *naming rights*[175]. Para solucionar esta questão, é preciso analisar as hipóteses em etapas.

No que concerne à aplicação do instituto a bens dominicais, parece não haver qualquer margem para controvérsias. Estes bens não estão destinados à utilização coletiva pela população, nem a uma atividade específica da Administração. A função social dos bens dominicais, em regra, é atendida quando são utilizados de forma a gerar receitas para a entidade pública titular. Consequentemente, seria possível concluir que, enquanto mantivessem a natureza dominical, e desde que não possuíssem nenhuma

---

[173] Ilustrativamente, Marçal Justen Filho considera insuscetíveis de comercialização, mesmo indireta, "*bens formadores da identidade nacional ou que traduzem uma dignidade material*", por considerar que tais hipóteses amesquinhariam a essência do Estado e da Nação brasileiras. Como exemplos de bens cuja exploração de *naming rights* é vedada, Justen Filho enumera (i) entes políticos (União, Estados e Municípios), (ii) locais históricos, e (iii) pontos de identidade comum.

[174] Embora seja possível tecer críticas diversas a essa divisão, até mesmo em relação à sua insuficiência (por não abranger todas as espécies de bens públicos ou com função pública), a classificação tripartite se tornou clássica na doutrina brasileira, de modo que satisfaz o presente objetivo de realizar uma aproximação do tema com conceitos administrativos já conhecidos e sedimentados.

[175] Conforme já se afirmou no presente trabalho, um bem público pode, perfeitamente, não ter apenas uma afetação, e, a depender das circunstâncias de cada caso, a satisfação da função social de cada bem público poderá ser alcançada tanto pela afetação única do bem quanto por sua afetação múltipla. A exploração de *naming rights*, quando envolver um bem de uso comum ou de uso especial, pressuporá, necessariamente, a ocorrência de afetações múltiplas, diferentemente do que ocorrerá quando a prática envolver um bem dominical.

NAMING RIGHTS DE BENS PÚBLICOS

característica especialmente protegida pela Constituição, sua relevância comunitária não seria obstáculo para a contratação dos correspondentes *naming rights*.

Ocorre que, como é de conhecimento popular, "não há almoço grátis". Exatamente em virtude da diminuta relevância comunitária dos bens dominicais, as oportunidades de nomeação referentes a tais bens são escassas e tendem a alcançar valores pequenos, pois dificultam que o investidor alcance seu objetivo (grande publicidade, elevação de *status* etc.). Portanto, restringir a exploração de *naming rights* de bens públicos apenas a bens dominicais seria comprimir demais a potencialidade econômica do instituto.

A situação é diametralmente oposta quando estão em jogo bens públicos cuja afetação está relacionada a uso especial e a uso comum do povo, pois, conforme já se expôs, esses bens estão consagrados ao atendimento direto de uma finalidade pública[176], e, consequentemente, são muito mais visados pelos interessados na obtenção de *naming rights*.

Uma pergunta importante que se coloca sobre o tema é a seguinte: entre a categoria de bens de uso comum do povo e a categoria de bens de uso especial, existe predominância de alguma em termo de relevância comunitária?

Imagine-se, por exemplo, um imóvel que a Administração utilize como depósito de carimbos comuns (bem de uso especial) e uma praia famosa e frequentada por grande parte da população (bem de uso comum). No exemplo citado, é evidente que o bem de uso comum possui maior relevância para a comunidade. Entretanto, considere-se uma segunda comparação: de um lado, uma pequena praça muito pouco frequentada (bem de uso comum), e, de outro lado, o edifício da Câmara Municipal (bem de uso especial). Neste segundo exemplo, parece claro que o bem de uso especial possui maior relevância comunitária.

Os exemplos acima ajudam a perceber que dentro de cada uma das duas categorias, existe uma enorme variedade de bens[177], com diferen-

---

[176] Vide capítulo 1.3.2.

[177] MARQUES NETO, Floriano de Azevedo. *Bens públicos*: função social e exploração econômica: o regime jurídico das utilidades públicas. Belo Horizonte: Fórum, 2009, p. 220. "*Entre os empregos possíveis dados aos bens de uso especial podemos encontrar um amplo rol de possibilidades que vão desde os usos personalíssimos (e, por conseguinte, quase exclusivos), até usos bastante amplos que muito se aproximam do uso comum. No primeiro caso, é clássico o exemplo de um palácio ou de uma*

NAMING RIGHTS DE BENS PÚBLICOS

tes intensidades de importância para a comunidade. Consequentemente, não é possível estabelecer, aprioristicamente, que a primeira ou a segunda categoria contém bens de maior relevância.

Da mesma forma, não é possível afirmar, de modo abstrato, que uma dessas categorias é composta apenas por bens não sujeitos à exploração de *naming rights*, como se todos os bens de alguma delas fossem elementos essenciais e intocáveis da identidade comunitária. Em ambas as categorias, qualquer bem cujo direito de denominação se pretenda conceder deverá ser submetido a uma análise autônoma e casuística. Em boa parte dos casos, tal análise resultará na conclusão de que não será possível negociar *naming rights* dos bens almejados. Na outra parte dos casos, o estudo concreto das circunstâncias que envolvem o bem permitirá a conclusão de que é possível a contratação de seus direitos de denominação, e ainda auxiliará a Administração Pública a definir restrições incidentes sobre o negócio em cada caso.

Mas há uma diferença entre o uso comum e o uso especial que merece ser destacada, por influir no grau de restrição à exploração de *naming rights*.

Como já se expôs, o uso comum tem, entre suas características, a generalidade, a impessoalidade e a incondicionalidade, e, além disso, quando envolve restrições ao acesso do bem pelos administrados, tais restrições são mínimas. Em outras palavras, nesse tipo de uso, o bem "é posto à disposição dos administrados indistintamente, independentemente de qualquer titulação especial e do cumprimento de qualquer condição prévia, ressalvada, naturalmente, a observância de regras de ordenação deste próprio uso"[178].

Diferentemente, o uso especial "é aquele que confere ao bem público uma aplicação que não pode ser geral, impessoal e incondicionalmente usufruída por todos os administrados"[179]. No uso especial, o acesso ao

---

de suas alas consagrados à residência do mandatário do ente da Federação. Não se discute que se trate de um bem público. Porém, por nele ser instalado o domicílio do governante (fazendo inclusive recair a proteção constitucional da inviolabilidade de domicílio – artigo 5º, XI, CF), o uso legitimado pela titulação subjetiva (exercício do mandato) exclui qualquer outro uso postulável pelo administrado. No outro polo encontramos bens como, por exemplo, um estádio municipal, do qual todos poderão fazer uso sem o preenchimento de muitas condições (além do pagamento do ingresso), desde que haja um espetáculo ou atividade sendo realizados."

[178] MARQUES NETO, Floriano de Azevedo. *Bens públicos*: função social e exploração econômica: o regime jurídico das utilidades públicas. Belo Horizonte: Fórum, 2009, p. 201.

[179] MARQUES NETO, Floriano de Azevedo. *Bens públicos*: função social e exploração econômica: o regime jurídico das utilidades públicas. Belo Horizonte: Fórum, 2009, p. 215.

uso do bem pelo particular envolve restrições mais significativas que no uso comum. Naquele, há um grau de intermediação maior estatal entre os administrados e o bem cujo uso se pretenda acessar.

Com o intuito de ajudar a esclarecer o ponto, é possível fazer um empréstimo de parte da classificação elaborada por Floriano de Azevedo Marques Neto[180] acerca dos diferentes usos dos bens públicos. Segundo o autor, existem vários usos possíveis dos bens públicos. O uso *livre* é aquele franqueado a qualquer administrado sem prévia exigência objetiva ou subjetiva, enquanto o uso *geral* é o uso franqueado a todos, mas com observância de exigências normativas objetivas. Ambos podem ser considerados espécies de uso *comum do povo* na classificação tradicional, por serem os tipos de uso com menor restrição aos administrados. Já o uso *específico*, segundo o autor, se aproxima da noção de *uso especial* da concepção clássica de bens públicos. Tal modalidade de uso exige não apenas um requisito habilitador, mas uma titulação subjetiva do usuário, em virtude da impossibilidade de utilização por todos os administrados, decorrente de sua característica de *rivalidade*[181]. Trata-se, portanto, de uso mais restritivo que as modalidades de uso livre e geral.

A partir das diferenças apontadas, pode-se extrair que, na modalidade *uso comum*, o uso pela coletividade é mais acessível, de modo que a inserção de uma restrição a uma das utilidades do bem – como uma denominação não atribuída de forma espontânea pela sociedade (diretamente ou através de seus canais institucionais) – demanda um ônus argumentativo maior do que no caso de uso especial de um bem público, em que o uso pelos administrados pressupõe um grau maior de restrições.

Ante o exposto, é possível concluir que o critério da natureza do uso do bem para a aferição de sua relevância para a comunidade pode ser sintetizado da seguinte forma: (i) bens de uso comum e de uso especial, em regra, possuem maior relevância comunitária que bens dominicais; (ii) entre bens de uso comum e de uso especial, não há uma gradação apriorística de relevância comunitária que indique prevalência de uma das duas categorias. A análise deve ser feita de forma individualizada em relação

---

[180] MARQUES NETO, Floriano de Azevedo. *Bens públicos*: função social e exploração econômica: o regime jurídico das utilidades públicas. Belo Horizonte: Fórum, 2009, p. 407-409.
[181] Na economia, um bem é considerado *rival* quando sua utilização por uma pessoa reduz sua disponibilidade para o restante da sociedade, de modo que não é possível que muitos o utilizem simultaneamente.

NAMING RIGHTS DE BENS PÚBLICOS

a cada bem; e (iii) a Administração Pública possui um ônus argumentativo maior quanto pretender explorar bens de uso comum, em virtude da menor existência de restrições de acesso ao bem pelo público em relação ao que ocorre com bens de uso especial.

Por fim, convém ressaltar que também pode contribuir para a identificação da importância do bem para a comunidade a disponibilização de meios de participação popular nas tomadas de decisões administrativas. O ponto será aprofundado mais à frente neste trabalho, quando se tratar dos parâmetros procedimentais.

Prosseguindo-se com a fixação de critérios subjetivos para a aferição da relevância de um bem para a comunidade, é possível enumerar um *quarto* critério, consistente na *natureza intrínseca* do bem.

Ao se avaliar a relevância de um bem, deve-se considerar se ele integra o patrimônio cultural[182], histórico, o meio ambiente, ou se possui algum valor moral específico para a comunidade na qual está inserido[183]. Alguns desses valores, inclusive, parecem ter orientado a já citada experiência de Dubai com transportes públicos, em que, dentre as estações metroviárias colocadas à disposição para negociação de *naming rights*, foram excluídas aquelas situadas em locais históricos ou pontos de referência. Além dos tipos de patrimônio mencionados, a CR/88 também menciona expres-

---

[182] *"Art. 216. Constituem patrimônio cultural brasileiro os bens de natureza material e imaterial, tomados individualmente ou em conjunto, portadores de referência à identidade, à ação, à memória dos diferentes grupos formadores da sociedade brasileira, nos quais se incluem:*
I - as formas de expressão;
II - os modos de criar, fazer e viver;
III - as criações científicas, artísticas e tecnológicas;
IV - as obras, objetos, documentos, edificações e demais espaços destinados às manifestações artístico--culturais;
V - os conjuntos urbanos e sítios de valor histórico, paisagístico, artístico, arqueológico, paleontológico, ecológico e científico.
§ 1º - O Poder Público, com a colaboração da comunidade, promoverá e protegerá o patrimônio cultural brasileiro, por meio de inventários, registros, vigilância, tombamento e desapropriação, e de outras formas de acautelamento e preservação. (...)"
[183] CR/88. *"Art. 5º. (...) LXXIII - qualquer cidadão é parte legítima para propor ação popular que vise a anular ato lesivo ao patrimônio público ou de entidade de que o Estado participe, à moralidade administrativa, ao meio ambiente e ao patrimônio histórico e cultural, ficando o autor, salvo comprovada má-fé, isento de custas judiciais e do ônus da sucumbência; (...) Art. 30. Compete aos Municípios: (...) IX - promover a proteção do patrimônio histórico-cultural local, observada a legislação e a ação fiscalizadora federal e estadual."*

NAMING RIGHTS DE BENS PÚBLICOS

samente o dever de proteção ao patrimônio artístico, estético, turístico e paisagístico (art. 24, VII), ao patrimônio social e aos interesses difusos e coletivos (art. 129, III), e o dever de preservação da diversidade e integridade do patrimônio genético do país (art. 225, II). Nos bens públicos tombados[184], a relevância desse valor é ínsita, pois são bens em relação aos quais a Administração Pública já reconheceu expressamente a necessidade de proteção especial. Isso não significa dizer que bens públicos tombados não estejam sujeitos à prática de *naming rights*, mas apenas que, em relação a eles, o administrador deve atribuir um peso maior ao critério da relevância quando realizar a análise acerca da legitimidade da respectiva comercialização.

Dessa forma, sempre que a Administração Pública cogitar a negociação de direitos de denominação de um bem que integre o patrimônio público protegido pela Constituição de forma especial, como nos casos acima citados, deverá levar em consideração um grau restritivo mais intenso, que pode, inclusive, apontar para a impossibilidade absoluta de negociação dos *naming rights* do bem.

O *quinto* e último critério para aferir a relevância do bem para a comunidade está relacionado ao tempo de sua existência: quanto mais tempo de existência possuir o bem, maior a probabilidade de representar ou conter valores importantes para a sociedade. Embora este critério possua uma vertente objetiva, ainda assim guarda forte carga de subjetividade. Na verdade, o critério do tempo, em parte, mistura-se com os dois critérios subjetivos anteriores e os complementa.

O tempo interfere de modo decisivo nas relações interpessoais, e nas relações entre pessoas e bens. Através do tempo são formadas e consolidadas histórias e lembranças, e são criados vínculos de identidade e afetividade. Quando um bem público já existe e integra a sociedade há tempos, existem mais chances de que possua um fundo histórico, arquitetônico, estético, ou de que a comunidade a ele já tenha se acostumado e afeiçoado. Há inúmeras variáveis que podem levar tal bem a incorporar valores importantes para a sociedade local. Assim, por exemplo, um imóvel antigo pode

---

[184] Embora o Decreto-Lei nº 25/1937 disponha que o tombamento deve recair sobre bens móveis e imóveis de valor histórico, artístico e natural (em consonância com o texto da Constituição de 1937, sob a égide da qual foi editado), o texto constitucional de 1988 ampliou seu alcance, de forma a abranger todo o patrimônio cultural, *material* e *imaterial*, definição que engloba o âmbito de proteção estabelecido pelo Decreto-Lei, e o amplia de modo considerável.

NAMING RIGHTS DE BENS PÚBLICOS

ter sido o local de algum fato histórico relevante ou pode ter sido o local onde diversas pessoas da comunidade viveram momentos importantes de suas vidas, dentre outras possibilidades.

De modo oposto, bens em vias de construção ou recentemente inaugurados possuem menor probabilidade de incorporar tais valores, exatamente em virtude de o pequeno lapso temporal contribuir para que relações sociais ainda não tenham sido travadas e incorporadas por tais bens. Imagine-se um laboratório público que sequer existe, e que o poder público pretende construir com dinheiro arrecadado através da exploração antecipada de *naming rights*. Certamente os vínculos comunitários com o aludido bem serão muito mais frágeis do que na hipótese anteriormente citada.

Contudo, embora essa seja a regra, é importante notar que há exceções. Um bem ainda não construído pode estar sendo planejado exatamente como forma de corporificar um importante avanço social. Por outro lado, um bem antigo pode estar abandonado há tempos, e não possuir qualquer interesse comunitário. Assim, como se expôs, o critério do tempo de existência, embora seja relativamente objetivo, possui um conteúdo subjetivo importante, que também precisa ser analisado caso a caso.

Diante de tudo que foi exposto, conclui-se que a aferição da relevância de um bem público para a comunidade pode ser realizada através da utilização de cinco critérios. Os dois critérios objetivos (normas gerais ou específicas que vedem a concessão de direitos de denominação) não deixam margem para quaisquer dúvidas: ou o bem pode ou não pode ser objeto de concessão de direitos de denominação. Já os critérios subjetivos servem exatamente para os casos em que não sejam aplicáveis os critérios anteriores, e buscam reduzir as chances de a Administração Pública cometer erros pertinentes à exploração comercial de um bem em contrariedade ao interesse público. A aplicação conjunta dos critérios subjetivos (natureza do uso, natureza intrínseca do bem e tempo de existência) tende a gerar uma avaliação mais nítida acerca da relevância do bem para a comunidade.

Alcançada uma conclusão pela Administração Pública acerca da importância do bem, deverá ser identificado se o bem possui relevância tão grande para a sociedade que não possa se sujeitar à exploração de seus direitos de denominação, ou se, ao contrário, será possível fazê-lo, sempre de forma compatível com o grau de sua importância.

No último caso, quanto maior a relevância do bem, maior o ônus argumentativo da Administração Pública para poder comercializar seus *naming rights*. Para que suas decisões possam ser republicanas e legítimas, convém que a Administração exponha os elementos de ponderação e conclusões atinentes a cada um dos critérios utilizados para a averiguação da importância do bem.

2.2.2.2 A natureza do nome

Além do bem objeto da negociação, um importante fator a ser levado em consideração para a exploração de *naming rights* é o próprio nome que se pretende atribuir ao bem. A seguir, busca-se avaliar os tipos de nomes que podem ser utilizados, bem como as relações entre eles e ordenamento constitucional.

2.2.2.2.1 Pessoas vivas e mortas, pessoas jurídicas e impessoalidade

Que tipos de nomes podem ser atribuídos a bens públicos através da exploração de seus direitos de denominação? Nomes de pessoas físicas vivas ou mortas? Nomes de pessoas jurídicas?

Embora até o momento ainda não haja relevante produção normativa sobre concessão de *naming rights*, algumas normas fixadas sobre assuntos correlatos podem contribuir para o estudo do tema.

No que concerne a nomes de pessoas físicas, é possível iniciar a análise através da lei 6.454/1977, editada pela União (com redação dada pela lei 12.781/2013), com o intuito de avaliar o *mérito* das vedações nela contidas (e não mais a questão federativa, como se fez no capítulo pertinente à competência).

A aludida lei veda expressamente a atribuição de nome de pessoa viva ou que se tenha notabilizado pela defesa ou exploração de mão de obra escrava a bem público, de qualquer natureza, pertencente à União ou às pessoas jurídicas da administração indireta[185]. A proibição não realiza

---

[185] Lei 6.454/1977: "*Art. 1º É proibido, em todo o território nacional, atribuir nome de pessoa viva ou que tenha se notabilizado pela defesa ou exploração de mão de obra escrava, em qualquer modalidade, a bem público, de qualquer natureza, pertencente à União ou às pessoas jurídicas da administração indireta. Art. 2º É igualmente vedada a inscrição dos nomes de autoridades ou administradores em placas indicadores de obras ou em veículo de propriedade ou a serviço da Administração Pública direta ou indireta. Art. 3º As proibições constantes desta Lei são aplicáveis às entidades que, a qualquer título, recebam subvenção ou auxílio dos cofres públicos federais.*

NAMING RIGHTS DE BENS PÚBLICOS

distinção entre nomeações *honoríficas* – aquelas realizadas gratuitamente em homenagem a indivíduos que possuam alguma relevância histórica ou cívica – e nomeações realizadas mediante aquisição de *naming rights*, de modo que é possível concluir que ambas são vedadas pela referida norma.

O primeiro ponto que se impõe notar é que a norma não trata da possibilidade de atribuição de nome de pessoa física *falecida* em virtude da aquisição de direitos à denominação.

Ao que tudo indica, os valores que levaram o legislador federal a estabelecer as vedações citadas são, principalmente, o respeito à dignidade da pessoa humana (caso da pessoa que tenha se notabilizado pela defesa ou exploração de mão de obra escrava) e a impessoalidade[186] na Administração Pública (caso do nome de *pessoas vivas*).

No primeiro caso, parece claro que, mesmo após o óbito, a vedação permaneceria aplicável, tendo em vista que a ideia subjacente está relacionada à desvalorização e à não promoção da ideia de exploração de mão de obra escrava. A restrição não decorre – ao menos em tese – do fato de a pessoa estar viva ou não, mas do fato de ter promovido a escravidão, uma das formas mais graves de violação à dignidade da pessoa humana.

No segundo caso, a vedação está relacionada à ideia de impessoalidade que deve reger a Administração Pública, e busca evitar favorecimentos indevidos a agentes públicos em geral (inclusive políticos), assim como promoções político-ideológicas baseadas em interesses particulares contrapostos ao interesse público.

Ocorre que a lei parece estabelecer uma presunção de que a impessoalidade só correria risco de violação caso fossem atribuídos nomes de pessoas vivas aos bens públicos, já que, como se expôs, não há qualquer menção a pessoas falecidas. Se foi esse o intuito do legislador, a vedação parece ter sido, ao mesmo tempo, *insuficiente* e *imprecisa*.

Art. 4º *A infração ao disposto nesta Lei acarretará aos responsáveis a perda do cargo ou função pública que exercerem, e, no caso do artigo 3º, a suspensão da subvenção ou auxílio.*
Art. 5º *Esta Lei entra em vigor na data de sua publicação, revogadas as disposições em contrário."*
[186] MEDAUAR, Odete. *Direito administrativo moderno.* 8ª edição revista e atualizada. São Paulo: Editora Revista dos Tribunais, 2004, p. 146. *"[c]om o princípio da impessoalidade, a Constituição visa a obstaculizar atuações geradas por antipatias, simpatias, objetivos de vingança, represálias, nepotismo, favorecimentos diversos, muito comuns em licitações, concursos públicos, exercício do poder de polícia. Busca, desse modo que predomine o sentido de função, isto é, a ideia de que os poderes atribuídos finalizam-se ao interesse de toda a coletividade, portanto a resultados desconectados de razões pessoais.".*

NAMING RIGHTS DE BENS PÚBLICOS

A *insuficiência* da vedação está relacionada ao fato de que, mesmo após o óbito de algumas pessoas físicas, a atribuição de seus respectivos nomes a um bem público pode configurar uma violação ao princípio da impessoalidade, de modo que a limitação da restrição a pessoas vivas não atingiria o seu objetivo final. Como se sabe, a história da sociedade brasileira é marcada pelo patrimonialismo[187], que ainda se faz presente em diversas localidades, especialmente em áreas mais pobres e isoladas do território nacional. Nessas áreas, com maior frequência, o poder público é dominado por algumas poucas famílias, cujos integrantes se sucedem em cargos políticos e administrativos, e, de modo corriqueiro, costumam nomear bens públicos (sem contraprestação para a Administração) com os nomes de seus antepassados, perpetuando o nome da família e colhendo benefícios indiretamente.

Se há possibilidade de violação à impessoalidade em virtude da utilização de nomes de pessoas físicas falecidas, as chances de ocorrer tal violação parecem ser ainda maiores quando se trata da utilização de nomes de pessoas jurídicas, já que estas, em regra, possuem capacidade econômica superior, e, portanto, teriam mais facilidade para corromper e obter "facilidades", incentivando a mistura de interesses particulares com a gestão pública às custas do patrimônio público. Neste caso (assim como no de pessoas já falecidas), independentemente da forma de nomeação (negociação dos *naming rights* ou nomeações *supostamente* honoríficas) há violações à impessoalidade que não seriam alcançadas pela restrição da vedação de se atribuir nome de pessoas vivas a bens públicos.

---

[187] HOLANDA, Sérgio Buarque de. *Raízes do Brasil*. 26ª edição. São Paulo: Companhia das Letras, 1995, pp. 145-146. *"Não era fácil aos detentores das posições públicas de responsabilidade, formados por tal ambiente, compreenderem a distinção fundamental entre os domínios do privado e do público. Assim, eles se caracterizam justamente pelo que separa o funcionário "patrimonial" do puro burocrata conforme a definição de Max Weber. Para o funcionário "patrimonial", a própria gestão política apresenta-se como assunto de seu interesse particular as funções, os empregos e os benefícios que deles aufere relacionam-se a direitos pessoais do funcionário e não a interesses objetivos, como sucede no verdadeiro Estado burocrático, em que prevalecem a especialização das funções e o esforço para se assegurarem garantias jurídicas aos cidadãos. A escolha dos homens que irão exercer funções públicas faz-se de acordo com a confiança pessoal que mereçam os candidatos, e muito menos de acordo com as suas capacidades próprias. Falta a tudo a ordenação impessoal que caracteriza da vida no Estado burocrático. (...) No Brasil, pode-se dizer que só excepcionalmente tivemos um sistema administrativo e um corpo de funcionários puramente dedicados a interesses objetivos e fundados nesses interesses. Ao contrário, é possível acompanhar, ao longo de nossa história, o predomínio constante das vontades particulares que encontram seu ambiente próprio em círculos fechados e pouco acessíveis a uma ordenação impessoal."*

NAMING RIGHTS DE BENS PÚBLICOS

Por outro lado, a *imprecisão* de se estabelecer tal proibição com o intuito de proteger a impessoalidade diz respeito ao fato de que nem todos os nomes de pessoas vivas possuem aptidão para romper a impessoalidade administrativa. Não se está a afirmar que tal risco é inexistente (é evidente que existe), mas que é equivocado supor que *qualquer* nomeação produzirá o resultado danoso que se pretende evitar. Entretanto, ao se estabelecer tal vedação de forma abstrata e *ex ante*, incide-se nesse equívoco.

Exemplificativamente, considere-se a hipotética existência de uma universidade pública com sérias restrições orçamentárias, cujos equipamentos de laboratório estejam significativamente ultrapassados, de modo a serem inúteis aos alunos, e, consequentemente, impedindo-os de terem aulas práticas a respeito de determinados temas. A Administração Pública, então, promove licitação e celebra com o particular vencedor um negócio jurídico, através do qual este pagará à faculdade valor suficiente para a renovação completa do laboratório, elevando o nível qualitativo do ensino público, sem o comprometimento do orçamento universitário. Em contrapartida, seu nome será atribuído ao laboratório por um prazo definido de cinco anos. Na hipótese descrita, sem maiores informações e análise das peculiaridades do caso, não parece possível afirmar com certeza absoluta que haja violação à impessoalidade, ou reforço da ideia de patrimonialismo ou de favorecimento indevido. Na verdade, é possível (talvez até provável) que a maioria dos interessados fosse composta por ex-alunos, ainda vivos, ansiosos por associar seu nome à instituição, como costuma ocorrer nos demais países em que a cessão de *naming rights* já é desenvolvida. Daí já se constata que uma interpretação aprioristicamente restritiva a pessoas físicas, além de juridicamente injustificada, esvaziaria de forma severa a razão de ser da cessão de *naming rights*.

Outro exemplo, este real e não meramente hipotético (embora não tenha se tratado de contratação de *naming rights*, mas de nomeação honorífica) ocorreu há alguns anos, e envolveu a atribuição de nome a um importante estádio público municipal, situado no Município do Rio de Janeiro, o qual foi construído para os jogos Panamericanos e posteriormente inserido no projeto das Olimpíadas de 2016. O estádio recebeu o nome de pessoa viva ligada à área esportiva. Apesar da importância do bem público, e de ter sido atribuído a ele nome de pessoa viva, de forma gratuita (como homenagem), não houve ampla repercussão popular ou no meio jurídico a respeito de eventual violação ao princípio da impessoalidade. Isso demonstra que, independentemente de convicções pessoais a respeito das circunstâncias do caso, há um espaço legítimo de atuação para a Administração Pública e, eventualmente, para debates sociais em cada caso, o que jamais seria possível se fosse adotado o entendimento de que qualquer atribuição de nome de pessoa viva equivaleria, por si só, a uma violação ao princípio da impessoalidade. Em outras palavras, não há, de modo algum, há uma impossibilidade jurídica abstrata e independente dos elementos do caso concreto.

Um interessante caso a respeito do tema da nomeação de bens públicos foi levado ao STF através da ADI 5181/MA[188], na qual o Ministério Público Federal (MPF) questionou a constitucionalidade de um dispositivo da Constituição do Maranhão[189] que autoriza a denominação de obras e logradouros públicos com nomes de pessoas vivas consagradas notória e internacionalmente como ilustres ou que tenham prestado relevantes serviços à comunidade na qual esteja localizada a obra ou logradouro[190].

Na citada ação (que ainda não foi julgada), o autor adotou a interpretação contestada linhas atrás, no sentido de que permitir a atribuição de nomes de pessoas vivas, mesmo que apenas nas hipóteses excepcionais estabelecidas na norma impugnada, configuraria violação à impessoalidade administrativa. Da exposição dos fundamentos jurídicos que servem de suporte à ação, é possível distinguir duas linhas de argumentação: a primeira, predominante no texto, se refere à promoção de gestores e agentes públicos através da autorização normativa; a segunda, mais abrangente,

---

[188] BRASIL. Supremo Tribunal Federal (STF). ADI 5181/MA. Min. Rel. Celso de Mello.

[189] Constituição do Estado do Maranhão: *"Art. 19. A Administração Pública direta, indireta ou fundacional de qualquer dos Poderes do Estado e dos Municípios obedecerá aos princípios de legalidade, impessoalidade, moralidade, publicidade, razoabilidade e eficiência e, também, ao seguinte: (...) §9º. É proibido a denominação de obras e logradouros públicos com o nome de pessoas vivas, excetuando-se da aplicação deste dispositivo as pessoas vivas consagradas notória e internacionalmente como ilustres ou que tenham prestado relevantes serviços à comunidade na qual está localizada a obra ou logradouro."*

[190] É interessante notar que, apesar de o dispositivo da Constituição do Maranhão impugnado permitir a atribuição de nomes de pessoas vivas nas hipóteses excepcionais que elenca, o Decreto 30.618/2015 do Estado do Maranhão (citado anteriormente) contém disposição contrária em seu art. 1º, que veda *"aos Secretários de Estado, aos Dirigentes de entidades integrantes da Administração Indireta e a quaisquer agentes que exerçam cargos de direção, chefia e assessoramento no âmbito do Poder Executivo, atribuir ou propor à atribuição de nome de pessoa viva a bem público, de qualquer natureza, pertencente ou sob gestão do Estado do Maranhão ou das pessoas jurídicas da Administração Estadual Indireta".*

NAMING RIGHTS DE BENS PÚBLICOS

concerne à ideia de que a Administração Pública não pode ter como finalidade a promoção de qualquer pessoa às custas do patrimônio público, ainda que a pessoa não possua qualquer vínculo com o Estado.

No que tange a primeira linha de argumentação, o fato de a pessoa, cujo nome se pretende atribuir ao bem público, possuir ligação com a Administração Pública como agente administrativo ou político (mesmo que tenha sido candidata derrotada a algum cargo dessa natureza), parece indicar a inviabilidade de utilização de seu nome. Nesse caso, haveria riscos reais de afronta à impessoalidade, tendo em vista que a pessoa está – ou pretende estar – envolvida com a gestão pública, de modo que há enorme possibilidade de o nome acabar se traduzindo em propaganda política.

No entanto, não se pode concordar com a segunda linha de argumentação, no sentido de que a atribuição de nome de qualquer pessoa a um bem público, ainda que não vinculada à Administração Pública, consistiria em violação à impessoalidade. A tese, apesar de claramente bem-intencionada (busca evitar desvios na Administração Pública), parte de uma generalização indevida, pelos motivos expostos anteriormente.

No caso da exploração de *naming rights*, em particular (que não é o objeto específico da citada ADI), há alguns fatores que reforçam o argumento contra essa vedação genérica.

Em primeiro lugar, não é possível confundir o objeto do negócio com seus efeitos. Ao alienar os direitos de denominação de um bem, a Administração Pública não está buscando promover o nome de um particular. Este é um efeito possível, mas secundário, e não é o objetivo da Administração. O único propósito que justifica a celebração de um contrato de *naming rights* de bens públicos pelo Estado é a ampliação de receitas públicas para posterior conversão em benefícios para toda a sociedade. Caso a concessão do direito de denominação efetivamente promova o nome da pessoa viva, este, embora seja o objetivo do particular, será um efeito irrelevante para a Administração, salvo no caso de, pela análise das particularidades de cada caso, se constatar que tal nome viola o princípio da impessoalidade (ou algum outro objetivo constitucional), hipótese em que, *justificadamente*, não se poderá celebrar o negócio.

Em segundo lugar, diferentemente do que ocorre nas nomeações honoríficas, a denominação através de contrato de *naming rights* não contribui para a promoção do nome às custas da Administração Pública. Ao contrário: a Administração tem ganhos econômicos com a nomeação.

NAMING RIGHTS DE BENS PÚBLICOS

Em terceiro lugar, não se deve utilizar, como premissa para o estabelecimento de uma regra, a ideia de que a Administração Pública, ao se valer do instituto, estará orientada pela má-fé. Tradicionalmente, considera-se que há presunção de legitimidade nos atos da Administração Pública (uma das esferas da boa-fé presumida nas relações sociais e institucionais). A vedação genérica à utilização de nomes de pessoas vivas pressupõe má-fé e desvio da Administração, por assumir premissa diversa daquela anteriormente citada, no sentido de que sempre se estaria buscando a promoção indevida da pessoa cujo nome se atribuiu.

Em quarto lugar, como se viu anteriormente, caso se entendesse que a atribuição de qualquer nome de pessoas vivas configura violação à impessoalidade, seria necessário estender o raciocínio também a pessoas físicas já falecidas e especialmente a pessoas jurídicas. No entanto, não é o que se observa ao redor do mundo, onde a prática de pessoas jurídicas contratarem o direito de nomear bens públicos é disseminada, e, aliás, é significativamente mais comum do que a celebração do negócio por pessoas físicas. Não há fundamento normativo para que este ponto seja tratado de forma diversa no Brasil.

Diante de todo o exposto, conclui-se que, salvo existência de norma que estatua vedação expressa no âmbito do ente político correspondente (como ocorre em relação às pessoas vivas na lei 6.454/1977), pode a entidade pública, de forma legítima, celebrar contratos de *naming rights* de bens públicos que permitam a atribuição de nomes de pessoas físicas vivas ou falecidas, e de pessoas jurídicas. Afinal, extrair do princípio da impessoalidade uma vedação apriorística à utilização de qualquer nome de pessoa viva (ou outro tipo de nome) seria expandir demasiadamente o núcleo duro do aludido princípio.

Entretanto, a inviabilidade de se estabelecer uma vedação genérica não impede que, diante de cada caso concreto, se constate uma impossibilidade de celebração do negócio. Por isso, ao explorar direitos de denominação de seus bens, a Administração Pública deve analisar detalhadamente, em cada caso, se o nome que se deseja atribuir apresenta risco real de violação ao princípio da impessoalidade, como na hipótese de veicular propaganda política, partidária ou ideológica, ou no caso de o nome possuir algum vínculo com a Administração Pública.

E a solução deve ser alcançada através da exposição e do enfrentamento de motivos que possam ser aceitos como legítimos pela sociedade, e não

NAMING RIGHTS DE BENS PÚBLICOS

através da utilização de argumentos genéricos e abstratos, que, muitas vezes, buscam apenas disfarçar convicções pessoais.

2.2.2.2.2 Compatibilidade com outros valores constitucionais

Por conterem significados de diversos tipos, nomes podem afetar inúmeros valores constitucionais, e interferir diretamente no modo como a sociedade concebe a Administração Pública, seus gestores, e a si própria. Por outro lado, há nomes cujos significados também podem melhorar a imagem da gestão pública, trazendo a ideia de confiabilidade, segurança e seriedade, dentre outros.

Na verdade, existem inúmeras variáveis na relação entre nomes e princípios constitucionais, ainda mais quando se percebe que um mesmo nome pode receber significados diferentes de acordo com o tempo e com o lugar em que seja inserido. Desse modo, o presente capítulo busca apontar riscos que devem ser evitados, através da enumeração de algumas ideias que demonstram como escolhas errôneas podem trazer mais prejuízos que benefícios na exploração de *naming rights*.

Alguns problemas relativos ao nome atribuído se referem ao segmento de mercado no qual está inserido o nome utilizado, o qual pode conflitar com os valores inerentes ao bem nomeado, como seria o caso, por exemplo, da atribuição do nome de uma marca de bebidas alcoólicas a um edifício público onde seja desenvolvido um programa estatal de reabilitação de dependentes de álcool, gerando desconfiança na população acerca da qualidade do programa, e até mesmo acerca do efetivo interesse da Administração Pública em solucionar, em definitivo, os problemas decorrentes do consumo alcoólico.

Por outro lado, eventual histórico de má reputação de um nome pode afetar negativamente a imagem do bem público nomeado: imagine-se a construção de um edifício público batizado com o nome de algum modelo de veículo sucessivamente submetido a *recalls*. Possivelmente, haveria prejuízo da imagem acerca da confiabilidade e segurança do bem, assim como da imagem da Administração Pública de uma forma geral.

O histórico ruim de um nome pode causar conflitos ainda mais graves, que violem valores fundamentais da República e do Estado Democrático de Direito[191]. Assim, seria inadmissível a atribuição a um bem público de nomes de pessoas (físicas ou jurídicas) famosas por violar as regras do jogo democrático e direitos fundamentais (ainda que por condutas diversas da exploração de mão de obra escrava, hipótese prevista na citada lei federal 6.454/1977), ou de nomes que promovam a ideia de desigualdade entre os indivíduos, que fomentem preconceitos, ou que gerem a ideia de falta de seriedade republicana.

É possível pensar ainda em outras possibilidades de conflitos entre nomes e valores constitucionais: a utilização de nome que provoque escárnio popular; a atribuição do nome de uma sociedade empresária a algum edifício de pessoa jurídica integrante da Administração que seja sua concorrente no mercado; a veiculação de nome com grande propensão a gerar questionamentos éticos na sociedade[192]; a escolha de nome que fomente animosidades religiosas, entre muitas outras hipóteses.

Diante da ampla variedade de possíveis conflitos decorrentes dos significados que os nomes trazem consigo, revela-se difícil a missão de estabelecer critérios que permitam identificar quais nomes podem e quais não podem ser empregados em bens públicos, especialmente porque, como se expôs, a variável não é apenas o nome, mas o bem sobre o qual ele recai, pois este pode envolver valores antagônicos em relação àquele.

Apesar da dificuldade, é possível elencar alguns parâmetros para minimizar os riscos de o nome escolhido ser ilegítimo.

O primeiro deles está relacionado a uma "cláusula de moralidade"[193]: O nome escolhido não poderá afetar negativamente a imagem da Administração Pública, seja no momento originário da atribuição do nome, seja em virtude de fato superveniente ocorrido dentro do prazo de validade de

---

[191] CR/88. *"Art. 1º A República Federativa do Brasil, formada pela união indissolúvel dos Estados e Municípios e do Distrito Federal, constitui-se em Estado Democrático de Direito e tem como fundamentos: I - a soberania; II - a cidadania; III - a dignidade da pessoa humana; IV - os valores sociais do trabalho e da livre iniciativa; V - o pluralismo político. Parágrafo único. Todo o poder emana do povo, que o exerce por meio de representantes eleitos ou diretamente, nos termos desta Constituição."*

[192] Segundo notícia, um *site* especializado em promover encontros extraconjugais fez uma oferta para nomear um estádio brasileiro durante o período de realização da Copa do Mundo de 2014. O negócio, porém, não foi concretizado. Ainda segundo a notícia, representantes do mesmo *site* lamentaram o fato de não terem conseguido investir na restauração da estátua do Cristo Redentor. V. http://www.jb.com.br/esportes/noticias/2014/01/28/ashleymadisoncom--oferece-proposta-para-patrocinio-da-arena-da-baixada/. Acesso em 20/03/2017.

[193] Como se verá adiante, este critério também é aplicável quanto à pessoa do nomeante.

NAMING RIGHTS DE BENS PÚBLICOS

um contrato de *naming rights*[194]. Por se tratar de um conceito subjetivo, a aferição dos efeitos negativos deve ser feita casuisticamente, mas algumas hipóteses podem ser rechaçadas de antemão. Entre elas, pode-se enumerar nomes de pessoas físicas condenadas pela prática de crimes, especialmente corrupção; nomes de pessoas jurídicas declaradas inidôneas pela Administração Pública; e nomes ligados a movimentos antidemocráticos ou a condutas que violem direitos fundamentais. De acordo com a cláusula de moralidade, a pessoa nomeante tem o dever de zelar pela boa reputação do nome atribuído ao longo de todo o tempo de vigência contratual, sob pena de rescisão.

O segundo critério concerne à ideia de não promover nomes ligados a assuntos sobre os quais a Administração Pública deve ser imparcial, como aqueles atrelados a posições político-partidárias ou ideológicas, e à religião[195], dentre outros temas sensíveis que possam gerar sérias dúvidas acerca de eventual conduta impessoal da Administração e do caráter objetivo com que deve buscar satisfazer o interesse público.

O terceiro critério está ligado à meta de não estimular condutas que coloquem em risco a integridade física dos indivíduos, promovendo nomes relacionados a tabaco, a bebidas alcoólicas, a outras drogas que causem dependência química ou psíquica, ou a armas de fogo, dentre outros. Essas restrições e outras, que envolvem certo grau de paternalismo, estão em con-

---

[194] Ilustrativamente, a Universidade de Queen's, no Canadá, estabeleceu uma política expressa sobre *naming rights* de seus bens, na qual estipula que *"nenhum nome será aprovado, ou, uma vez aprovado, será mantido, caso possa comprometer razoavelmente a imagem pública e a reputação da Universidade, ou seu compromisso com sua missão e valores acadêmicos"* (tradução livre). V. http://www.queensu.ca/secretariat/policies/senate/naming-policy. Acesso em 20/03/2017. A Universidade de Virginia, nos EUA, possui previsão semelhante: *"A Universidade (...) pode exercer esta opção [de renomear um bem] se um determinado nome, em sua avaliação, trouxer descrédito à Universidade"* (tradução livre). V. https://uvapolicy.virginia.edu/policy/EXT-004. Acesso em 20/03/2017. Ainda em sentido similar, constam no Decreto nº 49.346/2008, do Município de São Paulo, as seguintes vedações: *"Art. 9º. Serão escolhidos para denominação de logradouros públicos: (...) §5º. Deverão ser evitados os nomes de natureza depreciativa ou pejorativa, ou suscetíveis de assim serem interpretados, bem como aqueles que produzam cacofonia. (...) Art. 15. É vedada a alteração de denominação de logradouros públicos, salvo nos seguintes casos: (...) III - quando se tratar de denominação suscetível de expor ao ridículo moradores ou domiciliados no entorno"*.

[195] Essas restrições são encontradas em grande parte dos documentos que consolidam políticas acerca de *naming rights*. É o caso, por exemplo, do já citado ato nº 170 de 2007 (*Senate Bill 1716*) de Porto Rico.

NAMING RIGHTS DE BENS PÚBLICOS

sonância com disposições constitucionais acerca da comunicação social[196], e com a legislação brasileira em vigor (como, por exemplo, a lei 9.294/96, que regulamenta o §4º do art. 220 da CR/88, e a lei 10.826/2003 – Estatuto do Desarmamento[197]). Além disso, também são adotadas com frequência fora do Brasil[198].

O quarto critério diz respeito à verificação da compatibilidade entre o nome e o bem nomeado, como no já mencionado exemplo da utilização de nome de marca de bebidas alcoólicas em edifício onde o Estado desenvolve programa para reabilitação para dependentes de álcool. É preciso observar se o nome contém um significado – ou se está relacionado a um determinado setor do mercado – que o torne incompatível com o bem que se pretende nomear.

O quinto critério, por sua vez, é mais formal que substancial. Quanto mais relevante for o bem para a comunidade, mais provável será o surgimento de indivíduos que se oponham à concessão dos direitos de denominação. Porém, há um fator que pode servir para minimizar eventual insatisfação popular e minimizar os efeitos adversos da inserção de um novo nome: ao invés de optar por *substituir* o nome original do bem público, a Administração pode optar por *acrescentar* o novo nome, mantendo o anteriormente existente. Assim, por exemplo, um edifício denominado "X", após a concessão dos *naming rights*, poderia ser chamado "X-novo nome".

Ante o exposto, acredita-se que os riscos decorrentes da exploração de *naming rights* de bens públicos relacionados à questão do nome escolhido podem ser minimizados através da utilização dos critérios acima formulados, sem prejuízo de outros que eventualmente possam contribuir a partir da análise específica de cada caso. Entretanto, como a Administração

---

[196] CR/88. "Art. 220. §4º - A propaganda comercial de tabaco, bebidas alcoólicas, agrotóxicos, medicamentos e terapias estará sujeita a restrições legais, nos termos do inciso II do parágrafo anterior, e conterá, sempre que necessário, advertência sobre os malefícios decorrentes de seu uso".

[197] Lei 10.826/2003. "Art. 33. Será aplicada multa de R$ 100.000,00 (cem mil reais) a R$ 300.000,00 (trezentos mil reais), conforme especificar o regulamento desta Lei: (...) II – à empresa de produção ou comércio de armamentos que realize publicidade para venda, estimulando o uso indiscriminado de armas de fogo, exceto nas publicações especializadas."

[198] Como, por exemplo, no já citado ato nº 170 de 2007 (*Senate Bill 1716*) de Porto Rico: "Seção 4 – É proibida a venda de naming rights de instalações públicas a empresas relacionadas à venda de bebidas alcoólicas, cigarros, tabaco, material pornográfico, armas de fogo (...)" (tradução livre). *Act. Nº 170, 2007, Senate Bill 1716*, p. 08. V. http://www.oslpr.org/download/en/2007/A-0170-2007. pdf. Acesso em 20/03/2017.

NAMING RIGHTS DE BENS PÚBLICOS

Pública deve proceder para se assegurar de que o nome escolhido atenderá aos referidos critérios?

Tendo em vista que a possibilidade de competição no mercado impõe a realização de licitação[199], é certo que qualquer medida destinada a assegurar a adequação do nome escolhido deverá ser tomada no âmbito do referido procedimento seletivo, em consonância com a *função regulatória da licitação*[200], eis que as licitações devem viabilizar não apenas as contratações administrativas, mas também a implementação de valores constitucionais.

Seria possível pensar em duas alternativas quanto à aferição da juridicidade do nome que o licitante pretende utilizar. A primeira alternativa seria considerar a adequação do nome como um requisito de habilitação, enquanto a segunda alternativa seria considerá-la no momento de verificação da conformidade das propostas com os requisitos do edital.

Ocorre que a primeira alternativa somente seria viável caso houvesse previsão normativa geral que ampliasse os requisitos de habilitação. Afinal, nos termos do art. 27 da lei 8.666/93[201] (norma geral de licitações), para a habilitação nas licitações, exigir-se-á dos interessados, *exclusivamente*, documentação relativa à habilitação jurídica, à qualificação técnica e econômico-financeira, e à regularidade fiscal e trabalhista, além do cumprimento do disposto no inciso XXXIII do art. 7º da Constituição da República[202]. Os requisitos enumerados dizem respeito à pessoa do licitante, e não ao objeto da licitação.

Assim, a melhor solução parece ser a segunda alternativa. Ao elaborar o termo de referência e o edital do processo licitatório, a Administração

---

[199] O ponto será aprofundado no tópico 2.2.3.2.

[200] Sobre a função regulatória da licitação, vide OLIVEIRA, Rafael Carvalho Rezende. *Licitações e contratos administrativos*: teoria e prática. São Paulo: Editora Método, 2012, pp. 147-152. Vide ainda SOUTO, Marcos Juruena Villela. *Direito administrativo contratual*. Rio de Janeiro: Lumen Juris, 2004, e FERRAZ, Luciano. Função regulatória da licitação, *in Revista do Tribunal de Contas do Estado de Minas Gerais*, v. 72, n. 3, ano XXVII, julho-agosto-setembro de 2009, pp. 27-36.

[201] Lei 8.666/93. *"Art. 27. Para a habilitação nas licitações exigir-se-á dos interessados, exclusivamente, documentação relativa a: I - habilitação jurídica; II - qualificação técnica; III - qualificação econômico--financeira; IV – regularidade fiscal e trabalhista; V – cumprimento do disposto no inciso XXXIII do art. 7o da Constituição Federal".*

[202] CR/88. *"Art. 7º São direitos dos trabalhadores urbanos e rurais, além de outros que visem à melhoria de sua condição social: (...) XXXIII - proibição de trabalho noturno, perigoso ou insalubre a menores de dezoito e de qualquer trabalho a menores de dezesseis anos, salvo na condição de aprendiz, a partir de quatorze anos";*

pode e deve destacar critérios a serem atendidos pelo nome, de acordo com o bem que é objeto da licitação. Caso o nome desejado pelo licitante viole alguns dos critérios estabelecidos, o proponente será desclassificado ainda no momento da verificação da conformidade da proposta com os requisitos do edital, nos termos do inciso IV do art. 43 da lei 8.666/93[203].

Por fim, é importante notar que as partes podem ter interesse em alterar o nome atribuído no curso do contrato[204], por diversos motivos, como a fusão da pessoa jurídica nomeante com outra pessoa jurídica, que acarrete a alteração de seu próprio nome, ou a ocorrência de fato superveniente à licitação que torne o nome incompatível com os requisitos anteriormente elencados. Nesses casos, desde que haja fundamento legítimo, e que não haja desnaturação do contrato originário, será possível alterar o nome originariamente atribuído.

2.2.2.3 A pessoa do nomeante

A análise da pessoa do nomeante é tão importante quanto a que se refere à relevância do bem para a comunidade e ao nome escolhido. Como se verá a seguir, boa parte das considerações pertinentes ao nome escolhido também são aplicáveis à pessoa do nomeante. Há, contudo, algumas peculiaridades que merecem ser destacadas.

Da mesma forma que o significado de um nome pode causar conflitos com o bem nomeado quando envolverem valores contrapostos, a pessoa que contrata com a Administração Pública também pode possuir um retrospecto ou ocupar uma posição no mercado incompatível com o bem que pretende nomear, ou mesmo com as políticas desenvolvidas pela Administração Pública. É o caso, por exemplo, de uma indústria de cigarros que queira nomear um hospital oncológico, ou de uma empresa de plano de saúde que queira nomear um hospital público, ainda que com nome diverso do seu próprio nome, dentre outras possibilidades. Nesses

---

[203] Lei 8.666/93. *"Art. 43. A licitação será processada e julgada com observância dos seguintes procedimentos: (...) IV - verificação da conformidade de cada proposta com os requisitos do edital e, conforme o caso, com os preços correntes no mercado ou fixados por órgão oficial competente, ou ainda com os constantes do sistema de registro de preços, os quais deverão ser devidamente registrados na ata de julgamento, promovendo-se a desclassificação das propostas desconformes ou incompatíveis"*

[204] ALLEN, Gene W. Negotiating, drafting, and implementing naming rights agreements. *North Dakota Law Review*, vol. 86, issue 4, 2010, p. 794.

dois casos utilizados como exemplo, a pessoa do nomeante representa valores contrários e incompatíveis com os valores intrínsecos do bem público. Não é legítimo que o hospital público, que deve fornecer tratamento gratuito segundo as normas constitucionais, se mostre parceiro exatamente de uma sociedade empresária que contribuiu para que houvesse doentes ali, como no caso da indústria de cigarros. Da mesma forma, se o Estado tem o dever de fornecer assistência gratuita *de qualidade*, não é legítimo que se una a uma empresa de plano de saúde para nomear o hospital, já que a própria razão de existir do plano de saúde parte da pressuposição de que o tratamento oferecido pelo Estado será de qualidade insuficiente. Tratam-se, portanto, de situações de incompatibilidade, que gerariam desconfiança na população acerca dos reais interesses em jogo (se o objetivo é curar os pacientes ou se é deixá-los doentes e não realizar investimentos públicos em saúde), e, fatalmente, acarretariam dano à imagem da Administração Pública.

Outra vedação à contratação de *naming rights* relacionada à pessoa do nomeante está ligada à eliminação de algumas pessoas inaptas a nomearem bens públicos, em decorrência do não preenchimento dos requisitos de habilitação para contratar com a Administração Pública, especialmente no que concerne à regularidade fiscal e trabalhista. Também são inaptas pessoas físicas e jurídicas que não satisfaçam a exigência de inexistência de sanções administrativas que impeçam a participação em contratações, como é o caso da declaração de inidoneidade para licitar ou contratar com a Administração Pública (art. 87 da lei 8.666/93[205]). Trata-se, portanto, de uma vedação de cunho objetivo.

Por outro lado, a já mencionada "cláusula de moralidade" que deve vigorar em todas as fases da contratação também envolve a reputação da pessoa do nomeante, e estabelece uma vedação subjetiva à contratação de direitos de denominação. Isso significa dizer que, em alguns casos, embora

---

[205] Lei 8.666/93. *"Art. 87. Pela inexecução total ou parcial do contrato a Administração poderá, garantida a prévia defesa, aplicar ao contratado as seguintes sanções: (...) III - suspensão temporária de participação em licitação e impedimento de contratar com a Administração, por prazo não superior a 2 (dois) anos;*
IV - declaração de inidoneidade para licitar ou contratar com a Administração Pública enquanto perdurarem os motivos determinantes da punição ou até que seja promovida a reabilitação perante a própria autoridade que aplicou a penalidade, que será concedida sempre que o contratado ressarcir a Administração pelos prejuízos resultantes e após decorrido o prazo da sanção aplicada com base no inciso anterior."

não haja proibição expressa em lei, a vedação pode ser alcançada, excepcionalmente, de acordo com avaliação das circunstâncias de cada caso. Nesse sentido, estariam sujeitas a essa avaliação casuística, por exemplo, pessoas condenadas com base na lei 12.846/2013 (que estabelece a responsabilidade administrativa e civil de pessoas jurídicas pela prática de atos contra a Administração Pública) e pessoas ligadas a um histórico de violações a direitos fundamentais, dentre outras possibilidades.

Além da cláusula de moralidade, e assim como foi exposto em relação aos critérios para atribuição de nome, a Administração Pública também deve evitar celebrar contratações de *naming rights* de bens públicos com partidos, agremiações ou associações políticas de qualquer natureza e com entidades religiosas, pelos mesmos motivos que fundamentam a vedação anteriormente analisada (impessoalidade, objetividade administrativa, laicidade e outros).

Por outro lado, diferentemente do que ocorre com as vedações aos nomes, parece não ser legítimo estabelecer uma vedação abstrata e *ex ante* à contratação com pessoas jurídicas cujas atividades estejam ligadas de alguma forma a tabaco, álcool, armas de fogo ou produtos similares, pois estas pessoas, em verdade, não estão proibidas de contratar com a Administração Pública de forma genérica. Nesses casos, são as circunstâncias do caso concreto que poderão acabar inviabilizando a celebração do negócio, como nos casos já citados de nomeação de um hospital público por indústria de cigarros ou por empresa de plano de saúde.

2.2.2.4 *Tempo de exploração: aspectos econômicos vs. aspectos republicanos*

Após a análise de aspectos substantivos ligados ao bem, ao nome, e ao nomeante, resta analisar a questão do tempo de vigência da exploração de *naming rights*, um dos elementos mais importantes dessa espécie de negócio. Em tese, quanto maior o prazo de exploração dos direitos de denominação de um bem público, maior o valor passível de arrecadação. Períodos de vigência curtos costumam ser menos atrativos aos investidores particulares, por criarem menor identidade entre o nome ou o nomeante e o bem. Consequentemente, os contratos cujo tempo de vigência seja pequeno tendem a alcançar valores igualmente reduzidos. A partir dessas breves noções, passa-se a analisar de forma detalhada quatro possíveis variações temporais de alienação de direitos de denominação: (i) perpétua, (ii) por longo prazo, (iii) por curto prazo, e (iv) episódica ou eventual.

A concessão *perpétua* de direitos de denominação é relativamente comum nos Estados Unidos[206]. Seguindo a lógica de que os valores negociados crescem proporcionalmente à extensão temporal do contrato, a alienação perpétua, em tese, seria a modalidade apta a proporcionar as maiores arrecadações dentre todas as variações existentes, em virtude da ideia de que o nome atribuído ficará vinculado ao bem de modo eterno, como um legado. Contudo, no Brasil, é absolutamente incomum a celebração de contrato administrativo por prazo perpétuo, razão pela qual é necessário, antes de mais nada, avaliar a compatibilidade dessa possibilidade com o ordenamento jurídico nacional.

"Perpétuo", "eterno", "definitivo" são adjetivos que, apesar de buscarem expressar uma certeza absoluta, conseguem, no máximo, diminuir a relatividade dos significados, de modo que afirmar que um contrato administrativo possui prazo perpétuo equivale a dizer, de certa forma, que ele possui um prazo de vigência *indeterminado*, eis que o contrato poderá vigorar até que um dia se extinga pela destruição do objeto ou pela ocorrência de fatos supervenientes que imponham a rescisão contratual pela Administração.

A lei 8.666/93 dispõe sobre prazos de contratos administrativos em seu art. 57[207], onde estabelece que a correspondente duração fica adstrita à vigência dos respectivos créditos orçamentários, exceto nos casos em que

---

[206] V. BURTON, Terry. *Naming rights: legacy gifts and corporate money.* Hoboken, New Jersey: Wiley, 2008, p. 2: *"(...) Escolhas históricas feitas anos atrás limitam a disponibilidade de propriedades de alto nível atualmente, porque, tradicionalmente, direitos de denominação eram concedidos perpetuamente."* (tradução livre).

[207] Lei 8.666/93. *"Art. 57. A duração dos contratos regidos por esta Lei ficará adstrita à vigência dos respectivos créditos orçamentários, exceto quanto aos relativos:* I - aos projetos cujos produtos estejam contemplados nas metas estabelecidas no Plano Plurianual, os quais poderão ser prorrogados se houver interesse da Administração e desde que isso tenha sido previsto no ato convocatório; *II - à prestação de serviços a serem executados de forma contínua, que poderão ter a sua duração prorrogada por iguais e sucessivos períodos com vistas à obtenção de preços e condições mais vantajosas para a administração, limitada a sessenta meses; III - (Vetado); IV - ao aluguel de equipamentos e à utilização de programas de informática, podendo a duração estender-se pelo prazo de até 48 (quarenta e oito) meses após o início da vigência do contrato; V - às hipóteses previstas nos incisos IX, XIX, XXVIII e XXXI do art. 24, cujos contratos poderão ter vigência por até 120 (cento e vinte) meses, caso haja interesse da administração."*

especifica. Além disso, o §3º do art. 57[208] dispõe ser vedado o contrato com prazo de vigência indeterminado.

A doutrina administrativista costuma excepcionar a regra de caráter determinado do prazo de vigência em alguns casos, como nas exceções à regra de adstrição à vigência de créditos orçamentários os contratos que não onerem a Administração Pública[209] (como uma concessão de serviço público da lei 8.987/95 em que o concessionário seja remunerado por tarifa paga pelos usuários), e nos contratos "de direito privado" celebrados pela Administração (contratos em que a relação jurídica é marcada pelo nivelamento dos contratantes, ao contrário dos contratos administrativos comuns), em virtude do disposto no §3º do art. 62 da lei 8.666/93[210], que não faz menção ao art. 57 da mesma lei.

Nas situações em que o Estado é *credor* no contrato, como ocorre nos casos de exploração de *naming rights* de bens públicos, não há ônus financeiro para o Estado, e, portanto, como exposto acima, não há necessidade de adstrição a créditos orçamentários. Consequentemente, parece não haver uma vedação geral e absoluta do ordenamento jurídico à celebração de contratos administrativos em caráter perpétuo (de certo modo, indeterminado). Em reforço a essa conclusão, é possível enumerar alguns contratos celebrados dessa forma, como ocorreu no passado com a concessão de uso de cadeiras perpétuas no Estádio do Maracanã (através da lei nº 335/1949), com a concessão de uso de linhas telefônicas, e como ocorre ainda hoje com os jazigos perpétuos em cemitérios públicos[211]. Assim,

---

[208] Lei 8.666/93. *"Art. 57 (...)* §3º É vedado o contrato com prazo de vigência indeterminado."

[209] Nesse sentido, vide DI PIETRO, Maria Sylvia Zanella. *Direito administrativo.* 27ª edição. São Paulo: Atlas, 2014, p. 277; OLIVEIRA, Rafael Carvalho Rezende. *Licitações e contratos administrativos*: teoria e prática. São Paulo: Editora Método, 2012, p. 222

[210] Lei 8.666/93. *"Art. 62 (...)* §3º Aplica-se o disposto nos arts. 55 e 58 a 61 desta Lei e demais normas gerais, no que couber: *I - aos contratos de seguro, de financiamento, de locação em que o Poder Público seja locatário, e aos demais cujo conteúdo seja regido, predominantemente, por norma de direito privado; II - aos contratos em que a Administração for parte como usuária de serviço público."*

[211] Os três exemplos foram extraídos de excelente parecer de Marcos Juruena Villela Souto, que, na mesma ocasião, esclareceu: *"As cadeiras 'perpétuas' instaladas e integradas ao Estádio do Maracanã diferem das arquibancadas ou das demais cadeiras, pelo fato de não serem comercializadas para venda nos eventos, já que incidem, sobre elas, direitos especiais de utilização pelo particular que financiou os recursos para a construção do Estádio. (...) O título de 'cadeira perpétua' tem, assim, a natureza jurídica de um contrato de concessão de uso do domínio público, que é um modo de utilização privativa de domínio público, de caráter gratuito ou remunerado, por tempo certo ou indeterminado, intransferível sem prévio consentimento do Poder Público e com características de estabilidade, permitindo que o particular utilize*

NAMING RIGHTS DE BENS PÚBLICOS

embora seja bastante incomum a celebração de contratos de *naming rights* em perpetuidade[212], não parece possível afirmar que tais negócios seriam proibidos pelo ordenamento jurídico nacional.

Ocorre que, ainda que juridicamente possível, a concessão perpétua não parece ser recomendável, pois tende a gerar dois tipos de dificuldades: uma *filosófica*, relativa à compatibilidade com os ideais republicanos; e outra *econômica*, referente à finitude dos ativos públicos negociáveis.

Com relação à primeira dificuldade (filosófica), inicialmente, é preciso esclarecer o que se pretende afirmar com a expressão "ideais republicanos", embora não se tenha o intuito de dissecar o significado do princípio republicano, assunto que é tema de diversos trabalhos doutrinários[213] e objeto de numerosas controvérsias. Em apertada síntese, o princípio republicano costuma ser relacionado à noção de respeito à coisa pública (*res publica*), de onde decorrem ideias como representação dos interesses do povo, igualdade de acesso a cargos públicos, alternância periódica de poder e supressão de privilégios.

No presente trabalho, adota-se um conceito mais amplo de princípio republicano, de modo a abranger todo o espaço público, e não apenas car-

---

de forma exclusiva, devendo, portanto, obedecer ao que foi convencionado com a Administração; tem como fundamento o interesse público, demonstrado, no caso em exame, na intenção de construir um estádio com vistas a estimular as atividades desportivas e culturais do Estado do Rio de Janeiro." V. SOUTO, Marcos Juruena Villela. Parecer nº 01/2000-MJVS. In: *Revista de Direito da Procuradoria-Geral do Estado do Rio de Janeiro*, edição especial, 2012, p. 428.

[212] Em sentido contrário, v. JUSTEN FILHO, Marçal. A exploração econômica de bens públicos: cessão do direito à denominação. In: *Revista de Direito da Procuradoria-Geral do Estado do Rio de Janeiro*, edição especial, p. 235, 2012: *"a cessão deverá ser temporária, por prazo determinado. Não caberá promover a cessão definitiva e permanente da denominação de bem público – precisamente porque isso configuraria uma forma de alienação do dito cujo".* No presente trabalho, diverge-se do autor em virtude de se considerar que a concessão de *naming rights* é diferente da entrega definitiva do próprio bem principal. O direito de denominação é apenas uma das facetas do direito de propriedade, de modo que a transferência do primeiro não se confunde com a alienação do segundo, que continua integrando o patrimônio público. Ademais, a concessão perpétua do direito de denominação não exime o concessionário de respeitar as obrigações decorrentes do regime de direito público incidente sobre o bem principal, e a manutenção das condições de habilitação para figurar como concessionário, exatamente em virtude de o bem principal continuar integrando o patrimônio público.

[213] Por todos, v. LEWANDOWSKI, Enrique Ricardo. *Reflexões em torno do princípio republicano*. Revista da Faculdade de Direito da Universidade de São Paulo, São Paulo, v.100, jan./dez. 2005, p. 189-200. Disponível em: <http://www.revistas.usp.br/rfdusp/article/viewFile/67670/70278>. Acesso em 20/03/2017.

gos públicos ou eletivos. A ideia aqui empregada é basicamente a seguinte: os interesses da sociedade variam de tempos em tempos, alterando o conteúdo do "interesse público" a ser perseguido pelo Estado. Assim, deve haver mecanismos que permitam à Administração Pública ser sensível a essas variações temporais de interesse (garantia de representação constante), e que evitem que o espaço público seja indefinida e irremediavelmente vinculado a um particular específico (privilégios indevidos). Deve ser assegurada aos administrados a possibilidade de rever suas opções, não apenas as que concernem aos seus representantes eleitos, mas também aquelas que envolvem o espaço público.

Esclarecida a noção de princípio republicano aqui empregada, é possível concluir que a perpetuidade da cessão de um dos elementos da propriedade pública para um particular conflita com a ideia de que deve ser devolvida à população, periodicamente, a opção de renovar, desistir ou trocar o nome ou o beneficiário da cessão. A submissão periódica ao escrutínio público de questões relativas à nomeação de um bem permite que as decisões sobre o tema sejam mais consentâneas com os ideais predominantes em cada época, evitando-se vinculações irremediáveis de gerações futuras a ideias e decisões tomadas em períodos anteriores.

Ademais, se a justificativa para a celebração de contratos de *naming rights* é exatamente prestigiar o interesse público (gerando receitas para posterior reversão à sociedade), é evidente que poderá ensejar o rompimento do vínculo a superveniência de circunstâncias que tornem a concessão inconveniente, inoportuna ou ilegal (como resultados de forte alteração da concepção social acerca da concessão do direito de denominação). Afinal, nessa hipótese, a manutenção da concessão passaria a ser *contrária* ao interesse público, e não favorável. Vale lembrar que tal rompimento seria possível devido ao fato de que a concessão de *naming rights* não envolve verdadeira *alienação* do bem nem do direito de denominação, que permanecem no patrimônio estatal, submetidos a um regime jurídico de direito público. Como já se expôs, transfere-se apenas a possibilidade de fruição de tal direito, desde que compatível com o interesse público.

Além da dificuldade filosófica, há também uma dificuldade de ordem econômica, relativa ao fato de que a exploração perpétua de *naming rights* pode não ser a forma ideal para se maximizar receitas públicas.

NAMING RIGHTS DE BENS PÚBLICOS

Em primeiro lugar, as concessões perpétuas de direitos de denominação de bens públicos tendem a gerar uma progressiva escassez de ativos públicos com valor econômico.

Afinal, nem todos os bens públicos são economicamente atraentes para investidores particulares. Se considerado o patrimônio de um ente federativo (a União, um Estado, algum Município), é possível imaginar que haja uma enorme quantidade de bens disponíveis para negociação. Porém, embora o acervo possa ser muito grande, as oportunidades econômicas não são tão numerosas quanto o quantitativo patrimonial. Consequentemente, ao atribuir direitos perpétuos de nomeação sobre um bem, este ativo é, em tese, definitivamente retirado do mercado, de modo que restam ainda menos ativos econômicos negociáveis. Caso fosse adotada opção temporal diversa da perpetuidade, todos os ativos econômicos, mais cedo ou mais tarde, voltariam à carteira de negociação da Administração Pública.

A situação é ainda mais grave no caso de entidades da administração indireta (uma fundação pública, por exemplo), especialmente as de pequeno porte. Nesses casos, o efeito nocivo da perpetuidade é ainda mais grave, tendo em vista que tais entidades, geralmente, possuem mais dificuldades para a obtenção de receitas que os entes da administração direta. Assim, um importante atrativo da exploração de *naming rights* – a autossuficiência econômica de entidades públicas de pequeno porte – pode acabar inviabilizado pela perpetuidade das alienações de direitos de denominação.

Em segundo lugar, há um problema que atinge não apenas as concessões perpétuas, mas também aquelas por longo prazo: o estágio de desenvolvimento incipiente do mercado nacional de exploração de *naming rights*, fator que pode influenciar direta e significativamente os valores acertados para a nomeação dos ativos públicos. Ao se estabelecer prazos perpétuos (ou longos) de vigência enquanto a prática ainda não está consolidada, há o risco de se ajustar um preço que, embora aparentemente ótimo na data do negócio, em poucos anos poderá se mostrar defasado.

Nesse ponto, convém destacar que, nos Estados Unidos, na década de 1990, dentre as faculdades de administração que divulgaram os valores de seus contratos de *naming rights*, verifica-se que os doze maiores contratos alcançavam valores entre US\$7.500.000,00 (sete milhões e quinhentos mil dólares) e US\$35.000.000,00 (trinta e cinco milhões de dólares).

NAMING RIGHTS DE BENS PÚBLICOS

Entretanto, os dez maiores contratos de *naming rights* de faculdades de administração celebrados na década seguinte alcançaram valores muito superiores, entre US$35.000.000,00 (trinta e cinco milhões de dólares) e US$105.000.000,00 (cento e cinco milhões de dólares)[214]. A partir dessa imensa variação de valores, é possível deduzir que a celebração de tais contratos pode alcançar quantias muito mais elevadas em mercados já desenvolvidos, oportunidade que inexistiria caso houvesse a celebração de contratos perpétuos ou que demoraria a surgir no caso de contratos de *naming rights* celebrados por prazos longos.

Ante o exposto, pode-se concluir, em síntese, que a perpetuidade da alienação de *naming rights* gera dificuldades de dois tipos: (i) conflita com o princípio republicano, impedindo que o povo tenha a possibilidade de rever periodicamente suas decisões acerca da administração e do patrimônio público; e (ii) pode representar uma redução das oportunidades econômicas à disposição da Administração Pública, especialmente por contribuir para a escassez de ativos públicos com potencial atrativo, e por gerar a possibilidade de contratação por valores inferiores àqueles que poderiam ser obtidos caso o negócio fosse celebrado quando o mercado de direitos de denominação já estivesse mais desenvolvido.

Por esses motivos, entende-se que embora seja juridicamente possível a concessão de *naming rights* de bens públicos por prazo perpétuo, a Administração Pública deve evitar a celebração desse tipo de contrato. Caso, ainda assim, opte por celebrá-lo, a legitimidade da decisão administrativa dependerá de o Estado se desincumbir de um enorme ônus argumentativo, expondo de forma clara os motivos pelos quais decidiu conceder um ativo de forma perpétua, apesar de todos os efeitos negativos inerentes a tais tipos de negócio, e demonstrando que as circunstâncias (econômicas, jurídicas, sociais etc.) indicavam que esta modalidade era preferível em relação às demais opções de menor prazo.

Passa-se, então, ao exame das demais variações temporais possíveis: alienações por longo prazo, por curto prazo, e episódicas ou eventuais.

As concessões de *longo prazo* – que ora são definidas como aquelas por período superior a cinco anos – tendem a alcançar valores mais elevados que as de curto prazo, não só pela exposição do nome por mais tempo,

---

[214] V. BURTON, Terry. *Naming rights: legacy gifts and corporate money*. Hoboken, New Jersey: Wiley, 2008, pp. 02-06.

como também pela maior probabilidade de identificação do nome com os valores cívicos intrínsecos ao bem. Embora as concessões de *naming rights* por longo prazo não afetem negativamente o princípio republicano com a mesma intensidade com que afetam as concessões perpétuas, não se pode perder de vista que, ainda assim, também geram perigo de violação ao aludido princípio, eis que, quanto maior a extensão temporal, maior a possibilidade de as circunstâncias sociais e culturais mudem de tal forma que a concessão se torne incompatível com o interesse público.

No que concerne às alienações por *curto prazo* (períodos iguais ou inferiores a cinco anos), o raciocínio é o oposto daquelas por longo prazo: embora tendam a gerar valores econômicos menores, estão em melhor conformidade com o princípio republicano, ao devolver aos administrados a opção de decidir novamente acerca do futuro do bem público e de seu nome.

Porém, não se pode deixar de notar que, na modalidade de curto prazo, há outro fator a ser considerado: alienações sucessivas de *naming rights* de um mesmo bem por prazos curtos podem causar confusão quanto à identificação do bem, ou até mesmo dificuldades geográficas.

Com efeito, imagine-se um prédio público que, em cinco anos, recebeu três nomes diferentes em decorrência de sucessivas negociações de direitos de denominação. É possível que, em situações como essa, a constante alteração de nomes desoriente a população. Em outra hipótese, imagine-se uma estação de metrô cujos nomes são negociados. Posteriormente, a estação recebe dois outros nomes em poucos anos. É bastante provável que surjam problemas de coordenação geográfica da população, como a dificuldade para identificar quais são as estações em que se deve embarcar ou desembarcar. Nessa última hipótese, os danos seriam ainda maiores sob o aspecto turístico, causando dificuldades para a obtenção de referências, e rápida obsolescência de materiais de informação turística e metroviária.

Logo, mesmo que, em um momento de incipiência da exploração de *naming rights* em âmbito nacional, a alienação por curto prazo pareça mais vantajosa (apesar dos valores econômicos menores), é necessário ter cuidado para não se incorrer na tentação e no equívoco de promover sucessivas concessões em prazo exíguo, que gerem confusão na população quanto à identificação do bem e quanto à sua localização geográfica.

NAMING RIGHTS DE BENS PÚBLICOS

Por fim, há ainda a possibilidade de alienações *episódicas* ou *eventuais*, as quais podem excepcionar a ideia de que, quanto maior o tempo de contrato, maiores os valores envolvidos.

Há casos em que os investidores particulares não desejam efetivamente criar uma identidade ao longo do tempo entre o espaço público nomeado e o nome atribuído, mas apenas obter publicidade para um nome durante algum evento temporário ou pontual, como poderia ocorrer durante a realização de alguma competição esportiva (por exemplo, os Jogos Olímpicos, a Copa do Mundo de Futebol), ou comemoração popular (Carnaval etc.), ou algum evento de grande repercussão política (como fóruns mundiais e congressos internacionais), dentre outros.

Por se tratar de uma oportunidade atípica – e, portanto, escassa –, com potencial de atração de diversos investidores, os valores envolvidos no negócio tendem a alcançar patamares mais elevados, representando uma boa oportunidade econômica para aumentar as receitas estatais.

2.2.3 Aspectos procedimentais

Além de analisar aspectos relativos ao conteúdo da exploração de *naming rights* de bens públicos, é indispensável estabelecer elementos *procedimentais* para a aferição de sua adequação em cada caso. Como podem ser celebrados negócios referentes a direitos de denominação de bens públicos? Há requisitos a serem cumpridos antes da assinatura dos contratos?

No presente capítulo, pretende-se fixar alguns parâmetros relativos ao procedimento utilizado para a exploração de *naming rights*. Assim, são analisados os seguintes pontos, com o intuito de estabelecer um padrão de conduta que melhore a utilização do instituto: (i) a instrumentalização de contratos de *naming rights*; (ii) a exigência de licitação; (iii) a elaboração de estudos econômicos; e, (iv) nos casos em que for necessária, a realização de consulta pública.

2.2.3.1 Instrumentalização de contratos de naming rights

Uma das questões mais fundamentais em relação à negociação de *naming rights* de bens públicos se refere ao modo como deve ser formalizado um negócio desse tipo.

NAMING RIGHTS DE BENS PÚBLICOS

A exploração de direitos de denominação de um bem público envolve a cessão de *uma fração do direito de uso* do bem, e não do direito de propriedade, ou do direito de uso do bem como um todo.

Para conferir a um particular o uso (ou uma fração dele) de um bem público em consonância com o regime de direito público, a Administração Pública pode adotar diversas formas jurídicas, dentre as quais se destacam três em especial: a autorização, a permissão e a concessão de uso.

Tradicionalmente, a doutrina de direito administrativo sustenta que a autorização de uso e a permissão de uso são modalidades caracterizadas pela precariedade, embora em algumas circunstâncias esta precariedade possa ser mitigada, como no caso de estabelecimento de um prazo fixo pela Administração Pública.

Costuma-se mencionar como principal diferença entre ambas o fato de que *"enquanto a autorização confere a faculdade de uso privativo no interesse privado do beneficiário, a permissão implica a utilização privativa para fins de interesse coletivo"*[215]. Assim, a autorização teria um caráter mais precário que a permissão.

A concessão de uso, por sua vez, difere da autorização e da permissão principalmente no que concerne à forma jurídica e à precariedade.

Quanto à forma jurídica, a concessão de uso, em regra, "é formalizada por contrato administrativo, ao passo que a autorização e a permissão se formalizam por atos administrativos. Por isso, nestas fica claro o aspecto da unilateralidade, enquanto naquela reponta o caráter da bilateralidade"[216].

No que concerne à precariedade, a concessão de uso pressupõe maior estabilidade para o particular em relação às outras modalidades citadas, razão pela qual costuma ser recomendada para situações em que há investimentos de vulto pelo interessado. Nas concessões de uso, a regra é que apenas uma grave razão pública superveniente poderia romper o negócio antes de seu termo final. Além disso, não há unanimidade na doutrina acerca da exigência de necessária prevalência de interesse privado ou público.

Feita essa breve síntese acerca das modalidades de transferência do direito de uso de bens públicos, convém lembrar o que se afirmou anteriormente quanto à exploração de *naming rights*, no sentido de que esta possui natureza contratual, por se tratar de negócio jurídico bilateral (e não de ato unilateral da Administração Pública), em que é exigido grau

---

[215] DI PIETRO, Maria Sylvia Zanella. *Direito administrativo*. 27ª edição. São Paulo: Atlas, 2014, pp. 769-770.

[216] CARVALHO FILHO, José dos Santos. *Manual de Direito Administrativo*, 25ª edição. Rio de Janeiro: Atlas, 2012, p. 1160.

significativo de estabilidade, de modo a impedir a retomada do bem pelo Estado sem um motivo relevante.

Assim, dentre as figuras jurídicas atualmente existentes no ordenamento jurídico brasileiro, aquela que possui maior identidade com as características de um contrato de *naming rights* de bens públicos é a *concessão de uso*, pois o que se pretende é a cessão de uma fração do direito de uso do bem, consistente no direito de lhe atribuir um nome.

Conforme defende parte da doutrina, silente o contrato celebrado com a Administração Pública e inexistindo lei específica do ente acerca de concessões de uso, são aplicáveis a elas as regras gerais atinentes ao instituto da concessão, estabelecidas na lei 8.987/95 e em outros diplomas[217], como é o caso das regras atinentes à caducidade e à encampação.

Logo, a concessão de *naming rights* de um bem público pode ser extinta, por exemplo, em virtude de a concessionária descumprir cláusulas contratuais ou não atender a intimação da Administração Pública para apresentar documentação relativa à regularidade fiscal (lei 8.987/95, art. 38, §1º, II e VII). Além disso, a declaração de caducidade dependerá da instauração de processo administrativo para verificação das irregularidades.

Vale notar ainda que, como regra, são inválidos os contratos verbais firmados com a Administração (lei 8.666/93, art. 60[218]), de modo que os contratos de *naming rights* de bens públicos devem necessariamente adotar a forma escrita.

Outro ponto importante acerca da instrumentalização da exploração de *naming rights* concerne ao caráter principal ou acessório da concessão de tal direito de uso.

Embora as peculiaridades licitatórias de cada modelo de contratação (principal ou acessório) sejam objeto do próximo tópico, cabe destacar, no presente momento, que o negócio pode ser o objeto principal ou único de um contrato celebrado entre Administração Pública e um particular

---

[217] MARQUES NETO, Floriano de Azevedo. *Bens públicos*: função social e exploração econômica: o regime jurídico das utilidades públicas. Belo Horizonte: Fórum, 2009, p. 351.

[218] Lei 8.666/93. *"Art. 60. Os contratos e seus aditamentos serão lavrados nas repartições interessadas, as quais manterão arquivo cronológico dos seus autógrafos e registro sistemático do seu extrato, salvo os relativos a direitos reais sobre imóveis, que se formalizam por instrumento lavrado em cartório de notas, de tudo juntando-se cópia no processo que lhe deu origem.*

Parágrafo único. É nulo e de nenhum efeito o contrato verbal com a Administração, salvo o de pequenas compras de pronto pagamento, assim entendidas aquelas de valor não superior a 5% (cinco por cento) do limite estabelecido no art. 23, inciso II, alínea "a" desta Lei, feitas em regime de adiantamento."

(caso mais simples de exploração de *naming rights*), ou pode ser realizado de forma acessória a um outro contrato principal, o qual pode consistir, por exemplo, na concessão de uso de outro bem (como uma arena multiuso) ou na concessão de um serviço público (como no caso de uma concessão de transportes)[219]. A contratação acessória seguirá o destino da contratação principal, de modo que, extinguindo-se esta, aquela também se encerrará.

2.2.3.2 Exigência de licitação

Na Administração Pública, vigora o princípio licitatório, com suporte no inciso XXI do art. 37[220], e no art. 175[221] da Constituição da República, em razão do qual as contratações devem ser realizadas através de licitações

---

[219] Alguns dispositivos legais contêm previsão expressa acerca de negócios acessórios como fontes de receitas alternativas, como ocorre, por exemplo, com o art. 11 da lei 8.987/95 (lei de concessões públicas) e com os arts. 9º e 10º da lei 12.587/2012 (que institui a política nacional de mobilidade urbana):
Lei 8.987/95. *"Art. 11. No atendimento às peculiaridades de cada serviço público, poderá o poder concedente prever, em favor da concessionária, no edital de licitação, a possibilidade de outras fontes provenientes de receitas alternativas, complementares, acessórias ou de projetos associados, com ou sem exclusividade, com vistas a favorecer a modicidade das tarifas, observado o disposto no art. 17 desta Lei.*
Parágrafo único. As fontes de receita previstas neste artigo serão obrigatoriamente consideradas para a aferição do inicial equilíbrio econômico-financeiro do contrato."
Lei 12.587/2012. *"Art. 9o (...) § 1o A tarifa de remuneração da prestação do serviço de transporte público coletivo deverá ser constituída pelo preço público cobrado do usuário pelos serviços somado à receita oriunda de outras fontes de custeio, de forma a cobrir os reais custos do serviço prestado ao usuário por operador público ou privado, além da remuneração do prestador. (...) §5o Caso o poder público opte pela adoção de subsídio tarifário, o déficit originado deverá ser coberto por receitas extratarifárias, receitas alternativas, subsídios orçamentários, subsídios cruzados intrassetoriais e intersetoriais provenientes de outras categorias de beneficiários dos serviços de transporte, dentre outras fontes, instituídos pelo poder público delegante. (...) Art. 10. A contratação dos serviços de transporte público coletivo será precedida de licitação e deverá observar as seguintes diretrizes: (...) V - identificação de eventuais fontes de receitas alternativas, complementares, acessórias ou de projetos associados, bem como da parcela destinada à modicidade tarifária."*
[220] *"Art. 37. (...) XXI - ressalvados os casos especificados na legislação, as obras, serviços, compras e alienações serão contratados mediante processo de licitação pública que assegure igualdade de condições a todos os concorrentes, com cláusulas que estabeleçam obrigações de pagamento, mantidas as condições efetivas da proposta, nos termos da lei, o qual somente permitirá as exigências de qualificação técnica e econômica indispensáveis à garantia do cumprimento das obrigações."*
[221] *"Art. 175. Incumbe ao Poder Público, na forma da lei, diretamente ou sob regime de concessão ou permissão, sempre através de licitação, a prestação de serviços públicos".*

NAMING RIGHTS DE BENS PÚBLICOS

(ou, excepcionalmente, de procedimentos seletivos simplificados e objetivos). Com isso, busca-se assegurar a possibilidade de competição entre os eventuais interessados na contratação, em igualdade de condições, e alcançar a melhor proposta para a Administração Pública.

O subprincípio da competição orienta e justifica todo o processo desde sua instauração, se aplica à declaração de dispensa, à de inexigibilidade, e às hipóteses de invalidade, e tem como finalidade a busca da proposta mais vantajosa para a sociedade[222]. Por outro lado, o subprincípio licitatório da igualdade busca assegurar que todos os competidores que possuam idênticas condições estejam sujeitos às mesmas regras ao longo de todo o certame, a fim de se evitar favorecimentos ilegítimos que acarretariam prejuízo à sociedade.

As premissas expostas são plenamente aplicáveis à exploração econômica de *naming rights* de bens públicos.

A exigência de competição para a cessão dos direitos de denominação tende a possibilitar a obtenção de receitas superiores àquelas eventualmente propostas por um único interessado, bem como de proporcionar um nome que se ajuste melhor ao bem a ser nomeado. Sobre o ponto, conforme já foi adiantado quando se tratou das questões que envolvem o nome a ser atribuído, o termo de referência e o edital de licitação devem conter requisitos a serem preenchidos pelos participantes (como aqueles apontados no tópico 2.2.2.2), para que suas propostas possam ser consideradas aptas para julgamento (lei 8.666/93, art. 46, inciso IV).

No que concerne à modelagem da licitação, esta dependerá da pretensão da Administração Pública quanto à forma de exploração de *naming rights* de seus bens.

Conforme exposto, o contrato de *naming rights* é um contrato atípico, e a figura que lhe é mais similar atualmente é a concessão de uso. Tendo isso em mente, percebe-se que a lei 8.666/93 não estabelece o dever de adotar uma *modalidade* específica para contratos atípicos nem para concessões de uso, embora o faça para as concessões de direito real de uso[223]. Diante da inexistência de tal dever, é certo que a Administração pode ado-

---

[222] MOREIRA NETO, Diogo de Figueiredo. Princípios da licitação. In: *Revista de Direito da Procuradoria-Geral do Estado do Rio de Janeiro*, v. 48, 1995, p. 53.

[223] Lei 8.666/93. "§3º *A concorrência é a modalidade de licitação cabível, qualquer que seja o valor de seu objeto, tanto na compra ou alienação de bens imóveis, ressalvado o disposto no art. 19, como nas concessões de direito real de uso (...)."

tar a modalidade de *concorrência* para a exploração de *naming rights*[224], ou outra modalidade que se adeque melhor às peculiaridades de cada caso (como o convite, no caso de ativos de reduzido valor, por exemplo), desde que não haja incompatibilidade com as disposições da lei 8.666/93, como no caso das modalidades de concurso e leilão, que possuem âmbito de abrangência restrito.

No que concerne ao *tipo* de licitação, a celebração de um negócio autônomo – ou seja, aquele em que os direitos de denominação são o único objeto do contrato – pressupõe a adoção do tipo maior lance ou oferta, de modo que o ganhador será aquele que formular a proposta mais rentável para a Administração Pública. Por outro lado, quando a exploração de *naming rights* for um negócio acessório, o tipo de licitação deverá ser aquele adequado à seleção das propostas referentes ao objeto principal. Desse modo, por exemplo, se a Administração realizar (com justificativas legítimas) licitação do tipo técnica e preço para a construção de um bem (principal), não haverá qualquer empecilho à inserção do direito de explorar o nome do bem como um negócio acessório. Nesse caso, na elaboração dos estudos para composição do preço, deverá ser considerada a estimativa do valor que a aludida exploração poderia gerar para a Administração Pública caso realizada de forma autônoma.

Uma importante questão acerca da licitação para concessão de *naming rights* envolve a possibilidade ou não de utilização da modalidade *pregão* (presencial ou eletrônico). Embora uma análise profunda e detalhada de todas as características do pregão esteja fora do âmbito deste trabalho, é preciso tecer algumas considerações que podem contribuir para a exploração de direitos de denominação.

O pregão, modalidade que contém rito diverso daqueles pertinentes às modalidades previstas na lei 8.666/93, tornou-se bastante utilizado nas contratações públicas especialmente por ampliar a eficiência administrativa. Dentre suas principais características, pode-se enumerar a inversão das fases de classificação e habilitação, e a possibilidade de oferecimento de lances sucessivos (fator que aumenta a competitividade e a vantagem econômica para a Administração Pública).

---

[224] Como foi feito na licitação do já citado caso de exploração de direitos de denominação de uma estação metroviária realizada pela Trensurb. V.http://www.trensurb.gov.br/paginas/paginas_noticias_detalhes.php?codigo_sitemap=4015&PHPSESSID=wwrheblcb. Acesso em 20/03/2017.

Ocorre que a lei 10.520/2002, em seu art. 1º, estabelece que, *"para a aquisição de bens e serviços comuns, poderá ser adotada a modalidade de pregão"*, definindo-os como *"aqueles cujos padrões de desempenho e qualidade possam ser objetivamente definidos pelo edital, por meio de especificações usuais de mercado"*. Além disso, a lei estabelece, para julgamento e classificação das propostas, o critério de *menor preço* (art. 4º, inciso X).

Assim, uma interpretação literal da lei 10.520/2002 poderia levar à conclusão de que não seria possível utilizar a modalidade pregão para a exploração de *naming rights* de bens públicos, eis que (i) neste negócio, não há aquisição de bens e serviços comuns (a não ser que se adote uma interpretação abrangente do conceito para que envolva a aquisição de "dinheiro"); (ii) a lei não versa sobre a concessão de bem por parte da Administração Pública; e (iii) a lei estabelece o critério de menor preço, enquanto a exploração de *naming rights* busca exatamente o oposto: o maior preço ofertado.

Apesar dessas ressalvas, algumas entidades e órgãos públicos têm utilizado a modalidade de pregão com o critério de maior lance ou oferta para a alienação ou concessão de bens ou serviços[225].

Para defender a utilização de pregão nesses casos, costuma-se prestigiar uma interpretação com base na eficiência administrativa em detrimento de uma interpretação literal da legislação. Assim, afirma-se que a lei 10.520/2002, embora não autorize expressamente, também não proíbe a utilização do pregão para a realização de concessões de uso. Além disso, aduz-se que o critério de menor preço estabelecido na referida lei tem a finalidade de assegurar a obtenção da proposta mais vantajosa pela Admi-

---

[225] É o caso da Infraero, por exemplo, que assim dispõe em seu regulamento de licitações e contratos: *"Art. 31 (...) §13. A licitação na modalidade pregão se aplica às concessões de uso de áreas aeroportuárias, edificadas ou não-edificadas, e de instalações e equipamentos, tais como estruturas de suporte, sistemas informatizados e demais aparelhos, exceto quando envolver investimentos do concessionário em benfeitorias permanentes na área a ser concedida. (...) Art. 32. As modalidades de licitação a que se referem os incisos I a III do art. 31 serão determinadas em função dos seguintes limites, tendo em vista o valor estimado da contratação atualizado na forma do art. 149 deste Regulamento: (...) III – para a aquisição de bens e serviços comuns e concessões de uso de áreas, instalações e equipamentos: pregão, qualquer que seja o valor da contratação. (...) Art. 95. (...) §6º No caso de pregão para concessão de uso de áreas, instalações e equipamentos aeroportuários, os licitantes poderão fazer lances verbais, crescentes e sucessivos, até a proclamação do vencedor, observado o disposto no § 14 do art. 31 deste Regulamento."* V. http://licitacao.infraero.gov.br/portal_licitacao/details/normas/RLCI.PDF. Acesso em 20/03/2017.

nistração Pública[226], de modo que o critério de maior lance ou oferta (desde que compatível com o objeto da licitação) poderia lhe substituir caso fosse o mais propício à obtenção da proposta mais vantajosa.

O Tribunal de Contas da União (TCU) já teve a oportunidade de apreciar a questão algumas vezes, e firmou entendimento no sentido de que a utilização do pregão com critério de maior lance ou oferta *"nada mais é que a adequada aplicação da lei ao caso concreto, ajustando-a à natureza do objeto do certame"*[227]. O entendimento se baseia na ideia anteriormente exposta de que a finalidade do procedimento licitatório é a busca da proposta mais vantajosa para a Administração Pública – pautada pela eficiência, economicidade, e indisponibilidade do interesse público – de modo que seria legítimo adotar o critério de maior oferta desde que, ante as peculiaridades do caso concreto, tal critério permitisse alcançar a melhor proposta para a Administração Pública[228]. No mesmo sentido, já se manifestou o Tribunal Regional Federal da 1ª Região[229].

---

[226] ANDRADE, Fernanda Alves; SANTANA, Jair Eduardo. A concessão de uso de bem público e o pregão: compatibilidade entre o objeto e a modalidade de licitação, *in Revista Fórum de Contratação e Gestão Pública, Belo* Horizonte, ano 10, n. 118, 2011, pp. 44-45.

[227] TCU. Plenário. Min. Rel. Walton Alencar Rodrigues. Processo 011.355/2010-7. Data da sessão: 27/10/2010. *"É desnecessário repetir aqui, novamente, as inúmeras vantagens comparativas da modalidade pregão para a Administração Pública em termos de proporcionar maior eficiência, transparência e competitividade.(...) Nesse sentido, há inúmeros precedentes, na utilização do pregão para a concessão de áreas públicas, por parte de diversos órgãos da Administração, como os Tribunais Regionais Federais (Pregão 07/2008, TRF da 1ª Região), o Ministério Público Federal (Pregão 41/2007) e a Procuradoria da República no Distrito Federal (Pregão 01/2008). A adoção do critério de julgamento pela maior oferta, em lances sucessivos, nada mais é que a adequada aplicação da lei ao caso concreto, ajustando-a à natureza do objeto do certame, restando assegurada a escolha da proposta mais vantajosa que, conjuntamente com a isonomia de todos os interessados, constituem as finalidades primeiras de todo procedimento licitatório."*

[228] TCU. Plenário. Min. Rel. Augusto Nardes. Processo 030.658/2008-0. Data da sessão: 10/12/2008. *"No ramo das licitações públicas, temos como um dos princípios basilares, inscrito no art. 3º da Lei de Licitações, o da busca pela proposta mais vantajosa para a Administração. Essa orientação decorre dos princípios da eficiência, economicidade, supremacia e indisponibilidade do interesse público, emanados da Constituição Federal e da teoria do Direito Administrativo. (...) 63. Nesse caso, o critério maior oferta atende mais ao interesse público do que o de menor preço, desde que o primeiro seja viável do ponto de vista mercadológico. Nesse sentido, a realização de Pregão adotando critério de julgamento não previsto na legislação somente seria, em princípio, admissível em caráter excepcional, tendo em vista o relevante interesse público da aplicação deste critério alternativo para o atingimento dos objetivos da previdência social."*

[229] BRASIL. Tribunal Regional Federal da Primeira Região. Sexta Turma. Rel. Convocado João Carlos Costa Mayer Soares. Apelação em reexame necessário nº 0044328-92.2010.4.01.3300/BA. *"É de ressaltar, portanto, que o regulamento de Licitações e Contratos da Infraero não extrapolou*

NAMING RIGHTS DE BENS PÚBLICOS

Transportando-se os argumentos e conclusões acima expostos para a análise do objeto específico deste trabalho, pode-se afirmar que é possível a utilização da modalidade pregão, do tipo maior lance ou oferta, para a exploração de *naming rights* de bens públicos, afastando-se a interpretação literal da lei 10.520/2002, e prestigiando-se uma interpretação que valoriza princípios como a eficiência administrativa e o interesse público. Trata-se de modelo que vêm sendo utilizado com sucesso há alguns anos por órgãos e entidades públicas em situações variadas. Entretanto, diante da excepcionalidade do modelo, que não possui previsão expressa na legislação, é essencial que a Administração Pública demonstre, de forma justificada, a adequação da utilização de tal critério em cada caso de exploração de direitos de denominação.

Por fim, analisadas as modalidades de licitação passíveis de serem adotadas pelas entidades públicas, convém ressaltar que a exigência do procedimento licitatório deve ser excepcionada nos casos de inexigibilidade, como no caso de doação com encargo de bens infungíveis ao ente público em que não haja possibilidade de competição quanto à respectiva obtenção. Evidentemente, tais casos devem ser plenamente justificados pelo administrador público, exatamente por consistir em mitigação à regra procedimental para obtenção e concessão de bens pela Administração Pública.

2.2.3.3 Estudos econômicos

Na Administração Pública, a prática de atos que configurem despesas ou que resultem em receitas, em regra, deve ser precedida de estudos econômicos, simples ou complexos, que confiram suporte técnico à tomada de decisões pelos administradores, e que indiquem os possíveis resultados da conduta administrativa.

As cessões de direitos de denominação de ativos públicos não são diferentes, de modo que devem ser precedidas de análise econômica, a fim de

os limites de sua competência, uma vez que há previsão legal estabelecendo a utilização da modalidade pregão, do tipo maior lance, para a alienação de bens em leilão judicial (Lei 11.101/2005) (...) Ademais, essa modalidade, na forma como empregada pela ora recorrida, já vem sendo utilizada por diversos Tribunais Regionais Federais, sobretudo pelo Superior Tribunal de Justiça, para a cessão de uso oneroso de área para fins de exploração comercial das atividades de restaurante e lanchonete. Do mesmo modo, o mesmo procedimento foi utilizado, a exemplo, pelo Ministério Público Federal/CE (Pregão Presencial 03/2008) e pelo TRF da 4ª Região (Pregão Presencial 09/2009)."

NAMING RIGHTS DE BENS PÚBLICOS

se identificar, principalmente, (i) a eventual existência de interessados (evitando-se ofertas de ativos em relação aos quais não haja interessados, situação que pode gerar a depreciação do bem e prejudicar negociações futuras), (ii) o possível valor de mercado do bem cujo direito de denominação se pretende conceder (impedindo-se uma subavaliação originária, que poderia resultar na redução das receitas públicas possivelmente obtidas com o negócio), e (iii) o melhor modelo de pagamento.

Para a verificação dos dois primeiros itens (existência de interessados e valor de mercado do bem), a entidade pública que deseja explorar direitos de denominação de seus bens pode optar por se valer de servidores de seu quadro, caso possuam conhecimentos técnicos compatíveis com esse tipo de trabalho, ou contratar empresas especializadas em pesquisas de mercado para obter os dados almejados. O terceiro item (modelo de pagamento) deve ser definido no âmbito interno de cada entidade, de acordo com as respectivas necessidades e circunstâncias.

Quanto ao primeiro item, a eventual existência de interessados pode ser verificada de modo comparativo (com base em negociações referentes a bens similares praticados em âmbito local) ou de forma direta, através de oitiva pública, de modo similar ao *Procedimento de Manifestação de Interesse* (PMI), mecanismo previsto de forma genérica em algumas leis (como no art. 21 da lei 8.987/95) e regulamentado em âmbito federal pelo Decreto nº 8.428/2015, o qual dispõe de forma expressa sua aplicabilidade a arrendamento de bens públicos e a concessões de direito real de uso. Deve-se notar, todavia, que a oitiva pública relacionada ao interesse em obter o direito de denominar um bem público (como ocorre quando este é um negócio autônomo, e não acessório) não envolve elaboração de projetos ou levantamentos pelos interessados, nem direito a qualquer ressarcimento posterior, como costuma ocorrer no PMI. A oitiva que ora se propõe consiste exclusivamente em uma medida para que a Administração possa sentir a receptividade do mercado à ideia.

No que concerne à análise do valor de mercado do bem, os estudos econômicos também podem se basear em outros negócios similares de *naming rights* praticados na localidade, inclusive de bens privados. A análise deve levar em consideração ainda o montante que a Administração pretende arrecadar, a fim de estabelecer um piso que assegure um mínimo de lucratividade para o Estado.

Assim, ilustrativamente, se a Administração pretende construir uma nova ala de hospital, deve identificar o custo total da obra, e estimar qual

NAMING RIGHTS DE BENS PÚBLICOS

montante do valor total será obtido através da concessão de direitos de denominação. Se a estimativa de arrecadação for, por exemplo, de 50% do valor total, a Administração deverá estabelecer um piso para os lances nesse patamar, ou, na pior das hipóteses, em valor que lhe seja aproximado.

Por fim, quanto ao melhor modelo de pagamento, deve-se averiguar se a melhor solução em cada caso envolve o recebimento do valor total de uma só vez, em algumas parcelas ou em prestações sucessivas ao longo de todo o prazo contratual. Esta análise deve ser realizada não apenas pela perspectiva da Administração Pública, mas também sob a ótica dos eventuais interessados, que possivelmente, na maior parte dos casos, poderão se sentir desestimulados a celebrar contratos em que tenham que despender uma grande quantidade de valores de uma só vez logo no início do prazo contratual.

Deve ser levado em consideração, ainda, o projeto da Administração para a utilização das receitas advindas da exploração de *naming rights*. Assim, se a receita será utilizada para a manutenção de uma estação ferroviária, por exemplo, parece mais indicado o pagamento em parcelas mensais e sucessivas até o termo final do contrato, de modo que a Administração obtenha uma receita contínua que lhe permita desenvolver as atividades correspondentes ao seu projeto.

2.2.3.4 Consultas públicas

O último parâmetro procedimental envolve a participação social na definição de escolhas administrativas, elemento indispensável para uma gestão administrativa democrática, por assegurar a *responsividade*[230] dos administradores, por permitir que grupos minoritários e interesses não representados sejam ouvidos, e por evitar percepções equivocadas acerca do

---

[230] V. MOREIRA NETO, Diogo de Figueiredo. *Curso de direito administrativo*: parte introdutória, parte geral e parte especial. Rio de Janeiro: Ed. Forense, 2006, p. 85. "(...) [a responsividade] é princípio instrumental da democracia, uma vez que se destina a salvaguardar a legitimidade, ou seja, a conciliar a expressão da vontade popular, democraticamente recolhida, com a racionalidade pública. Por isso, apresentada como complemento atualizador da responsabilidade, a responsividade é a reação governamental, que deve ser a normalmente esperada e exigida, ante a enunciação da vontade dos governados."

que configura o verdadeiro interesse público em cada caso, dentre outros fatores[231].

Ocorre que, apesar de todos os benefícios trazidos pela participação social nas escolhas administrativas, não se pode esquecer que o *excesso* de participação produz diversos entraves à gestão administrativa, tornando--a mais lenta, e impedindo-a, muitas vezes, de tomar medidas eficientes e aproveitar boas oportunidades.

A postura ideal da Administração Pública, portanto, consiste em um ponto de equilíbrio entre a eficiência e a participação social. No que concerne à exploração de *naming rights* de bens públicos, a situação não é diferente.

Como se observou nos tópicos anteriores, em alguns casos particular- mente relevantes, a importância comunitária de um determinado bem público, o nome que se lhe pretende atribuir, a definição da pessoa res- ponsável pela nomeação e o tempo de exploração do bem são elementos com aptidão para gerar intensa polêmica e insatisfação social, fatores que podem ser minimizados através da realização de um procedimento admi- nistrativo no qual seja assegurada a possibilidade de participação pública.

Entretanto, a exigência de efetiva participação em procedimentos refe- rentes a *naming rights* depende da presença de algumas circunstâncias, pois, conforme se adiantou, o tempo inerente ao processo administrativo pode arrefecer o interesse do particular na aquisição dos direitos de denomina- ção, e os custos correspondentes podem reduzir os valores da concessão a patamares não atraentes para a Administração Pública. Assim, parece necessário estabelecer uma distinção entre situações *comuns*, em que a

---

[231] MOREIRA NETO, Diogo de Figueiredo. *Curso de direito administrativo*: parte introdutória, parte geral e parte especial. Rio de Janeiro: Ed. Forense, 2006, p. 81. *"O princípio da participação está intimamente referido à expansão da consciência social e ao natural anseio das pessoas de influir de algum modo nas decisões de poder que repercutirão sobre seus respectivos interesses, e é nessa linha que se estão produzindo as transformações dos modelos simples de democracias representativas em modelos politicamente mais complexos de democracias participativas, possibilitando aos cidadãos, na tersa lição de Jean Rivero, não apenas escolher quem os governará, mas como querem ser governados. Esta ampliação juspolítica do conteúdo da cidadania faz do princípio da participação, abrangente de todas as formas de ação do Estado, legislativas, administrativas e judiciais, um instrumental indispensável para valorizar o princípio substantivo da legitimidade e dar-lhe efetividade no Direito contemporâneo, tal como já consagrado na Constituição da República Federativa do Brasil, de 1988, em vários dispositivos, notada- mente no art. 1º, que define o Brasil como Estado Democrático de Direito, no parágrafo único do mesmo artigo, que declara a origem do poder político no povo, exercitável pela representação e pela participação, e no art. 14, do Capítulo dedicado aos direitos e garantias fundamentais, ao estabelecer, desde logo, três importantes formas de participação direta e semidireta, extensíveis ao âmbito da Administração Pública."*

efetiva participação social, embora possivelmente proveitosa, não é particularmente relevante, e situações *especiais*, em que é bastante recomendável a realização de consulta pública a fim de se perquirir se a exploração de *naming rights* pretendida está em consonância com o interesse público.

Nos casos *comuns*, ou seja, naqueles que são a regra no cotidiano da Administração Pública, o procedimento de obtenção de informações deve ser simplificado, baseando-se em coleta de dados disponíveis acerca dos aspectos envolvidos em cada negócio como forma de instruir a decisão administrativa. Após a obtenção de tais informações, a Administração Pública deverá ser capaz de definir de forma mais acurada se é conveniente realizar tal exploração e quais são as restrições eventualmente incidentes, sem que, para isso, tenha se despendido um longo lapso temporal, ou tenha se adotado um procedimento muito complexo e custoso. Os casos comuns, portanto, situam-se em âmbito de atividade ordinária de gestão administrativa e devem ser tratados em conformidade com sua complexidade reduzida.

Entretanto, há casos *especiais*, referentes a ativos de relevância particularmente grande, nos quais, ainda que inexista previsão legal que assim o determine, é recomendável um procedimento administrativo mais complexo, que envolva a exposição das razões pelas quais a Administração Pública pretende explorar os *naming rights* de tais bens, e a realização de consulta pública[232].

A exposição prévia das razões administrativas é importante porque o primeiro passo para a obtenção de participação social adequada nas decisões administrativas consiste na exigência de transparência durante todo o processo decisório, de forma que seja possível conhecer com exatidão as circunstâncias e os motivos fáticos e jurídicos que levaram a Adminis-

---

[232] No Brasil, há legislação que assegura de forma expressa a realização de consultas públicas, dentre as quais podem ser destacadas a lei 12.527/2011 (lei de acesso à informação) e a lei 10.257/2001 (Estatuto da Cidade). Na primeira (lei 12.527/2011), é possível notar a preocupação legislativa não apenas com a possibilidade de obtenção de informações relevantes, mas com os *meios* de divulgação destas informações. Afinal, a disponibilização de informações que não é capaz de alcançar os destinatários correspondentes é evidentemente insuficiente. No ponto, ainda que se pudesse chegar a esta conclusão por um raciocínio lógico, é digna de aplausos a expressa previsão do dever dos órgãos e entidades públicas de divulgar informações em sítios oficiais da *internet*. Essa parece ser uma solução bastante importante para a coleta de informações acerca da conveniência da exploração de *naming rights* de bens públicos, por reduzir o tempo gasto e os custos com a realização dos procedimentos administrativos.

tração a adotar cada medida, bem como para que seja possível avaliar de maneira adequada os resultados dela decorrentes. A transparência é um elemento essencial para a redução de possíveis efeitos perversos da discricionariedade[233], por viabilizar a participação informada dos administrados[234], já que, sem acesso à informação, não há verdadeira democracia[235]. A aquiescência pública às decisões administrativas em um ambiente verdadeiramente democrático só pode ser construída com base em uma relação de confiança racional, ou seja, aquela na qual os indivíduos tenham constantemente a consciência de que são titulares do poder e de que este é exercido em seu benefício. Não basta, portanto, a participação do povo através de eleições periódicas, mas sim uma postura estatal de constante renovação desta confiança, através de prestações de contas e de justificações dos fundamentos das condutas administrativas[236].

Com a exposição das razões pelas quais a Administração Pública deseja explorar os *naming rights* de um determinado bem relevante, é possível alcançar melhores resultados através de consultas públicas, diante da provável obtenção de comentários, sugestões, opiniões e críticas mais informadas do público, tornando, com isso, mais robusta a avaliação administrativa acerca da conveniência da concessão dos direitos de denominação do ativo público.

Evidentemente, nos casos excepcionais em que for realizada a consulta pública, a abertura para coleta de informações (assim como a exposição dos respectivos motivos) deve ser divulgada de forma ampla, a fim de se evitar representações equivocadas da opinião pública e a prevalência das

---

[233] SAMPAIO, Luis Felipe. Gestão pública democrática e suas relações com supremacia do interesse público, discricionariedade administrativa e transparência. In: *Revista de Direito Administrativo Contemporâneo*, v. 19, 2015, pp. 29-32.

[234] MORAND-DEVILLER, Jacqueline. Poder Público, Serviço Público: Crise e Conciliação. Trad. Patrícia Baptista. In: *Revista de Direito do Estado* – RDE, nº 4, out/dez 2006. pp. 391-392.: *"Elemento indispensável à manutenção da paz civil dos Estados e à segurança dos indivíduos, a autoridade deve se parecer menos com um poder do que com uma missão, com um dever. (...) A autoridade será tão mais forte quanto for aceita e uma explicação para a sucessão de reformas verificada nos dias atuais é a conscientização pela Administração quanto à impossibilidade de continuar a gerir unilateralmente e de portas fechadas ao tempo em que as reivindicações de participação dos cidadãos aumentam substancialmente.".*

[235] CROSS, Harold L. *The people's right to know*: legal access to public records and proceedings. New York: Columbia University Press, 1953.

[236] ENTERRÍA, Eduardo García de. *Democracia, jueces y control de la administración*. Madrid: Editorial Civitas, 1997, pp. 108-109.

ideias de grupos minoritários bem organizados. Além disso, a divulgação deve ser estendida para grupos ordinariamente sub-representados na sociedade, a fim de viabilizar sua participação e assegurar uma representação adequada. Para alcançar esse objetivo, parece que a melhor solução, na maioria das vezes, será a realização de consulta por meio virtual (*internet*), apesar de ainda haver razoável exclusão digital em diversas regiões do país.

É verdade que nem todas as pessoas se interessam pela participação na vida pública, mesmo que tenham as informações acessíveis sem qualquer dificuldade. Entretanto, é possível afirmar que a facilidade nos meios de acesso à informação assegura aos cidadãos interessados a possibilidade de participar de forma efetiva do controle social, eliminando custos de tempo, de recursos financeiros e de esforço, que, de outro modo, poderiam inviabilizar sua atuação[237]. Assim, a ideia de facilitar o acesso à informação reforça a *igualdade* entre os indivíduos, mitigando barreiras materiais e permitindo que o maior número possível de pessoas tenham a seu alcance as informações relevantes, de modo a integrarem o processo participativo independentemente de suas condições particulares.

Assim, a realização de consulta pela *internet* parece ser o melhor instrumento atualmente disponível para satisfazer o ideal de participação informada. A imposição de providências complementares à Administração Pública (como a disponibilização de urnas para votação e providências similares) implicaria dispêndio de enorme quantidade de tempo e de recursos, fator que poderia não apenas retirar as vantagens econômicas do negócio, mas também afastar eventuais interessados.

Após coletadas e avaliadas as informações, a Administração Pública deve avaliar se existem motivos sérios que indiquem a falta de conveniên-

---

[237] BARCELLOS, Ana Paula de. Papéis do direito constitucional no fomento do controle social democrático: algumas propostas sobre o tema da informação. In: *RDE – Revista de Direito do Estado*, Rio de Janeiro, v.3, n.12, out./dez. 2008, p.12. *"Ao menos um conjunto de problemas que contribuem para a fragilidade do controle social deve receber influência do direito constitucional: trata--se do conjunto de problemas relacionado com a* informação *sobre a ação pública. A rigor, e trata-se de um truísmo, qualquer controle apenas pode ocorrer se houver conhecimento do objeto a ser controlado. Como controlar a ação pública se as pessoas não dispõem de informação sobre ela? A dificuldade em obter informação desestimula o controle social na medida em que impõe ao indivíduo eventualmente interessado em desempenhar esse papel um custo enorme, de tempo e de esforço, na busca por dados. E, ademais, caso as informações não sejam verdadeiras ou compreensíveis, isso pode inviabilizar, afinal, qualquer controle real. Por outro lado, caso as informações sejam de fácil acesso e compreensão para o público, o custo de se informar e exercer alguma forma de controle social diminuirá sensivelmente."*

NAMING RIGHTS DE BENS PÚBLICOS

cia na concessão dos direitos de denominação do bem. Existindo ou não tais motivos, é recomendável que sejam explicitadas as razões pelas quais as sugestões foram ou deixaram de ser incorporadas, ainda que de forma sucinta e agrupada por temas, do mesmo modo como foram coletadas as informações iniciais, a fim de se garantir um retorno informacional aos participantes, em procedimento similar ao de *notice-and-comment rulemaking* das agências reguladoras norte-americanas[238-239]. Embora não haja obrigatoriedade da realização de consultas públicas sem previsão legal, entende-se que, caso o procedimento tenha sido instalado pela Administração Pública, é interessante que se garanta esse *feedback* à população. Afinal, a exposição das razões administrativas, especialmente em casos de grande relevância e que tenha havido participação popular em alguma fase do procedimento, atende ao ideal de um modelo administrativo que deixa para trás o costume de utilizar *razões de Estado*, e pauta a sua conduta pela *legitimação discursiva*, buscando alcançar a definição do interesse público através de um debate aberto e sem preconceitos no espaço público, que não perca de vista a igual dignidade entre todos os indivíduos[240].

---

[238] Nos Estados Unidos, o *Administrative Procedure Act* (APA), de 1946, prevê medidas destinadas a assegurar transparência nas regulações estatais, e viabiliza a participação dos interessados no processo de elaboração de normas por agências. Uma dessas medidas consiste na publicação de propostas de normas administrativas, e, em seguida, na sua submissão ao escrutínio público. Ao final, a agência noticia as razões pelas quais incorporou ou deixou de incorporar as sugestões encaminhadas pelos interessados, permitindo ao público ter amplo conhecimento das razões administrativas.

[239] Em França, também vêm sendo desenvolvidos procedimentos destinados a ampliar a transparência e assegurar a participação informada do público destinatário das decisões administrativas, como a realização de consultas públicas de diversos tipos, aumentando, por fim, a responsividade e a controlabilidade da Administração. V. ROSE-ACKERMAN, Susan; PERROUD, Thomas, *Policymaking and Public Law in France*: Public Participation, Agency Independence, and Impact Assessment (February 14, 2013). Columbia Journal of European Law, 2013, Yale Law & Economics Research Paper No. 463.

[240] Eduardo Mendonça elabora uma boa síntese acerca da legitimação discursiva no espaço público: *"O espaço público não precisa ser entendido como um nome pomposo para a deliberação majoritária como rolo compressor. Em vez disso, a expressão designa um sistema complexo de instâncias deliberativas e fóruns decisórios que devem estar submetidos permanentemente à influência e à crítica. Nesse ambiente, qualquer resposta deve ser vista como essencialmente provisória, a despeito da convicção compartilhada sobre valores básicos, como a igualdade e a liberdade"*. V. MENDONÇA, Eduardo. *A constitucionalização da política*: entre o inevitável e o excessivo, Revista da Faculdade de Direito da UERJ, *18*, edição eletrônica, 2010, p. 8.

Ante todo o exposto, tendo em vista que a gestão de bens se insere no campo de atuação administrativa ordinária, e que a Administração deve atuar de forma eficiente e célere, é possível concluir que a realização de procedimentos especiais e complexos de consultas públicas é um parâmetro procedimental relevante, que permite aferir com maior exatidão o interesse público em cada caso, mas que somente deve ocorrer em situações muito excepcionais, quando se tratar de bens de relevância extrema para a comunidade.

Evidentemente, cada entidade pública poderá estabelecer procedimentos específicos para a exploração de *naming rights* em casos *especiais*, sendo preferível que as disposições acerca de tais procedimentos sejam condensadas em uma política institucional a respeito do tema. Contudo, entende-se que, nesses casos realmente relevantes, qualquer regulamentação deve assegurar a existência de mecanismos de participação social, sob pena de, não o fazendo, configurar-se insuficiente.

2.2.4 Controle judicial e aplicação dos parâmetros propostos

Conforme se pode notar ao longo dos tópicos anteriores, a exploração de *naming rights* envolve diversos aspectos sensíveis e eventualmente polêmicos: desde questões relacionadas às competências normativas e administrativas até questões comunitárias, republicanas e de participação social. E, como ocorre com praticamente todos os temas sensíveis na atualidade, é bastante provável que o Judiciário seja progressivamente instado a se manifestar sobre a exploração de *naming rights* em decorrência da expansão do instituto.

Diante dessa perspectiva, o objetivo do presente tópico é estabelecer parâmetros de controle judicial da utilização do instituto em consonância com os aspectos substantivos e procedimentais abordados neste trabalho, que auxiliem na definição do campo de atuação judicial legítima em cada caso, de modo a (i) evitar que decisões judiciais impeçam o desenvolvimento natural do instituto e os efeitos benéficos que dele podem advir, e, simultaneamente, (ii) assegurar a indispensável atuação do Judiciário em questões que envolvam direitos fundamentais, nas quais, na maior parte das vezes, em razão de seu desenho institucional e de sua função constitucional, é o ator com maior legitimidade e capacidade para agir. Antes, porém, traça-se uma breve síntese acerca da expansão do fenômeno da judicialização, e, em especial, do controle judicial de atos administrativos na atualidade, como forma de auxiliar na compreensão dos motivos pelos quais a definição de parâmetros de controle é tão importante.

Assim como ocorreu com a expansão da exploração de *naming rights*, as duas últimas décadas foram marcadas por um volume sem precedentes de judicialização[241] em todo o mundo[242]. No Brasil, em particular, o incremento deste fenômeno decorreu, dentre outros fatores, do advento da Constituição de 1988, que tratou de forma abrangente e analítica matérias bastante diversas entre si, e do sistema de controle de constitucionalidade brasileiro, que combina a matriz americana com a matriz europeia[243]. Tais fatores contribuíram para uma ascensão institucional do Judiciário em relação à sua posição na teoria clássica da separação de poderes.

A aludida ascensão do Judiciário também está relacionada, em boa parte, à expansão do pós-positivismo, que promoveu a reaproximação entre o direito e a moral, gerando a valorização dos *princípios*, e a promoção do fenômeno da *constitucionalização do direito*[244]. Com isso, o Judiciário brasileiro decide cada vez mais questões, em termos quantitativos e qualitativos[245], o que vem gerando sucessivos casos de sobreposição judiciária em

---

[241] TATE, C. Neal; TORBJÖRN, Vallinder. *The global expansion of judicial power*. Nova York: New York University Press, 1995.

[242] HIRSCHL, Ran. *The new constitutionalism and the judicialization of pure politics. Fordham Law Review* 75, 2006-2007, pp. 721-722.

[243] BARROSO, Luís Roberto. *Constituição, democracia e supremacia judicial*: direito e política no Brasil contemporâneo. Revista Jurídica da Presidência 96, 2010, p. 8.

[244] BARROSO, Luís Roberto. Neoconstitucionalismo e constitucionalização do Direito. In: *Temas de direito constitucional*, t. IV. Rio de Janeiro: ed. Renovar, 2009, pp. 77/78. *"A ideia de constitucionalização do Direito aqui explorada está associada a um efeito expansivo das normas constitucionais, cujo conteúdo material e axiológico se irradia, com força normativa, por todo o sistema jurídico. Os valores, os fins públicos e os comportamentos contemplados nos princípios e regras da Constituição passam a condicionar a validade e o sentido de todas as normas do direito infraconstitucional. (...)No tocante à Administração Pública, além de igualmente (i) limitar-lhe a discricionariedade e (ii) impor a ela deveres de atuação, ainda (iii) fornece fundamento de validade para a prática de atos de aplicação direta e imediata da Constituição, independentemente da interposição do legislador ordinário."* Convém notar que, no direito administrativo, o citado fenômeno produz efeitos bastante sensíveis, pois este ramo foi tradicionalmente pautado no princípio da legalidade formal. Seria possível dizer, portanto, que o direito administrativo caminha em direção a uma concepção *material* de Estado de Direito. O Estado legislativo é sucedido pelo Estado constitucional.

[245] Além da notória expansão *quantitativa* do número de ações distribuídas e de recursos julgados anualmente pelos Tribunais, também é possível destacar uma expansão *qualitativa* dos assuntos que o Judiciário vem sendo chamado a decidir. Neste sentido, e somente no que

relação ao Legislativo e ao Executivo, especialmente quando o controle judicial é realizado em relação a aspectos habitualmente considerados não sindicáveis em juízo.

No que concerne especificamente ao direito administrativo, as transformações geradas pelo conjunto de fenômenos citados, em sua vertente *positiva*, viabilizam a eliminação de interpretações isoladas e ilegítimas da legislação administrativa, perpetuadas através dos tempos sem referibilidade constitucional[246], e contribuem para um progressivo respeito aos direitos fundamentais dos indivíduos na gestão administrativa. Entretanto, em sua vertente *negativa*, podem representar a substituição injustificada de decisões legitimamente tomadas nas esferas políticas e diretamente representativas da população (por vezes com base em estudos e conhecimentos técnicos específicos), por decisões tomadas por um único juiz, com base em suas concepções particulares e isoladas acerca do que é bom e correto.

A exploração de *naming rights* de bens públicos se encaixa perfeitamente no panorama apresentado, pois envolve não apenas questões jurídicas (aquelas classicamente aceitas como passíveis de sujeição a controle judicial), mas também questões morais, tradicionalmente consideradas não sindicáveis.

Essa expansão da atuação do Judiciário, aliada ao fato de que o ordenamento jurídico brasileiro prevê diversos meios de judicialização de ques-

---

concerne ao Supremo Tribunal Federal (STF), é possível citar a judicialização de questões relativas a financiamento público de campanha, aborto de feto anencefálico, pesquisas com células-tronco, demarcação de reservas indígenas, e uniões homoafetivas, dentre outras questões de extrema relevância social.

[246] Por *referibilidade*, busca-se expressar a ausência de relação entre normas legais administrativas em vigor por longos anos com os variados textos constitucionais com os quais coexistiram, fato decorrente de casos de promulgação (ou outorga) de novas constituições (ou de reformas constitucionais através de emendas ou outros instrumentos), sem a necessária releitura das normas administrativas então vigentes, de modo a readequá-las à nova realidade constitucional. Como exemplo de ausência de referibilidade no ordenamento jurídico brasileiro, é possível citar o art. 35 do Decreto-Lei 3.365/41 (*"Art. 35. Os bens expropriados, uma vez incorporados à Fazenda Pública, não podem ser objeto de reivindicação, ainda que fundada em nulidade do processo de desapropriação. Qualquer ação, julgada procedente, resolver-se-á em perdas e danos."*), cuja interpretação literal já sobreviveu a três Constituições (mais a Emenda Constitucional 01/69) desde o momento de sua edição, e persiste consolidada de forma pacífica na jurisprudência, mesmo diante do atualmente vigente inciso XXIV do art. 5º da CR/1988, que estabelece expressamente a necessidade de indenização prévia e em dinheiro para a realização de desapropriações, ressalvados apenas os casos previstos na própria Constituição.

tões ligadas ao patrimônio público[247], tende a gerar grande volume de ações judiciais envolvendo atos praticados pela Administração Pública na exploração de *naming rights* de seus bens, de modo que é imprescindível averiguar o âmbito de abrangência do controle judicial.

Cada caso de concessão de direitos de denominação de bens públicos encontra opiniões variadas na sociedade acerca de sua conformidade ou inconformidade com o interesse público, apoiadas em argumentos variados (econômicos, morais etc.). No entanto, apesar da diversidade de concepções sociais, no fim do dia, é preciso encontrar uma resposta final, seja ela afirmativa ou negativa. A quem cabe, então, definir a resposta que prevalecerá? Pela teoria clássica, tal resposta deveria ser emitida pelo Executivo, instância representativa incumbida de gerir o patrimônio público. Entretanto, é possível defender esta posição de forma irrestrita? Caso contrário, caberia ao Judiciário dizer qual a *"resposta certa"*?

No que concerne aos elementos estritamente jurídicos (como aqueles, por exemplo, que envolvem a concessão de direitos de denominação em contrariedade a vedações legislativas expressas), não há dúvidas de que o Judiciário pode e deve se manifestar com profundidade, levando em consideração o arcabouço jurídico existente sobre o tema. Porém, na ausência de regulamentação relevante sobre o tema, quaisquer respostas dependem da realização de analogia a situações similares, e da utilização de fundamentos principiológicos, o que pode tornar a análise judicial bastante abstrata e não necessariamente justa[248].

---

[247] A título exemplificativo, podem ser citados o inciso LXXIII do art. 5º da Constituição da República, a lei 4.717/1965 (lei de ação popular), a lei 7.347/85 (lei de ação civil pública), dentre outros.

[248] O princípio da *proporcionalidade* tem sido regularmente utilizado como mecanismo de redução da discricionariedade do intérprete, exigindo que a justificação interpretativa ocorra em três etapas: (i) a da adequação, em que se analisa se a medida é adequada a alcançar os fins a que se destina, (ii) a da necessidade, na qual se verifica se há outro meio menos gravoso de se alcançar o mesmo resultado, e (iii) a da proporcionalidade em sentido estrito, na qual se realiza uma análise de custo-benefício, investigando-se se, no caso concreto, os benefícios alcançados superam os malefícios gerados. Entretanto, o que se tem observado na realidade brasileira, especialmente em virtude do grande volume de trabalho no Judiciário, é que o princípio da proporcionalidade tem sido utilizado como o principal fundamento – e muitas vezes o único – de inúmeras decisões judiciais, que não cumprem adequadamente a necessidade de justificação discursiva de cada uma de suas etapas de aplicação. Tais decisões seguem a "fórmula" consistente em mencionar de forma breve e genérica que a decisão escolhida – seja ela qual

NAMING RIGHTS DE BENS PÚBLICOS

Quanto aos demais elementos da resposta (como as escolhas morais e econômicas realizadas pela Administração Pública em cada caso), a possibilidade de atuação do Judiciário encontra maiores obstáculos, principalmente em virtude de objeções relacionadas à sua legitimidade democrática[249-250] e à sua capacidade institucional[251].

Por outro lado, é igualmente correto afirmar que algumas decisões administrativas (ou legislativas) sobre o tema podem ser contrárias à vontade prevalecente dos administrados, assim como outras decisões, apesar

for – "é adequada, necessária e proporcional em sentido estrito, e por isso está correta". Esse modo de atuação judicial é claramente antidemocrático por representar clara arbitrariedade.

[249] Uma das principais críticas quanto à falta de legitimidade democrática do Judiciário está relacionada à inexistência de eleição dos juízes. Este fator geraria ausência de representatividade e a denominada *dificuldade contramajoritária* (expressão cunhada originariamente por Alexander Bickel, ao tratar do controle de constitucionalidade, que busca indicar a atuação contrária à vontade da maior parte da sociedade. V. BICKEL, Alexander M. *The least dangerous branch: Supreme Court at the bar of politics*, 2 ed. New Haven: Yale University Press, 1986. Costuma-se objetar essa crítica com base no fato de que, por ser o Judiciário uma das funções do Poder, e de todo o Poder emanar do povo (ou da nação, dependendo da concepção adotada), o Judiciário jamais poderia ser considerado uma instância não representativa. Além disso, costuma-se afirmar que o Judiciário, em diversos casos e por vários motivos, se mostra uma instância mais representativa que as instâncias tradicionalmente políticas. Sobre o último ponto, v. LAIN, Corinna Barrett. *The judicial system upside-down*. 101 GEO. L. J. 113, 154, 2012. Disponível em http://georgetownlawjournal.org/files/2012/11/Lain.pdf. Último acesso em 20/03/2017.

[250] Outra crítica importante está relacionada à derrocada do mito da neutralidade jurídica e da completude do direito, com a existência de respostas prontas na ordem jurídica, a serem alcançadas através de um processo exclusivamente técnico e mecânico de concretização das normas. Sustenta-se que o direito não apresenta respostas prontas para todas as situações, e que intérpretes racionais e bem intencionados podem alcançar soluções jurídicas diferentes para a mesma questão. Isso porque as interpretações jurídicas contidas em decisões judiciais sofrem diversos tipos de influências externas ao direito, conscientes ou subconscientes, como as convicções e experiências pessoais de cada juiz, as interações que ocorrem no interior de órgãos judiciais colegiados, as interações entre tribunais diversos, a possibilidade de decisões judiciais não serem implementadas por outros Poderes, e a opinião pública, dentre outros fatores. V. FRIEDMAN, Barry. The politics of judicial review. In: *Texas Law Review*, 84, n. 2, 2005-2006.

[251] Críticas relacionadas à capacidade institucional buscam demonstrar que o estudo sobre interpretações jurídicas não deve ter como foco central indagações acerca de "como o texto deve ser interpretado", devendo se dar mais atenção a "como as instituições, com suas distintas capacidades e limitações, devem interpretar certos textos". SUNSTEIN, Cass R.; VERMEULE, Adrian. Interpretation and institutions. In: *Michigan Law Review*, v. 101, n. 4, pp. 886.

NAMING RIGHTS DE BENS PÚBLICOS

de possuírem suporte majoritário na sociedade, podem afetar direitos fundamentais de alguns indivíduos[252].

Essas constatações indicam que, de forma apriorística e *ex ante*, nem o Judiciário pode ser considerado o dono da "resposta certa" sobre questões referentes à exploração de *naming rights*, nem, por outro lado, as instâncias tradicionalmente políticas podem ser consideradas absolutamente livres para regulamentar e implementar o instituto. Em cada caso, ao invés de se atribuir uma legitimidade abstrata e anterior para alguma instituição quanto à definição da "resposta certa", é mais adequado atribuí-la *posteriormente*, com base nas circunstâncias de cada caso, as quais fornecerão maior suporte à análise das virtudes e fraquezas de cada posição. Por essa razão é que se mostra indispensável fixar parâmetros para uma atuação judicial legítima no controle da exploração de *naming rights* de bens públicos.

A fixação de tais parâmetros, evidentemente, não poderia se descolar dos aspectos substantivos e procedimentais que foram propostos quando se tratou dos critérios que a Administração Pública deveria levar em consideração para a correta exploração de *naming rights*.

Outra constatação importante é que os parâmetros substantivos, por envolverem maior subjetividade, devem impor ao Judiciário um grau de deferência maior às decisões administrativas em relação aos parâmetros procedimentais, em razão da maior objetividade destes últimos.

Em síntese, no que concerne aos critérios substantivos, a decisão judicial deverá levar em consideração (i) a relevância do bem para a comunidade, (ii) a natureza do nome, (iii) a pessoa do nomeante, e (iv) o tempo de exploração. Assim, e fazendo-se remissão ao que foi exposto nos tópicos anteriores (de modo a evitar repetições desnecessárias), é possível estabelecer os parâmetros da forma exposta a seguir.

Quanto maior for a relevância comunitária do bem, maior deve ser a intensidade do controle judicial. A relevância comunitária do bem corresponde ao valor que lhe é atribuído pela sociedade, e sua noção pode ser alcançada através da análise (i) da existência de restrições gerais ou específicas na legislação concernentes ao bem; (ii) da natureza do uso do bem pela comunidade; (iii) da natureza intrínseca do bem e sua rela-

---

[252] Imagine-se, por exemplo, uma decisão administrativa de conceder *naming rights* de um bem público, por uma elevadíssima quantia financeira – apta a resolver muitos problemas decorrentes da escassez de recursos – mas que envolva a atribuição de um nome que seja um símbolo de opressão a uma parcela minoritária da sociedade.

ção com o patrimônio público constitucionalmente protegido; e (iv) do tempo de existência do bem. Quanto maior a importância do bem, mais legitimado estará o Judiciário a decidir sobre a concessão de seus direitos de denominação.

No que concerne ao nome atribuído e à pessoa do nomeante, tem-se uma contraposição de princípios. De um lado, dentre outros princípios citados anteriormente, destaca-se o da eficiência econômica administrativa, que impele a Administração a aproveitar as oportunidades de obtenção de recursos que lhe permitam satisfazer as necessidades sociais. De outro lado, encontram-se outros princípios, como o republicano, o democrático, o da impessoalidade e o da moralidade. Quanto maior for a compressão destes últimos princípios em virtude da maximização daqueles situados do outro lado da balança, como o da eficiência econômica ou o da liberdade (decorrente da redução da carga fiscal na sociedade), maior deverá ser a intensidade do controle judicial.

Por fim, no que se refere ao tempo de exploração dos *naming rights*, é suficiente relembrar que a extensão temporal do prazo da concessão é diretamente proporcional ao grau de afetação do princípio republicano, por dois motivos principais. O primeiro se relaciona ao fato de uma fração de uso do bem ficar em poder privado por mais tempo, mitigando a percepção de que efetivamente se trata de uma coisa pública (*res publica*). O segundo motivo diz respeito a possíveis alterações de concepção social acerca do conteúdo do interesse público, de modo que o Estado deve ser sensível a essas variações temporais de conteúdo, como forma de garantir a representação constante dos indivíduos. Ante o exposto, quanto maior for o tempo da concessão dos direitos de denominação, maior deverá ser a intensidade do controle judicial.

Firmados os parâmetros substantivos, é necessário passar à verificação dos critérios de controle judicial relativos ao procedimento utilizado na exploração de *naming rights*, os quais possuem cunho mais objetivo que os anteriores. Deve-se analisar, portanto, (i) a instrumentalização do contrato de direitos de denominação, (ii) os aspectos concernentes à licitação, (iii) os estudos econômicos formulados, e (iv) a realização de consultas públicas acerca da concessão.

Da mesma forma como se procedeu em relação aos parâmetros substantivos, faz-se remissão ao que foi exposto no tópico pertinente aos aspectos procedimentais que a Administração Pública deve observar na exploração de *naming rights*, caso se deseje uma análise detalhada do tema. Com base nos entendimentos ali expostos, conclui-se que o controle judicial deve se pautar nos parâmetros a seguir, no que concerne ao *procedimento* adotado na exploração de direitos de denominação de bens públicos.

Quanto à instrumentalização, o controle judicial deve envolver a análise do instrumento contratual e de sua regulamentação legal. Na ausência de legislação própria sobre contratos de *naming rights*, devem ser aplicadas as regras gerais da lei nº 8.666/93 e as normas pertinentes às concessões de uso, em virtude de sua proximidade em relação à transferência de uso pretendida pela cessão de direitos de denominação.

No que diz respeito à exigência de licitação, o controle judicial deve averiguar a compatibilidade entre a regulamentação legal do modelo de licitação adotado, prestigiando os valores da competição e da igualdade entre os licitantes, como forma de assegurar o maior benefício possível à sociedade. E, naturalmente, o controle também deve ser exercido nos casos de inexigibilidade e dispensa de licitação, a fim de se perquirir a conformidade com a legislação.

Além disso, o controle judicial deve adotar como parâmetro o volume e o grau de profundidade dos estudos econômicos que antecederam a concessão de direitos de denominação. Em primeiro lugar, deve-se verificar se foram realizados tais estudos, e, em caso afirmativo, qual o respectivo grau de *expertise* e de abrangência. Quanto mais embasada economicamente houver sido a concessão, maior deverá ser a deferência judicial. Embora se trate de matéria eminentemente técnica, de difícil aferição pelo Judiciário, a análise do conteúdo dos estudos poderá ser realizada *excepcionalmente*, quando for possível vislumbrar inconsistência flagrante, cuja percepção não exceda a capacidade institucional judiciária.

Por fim, no que concerne à realização de consultas públicas, o controle judicial deve tomar como base o grau de participação social envolvido na decisão administrativa de explorar os direitos de denominação em cada caso.

Em outras palavras, deve ser verificado se a Administração Pública, no caso analisado pelo juízo, adotou procedimentos que permitissem a participação social (o que não é essencial nos casos comuns, mas extremamente recomendável nos casos *especiais*[253]) na construção da decisão administrativa.

Além disso, deve ser averiguado se os *inputs* sociais foram efetivamente levados em consideração pela Administração Pública no momento da elaboração de sua decisão, ou se, ao contrário, foram ignorados. Esta verificação será bastante facilitada caso, conforme se sugeriu anteriormente, a Administração Pública justifique as razões pelas quais as sugestões recebidas através das consultas públicas foram ou deixaram de ser incorporadas na decisão, ainda que de forma sucinta e agrupada por temas, do mesmo modo como foram coletadas as informações iniciais, demonstrando assim a razoabilidade de sua decisão de explorar *naming rights* no caso concreto.

Assim, no que concerne à realização de consultas públicas e outros instrumentos de participação social, devem ser utilizados dois parâmetros distintos, correspondentes a cada etapa da consulta.

Com relação à primeira etapa (fase de realização do procedimento de consulta), quanto mais transparente e participativo for o procedimento, maior deverá ser a deferência judicial à decisão administrativa amparada em dados obtidos através do procedimento.

No que concerne à segunda etapa (fase posterior à decisão administrativa de explorar os *naming rights*), em que devem ser explicitadas as razões de decidir da Administração, quanto maior for a razoabilidade das justificativas administrativas, maior deverá ser a deferência judicial. Sobre o tema, é essencial destacar que o exame da razoabilidade administrativa não deve consistir em uma mera concordância ou discordância do juízo com as razões adotadas pela Administração. Na verdade, ao analisar o ponto, o juízo deve se restringir a averiguar se, diante de todas as sugestões e críticas feitas pela sociedade, era possível que se chegasse à conclusão alcançada, bem como se algum desses *inputs*, apesar de ser apto a alterar a conclusão administrativa, foi deliberadamente ignorado ou negligenciado pela Administração Pública.

Através da utilização dos parâmetros mencionados, acredita-se ser possível reduzir o risco de arbitrariedades administrativas e judiciais, e aumentar a legitimidade democrática das decisões relativas à exploração de *naming rights* de bens públicos.

---

[253] Vide tópico 2.2.3.4.

3. CONCLUSÃO

Em esquete de um famoso programa humorístico[254], um homem desperta de um coma após muitos anos, e em poucos instantes de conversa com uma funcionária do hospital em que se encontra, descobre que inúmeros espaços públicos tradicionais de sua comunidade tiveram seus nomes substituídos por marcas e nomes empresariais, e que mesmo sua cidade passou a ter um nome comercial. Incrédulo com o rumo que as coisas seguiram durante seu período de inconsciência, o homem prossegue na conversa até descobrir, enfim, que seu próprio nome já havia sido vendido.

Apesar do clássico exagero inerente às comédias, a cena toca em um ponto importante: o risco, em longo prazo, da comercialização do espaço público e, em especial, da exploração econômica de *naming rights* de bens públicos. É verdade que, para que o Estado consiga cumprir suas missões constitucionais, é preciso encontrar meios econômicos que as viabilizem. Por outro lado, é preciso refletir sobre as consequências futuras de nossas escolhas, para que o mundo não se transforme em algo que não desejamos.

O presente trabalho buscou justamente conciliar esses dois pontos, preparando o caminho para que o futuro não seja como aquele retratado no esquete. Para isso, foram analisadas algumas experiências acerca da concessão de direitos de denominação no Brasil e foram propostos parâmetros para orientar o desenvolvimento e a aplicação do instituto (em conformidade com o ordenamento jurídico pátrio e com valores extrajurídicos da

---

[254] V. http://www.portadosfundos.com.br/video/rio-2025/. Acesso em 20/03/2017.

sociedade brasileira), de modo a maximizar seus benefícios e minimizar seus efeitos negativos.

De forma a sintetizar os argumentos e as conclusões alcançadas ao longo do trabalho, é possível formular as seguintes proposições objetivas:

1. O modelo de Estado brasileiro exige muitas prestações estatais, e, consequentemente, depende da obtenção de grande volume de receitas.

2. Em regra, o Estado busca obter os recursos necessários para cumprir suas missões constitucionais através da elevação da carga tributária, a qual, no Brasil, já alcançou níveis extremamente elevados.

3. A tributação possui limites econômicos, jurídicos e morais, de modo que não pode ser aumentada excessivamente. Além das vedações constitucionais e legais, há um ponto em que o aumento da tributação deixa de corresponder à ampliação da arrecadação, seja em decorrência do desestímulo à prática dos fatos geradores, seja em virtude do estímulo à evasão fiscal. Assim, é necessário encontrar fontes alternativas de receitas públicas que permitam a não elevação da carga tributária, ou até mesmo sua redução.

4. Uma das mais promissoras fontes alternativas de receitas públicas é a exploração econômica de bens públicos. O Estado, proprietário dos bens públicos, tem legitimidade para geri-los em conformidade com o interesse público, e deve lhes dar as destinações que melhor se adequarem aos fins públicos em cada caso, atendendo à função social, sob pena de estar se desviando de suas obrigações primordiais.

5. Dar função social a um bem público implica extrair dele o máximo de utilidades em consonância com o interesse público. Em parte, isso significa que, sempre que possível, deverão ser levados em consideração aspectos pertinentes a uma gestão economicamente eficiente (redução de despesas e geração de receitas), desde que compatíveis com sua destinação principal.

CONCLUSÃO

6. Uma gestão adequada dos bens públicos pressupõe compatibilidade entre eficiência econômica e valores sociais não econômicos. Há bens que, a despeito de potencialmente rentáveis, não devem ser inseridos no mercado, sob pena de se gerar diversos efeitos nocivos, dentre eles o aumento ilegítimo da desigualdade entre os administrados e a corrupção dos valores intrínsecos aos bens públicos comercializados. A compatibilização de tais valores econômicos e não econômicos deve estar presente em todos os instrumentos de gestão do patrimônio público, inclusive nos negócios acerca de direitos de denominação dos bens públicos.

7. A concessão de *naming rights* distingue-se de outras formas de nomeação de bens públicos, como a nomeação honorífica, a descritiva e a organizacional, basicamente, pelo fato de estas (i) visarem atender *diretamente* o interesse público (enquanto a exploração de *naming rights* tende a atendê-lo apenas *indiretamente*), (ii) serem conferidas pela Administração Pública de forma unilateral e espontânea, através do Legislativo ou do Executivo, e (iii) possuírem caráter gratuito.

8. A exploração de *naming rights* de bens públicos é um importante instrumento à disposição do Estado para aumentar as receitas públicas, e consiste, basicamente, na possibilidade de a Administração Pública contratar com outrem, de forma principal ou acessória, o direito de este atribuir nome a um bem público, material ou imaterial, mediante contraprestação economicamente apreciável. Não há cessão da propriedade em si, mas apenas de uma fração do direito de uso.

9. Dentre as diversas razões pelas quais particulares podem se interessar pela aquisição do direito de nomear bens públicos, há três que se destacam como as mais relevantes: o aumento da publicidade do nome escolhido (com os correspondentes efeitos econômicos), a ressignificação do nome atribuído (com a incorporação de valores e ideias vinculados à esfera pública), e a elevação de *status* na sociedade.

NAMING RIGHTS DE BENS PÚBLICOS

10. A exploração de *naming rights* é apenas uma dentre muitas formas de exploração publicitária do patrimônio público. Há negócios jurídicos que lhe são próximos, como a adoção de espaços públicos e as doações com encargo consistente em permitir ao doador a escolha do nome do bem. Entretanto, cada um desses instrumentos possui particularidades que os distinguem dos demais.

10.1 Apesar da existência de similaridades, a adoção de espaços públicos, ao contrário da concessão de direitos de denominação, não envolve a concessão do direito de nomear o bem adotado, e sua contraprestação é feita na forma de serviço, e não através de dinheiro ou outro bem.

10.2 A doação com encargo é negócio jurídico que, em regra, não é compatível com a exploração de *naming rights* de bens públicos. Quando o valor econômico de tais direitos superar ou equivaler ao valor do encargo, não haverá liberalidade, e, por conseguinte, não haverá doação. Mesmo quando o valor de mercado dos direitos de denominação for inferior ao valor ofertado em doação, o negócio não será possível, diante (i) da necessidade de licitação (em virtude do potencial de competição) e (ii) da impossibilidade de a Administração (donatária) tomar a iniciativa de obter a doação e estabelecer encargo para si própria. No entanto, excepcionalmente, será possível a concessão de *naming rights* de bens doados ao Estado por particular, como cumprimento de encargo, desde que (i) os direitos de denominação possuam valor proporcionalmente inferior ao do bem doado (a ponto de não desnaturar o encargo), e (ii) que haja impossibilidade de competição para a obtenção do bem doado, e, portanto, a licitação seja inexigível.

11. Embora ainda seja recente no Brasil, a exploração de *naming rights* de bens públicos vem se expandindo em escala global, tendo alcançado proporções inéditas nas duas últimas décadas. A experiência estrangeira é rica em exemplos, e permite constatar que o instituto pode ser muito benéfico, mas também pode gerar efeitos negativos, a depender das circunstâncias de cada caso. Daí se extrai a neces-

CONCLUSÃO

sidade de se encontrar parâmetros para a utilização do instituto no Brasil que o adaptem ao ordenamento jurídico vigente e que permitam extrair dele o máximo de benefícios à sociedade com o mínimo possível de riscos.

12. O primeiro passo para o estudo dos *naming rights* de bens públicos no Brasil consiste na definição das competências para tratar do tema. O ponto pode ser dividido em duas partes: (i) repartição *vertical* de competências, que envolve a análise das competências administrativas e legislativas de cada ente para proceder à concessão dos direitos de denominação, e (ii) repartição *horizontal* de competências, que pressupõe a análise das competências institucionais do Executivo e do Legislativo de cada ente, com o intuito de definir as respectivas margens de atuação.

12.1 No que concerne à repartição vertical, e especificamente à competência administrativa de cada ente, é possível afirmar que cada ente federado está legitimado de antemão apenas para a exploração dos *naming rights* de bens públicos integrantes de seu próprio patrimônio.

12.2 Em relação à competência legislativa de cada ente, é certo que a União é competente para editar normas gerais sobre o tema, sem prejuízo da competência dos demais entes para editar normas específicas, em respeito à autonomia federativa e à repartição constitucional de competências. A inexistência de normas gerais editadas pela União sobre *naming rights* não confere liberdade absoluta para os demais entes legislarem sobre o tema, eis que existem restrições estabelecidas diretamente pela Constituição da República, assim como pela lei 8.666/93, que estabelece normas gerais sobre licitações e contratações administrativas.

12.3 Ainda em relação à competência legislativa, é possível afirmar que as Constituições Estaduais não podem estabelecer normas gerais a serem aplicadas aos Municípios inseridos no Estado correspondente, sob pena de indevida restrição à capacidade normativa própria dos Municípios, elemento essencial da autonomia federativa municipal, estabelecida e garantida na Constituição da República.

12.4 Por fim, no que concerne à repartição horizontal de competências e às questões institucionais entre Executivo e Legislativo, dois pontos devem ser destacados. Em primeiro lugar, a celebração de contratos de *naming rights* de bens públicos independe da existência de legislação que expressamente preveja ou discipline esse tipo de contrato, eis que decorre da autonomia contratual da Administração Pública. Em segundo lugar, o Executivo não pode conceder os direitos de denominação de um bem de modo a substituir o nome atribuído pelo Legislativo por lei formal, vez que apenas lei posterior pode revogar a anterior. Da mesma forma, o Legislativo não pode alterar o nome de um bem público na vigência de um contrato de *naming rights*, diante da proteção constitucional ao ato jurídico perfeito e ao direito adquirido.

13 Diante do caráter incipiente da exploração de *naming rights* no Brasil, é essencial decompor o instituto em elementos distintos que possam servir de parâmetros substanciais e procedimentais para seu desenvolvimento. Quanto aos elementos substanciais, quatro se destacam: a relevância do bem para a comunidade, o nome que se pretende atribuir, a pessoa do nomeante, e o tempo de concessão dos direitos de denominação. No que diz respeito aos elementos procedimentais, também há quatro aspectos que merecem menção: a instrumentalização de contratos de direitos de denominação, a exigência de licitação, a elaboração de estudos econômicos, e, nos casos em que necessária, a realização de consulta pública.

14. Quanto mais relevante para a comunidade for o bem, maior será o seu valor de mercado, assim como a necessidade de se estabelecer uma proteção mais intensa. Para se identificar quais bens estão sujeitos ou não à exploração de *naming rights*, devem ser utilizados critérios objetivos e subjetivos, como a existência de vedações gerais a respeito do tipo de bem objeto do negócio, a existência de

legislação anterior que atribua nome ao bem de forma específica, a averiguação da natureza do uso do bem pela comunidade, a análise da natureza intrínseca do bem e sua relação com o patrimônio público constitucionalmente protegido, e a aferição do tempo de existência do bem.

15 Salvo existência de norma que estatua vedação expressa no âmbito do ente político correspondente (como ocorre com a União no caso de pessoas vivas, através da lei 6.454/1977), pode a entidade pública celebrar contratos de *naming rights* de bens públicos que permitam a atribuição de nomes de pessoas físicas vivas ou falecidas, e de pessoas jurídicas. Afinal, extrair do princípio da impessoalidade uma vedação apriorística à utilização de qualquer nome de pessoa viva (ou outro tipo de nome) seria expandir demasiadamente o núcleo duro do aludido princípio.

16 O nome escolhido deve ainda se compatibilizar com os demais princípios constitucionais. Assim, dentre outras exigências, não deve afetar negativamente a imagem da Administração, não deve violar a neutralidade administrativa em relação a temas controversos, nem deve promover ideias que estimulem o ódio, a discriminação, o preconceito, e condutas que possam colocar em risco a integridade dos administrados. Além disso, o nome deve ser compatível com o bem nomeado, tanto no que concerne aos valores que promove como em relação a outros aspectos, como o nicho de mercado no qual o nome se encontra inserido.

17 A pessoa do nomeante é um importante aspecto substantivo, em virtude do qual é necessário analisar se esta preenche requisitos formais de habilitação para contratar com a Administração Pública, assim como se possui os pressupostos materiais, tais como reputação idônea e natureza que não seja político-partidária ou religiosa.

18 A duração temporal dos contratos de exploração de *naming rights* deve ser compatibilizada com o princípio republicano. Embora não seja juridicamente impossível a concessão perpétua, esta deve ser evitada, em virtude de questões econômicas e filosóficas. Por um

NAMING RIGHTS DE BENS PÚBLICOS

lado, conflita com a ideia de que deve ser devolvida à população, periodicamente, a opção de renovar, desistir ou trocar o nome ou o beneficiário da cessão. Por outro lado, contribui para a escassez de ativos públicos com valor econômico, e gera a possibilidade de contratação por valores inferiores àqueles que poderiam ser obtidos caso o negócio fosse celebrado quando o mercado de direitos de denominação já estivesse mais desenvolvido.

19 A exploração de *naming rights* de bens públicos no Brasil deve ser instrumentalizada através de concessão de uso, por se tratar de um contrato, negócio jurídico bilateral, em que é exigido grau significativo de estabilidade, de modo a impedir a retomada do bem pelo Estado sem um motivo relevante.

20 Para a contratação de direitos de denominação, é necessário que a Administração Pública realize licitação (salvo quando houver inexigibilidade), de forma a viabilizar a competição entre os interessados em igualdade de condições, com o intuito de alcançar a melhor proposta. Para isso, poderá ser adotada a modalidade pregão, com o critério de maior lance, de modo a encontrar a melhor proposta para a Administração Pública. Entretanto, diante da excepcionalidade do modelo, que não possui previsão expressa na legislação, é essencial que se demonstre, de forma justificada, a adequação da utilização de tal critério em cada caso.

21 A licitação deve ser precedida de estudos econômicos que permitam identificar, principalmente, (i) a eventual existência de interessados (evitando-se ofertas de ativos em relação aos quais não haja interessados, situação que pode gerar a depreciação do bem e prejudicar negociações futuras), (ii) o possível valor de mercado do bem cujo direito de denominação se pretende conceder (impedindo-se uma subavaliação originária, que poderia resultar na redução das receitas públicas possivelmente obtidas com o negócio), e (iii) o melhor modelo de pagamento.

22 Quanto à realização de consultas públicas, vale destacar que, em casos excepcionais, referentes a ativos de relevância particular-

CONCLUSÃO

mente grande, é recomendável a realização de procedimentos que assegurem participação social na contratação de *naming rights* de bens públicos, ainda que inexista previsão legal, por se tratar de medida que contribui para uma gestão administrativa democrática, por assegurar a *responsividade* dos administradores, por permitir que grupos minoritários e interesses não representados sejam ouvidos, e por evitar percepções equivocadas acerca do que configura o verdadeiro interesse público em cada caso. Entretanto, nos casos *comuns*, ou seja, naqueles que são a regra no cotidiano da Administração Pública, o procedimento de obtenção de informações deve ser simplificado, baseando-se em coleta de dados disponíveis acerca dos aspectos envolvidos em cada negócio, a ser realizada pelo próprio ente, evitando-se, assim, dispêndio de longo lapso temporal, e procedimentos muito complexos e custosos. Os casos comuns, portanto, situam-se em âmbito de atividade ordinária de gestão administrativa e devem ser tratados em conformidade com sua complexidade reduzida.

23 No que concerne ao controle judicial de questões relativas à exploração de *naming rights*, não é possível, de forma apriorística e *ex ante*, considerar o Judiciário como o agente mais apto a dar uma "palavra final" sobre todas as questões inerentes à exploração de direitos de denominação. Por outro lado, também não se pode considerar que as instâncias tradicionalmente políticas estão absolutamente livres para regulamentar e implementar o instituto. Ao invés de se atribuir uma legitimidade abstrata e anterior para algum agente, é mais adequado atribuí-la *posteriormente*, com base nas circunstâncias de cada caso, as quais fornecerão maior suporte à análise das virtudes e fraquezas de cada posição.

24 Assim, o controle judicial deve seguir alguns parâmetros, de modo a (i) evitar que decisões judiciais impeçam o desenvolvimento natural do instituto e os efeitos benéficos que dele podem advir, e, simultaneamente, (ii) assegurar a indispensável atuação do Judiciário em questões que envolvam direitos fundamentais, nas quais, na maior parte das vezes, em razão de seu desenho institucional e de sua fun-

NAMING RIGHTS DE BENS PÚBLICOS

ção constitucional, é o ator com maior legitimidade e capacidade para agir.

25 Tais parâmetros, evidentemente, se relacionam com os aspectos substantivos e procedimentais expostos quando se tratou dos critérios que a Administração Pública deveria levar em consideração para a correta exploração de *naming rights*. Os parâmetros substantivos, por envolverem maior grau de subjetividade, devem impor ao Judiciário um grau de deferência maior às decisões administrativas em relação aos parâmetros procedimentais, em razão da maior objetividade destes últimos.

26 Em síntese, a decisão judicial deverá observar os seguintes critérios substantivos: (i) quanto maior for a relevância comunitária do bem, maior deve ser a intensidade do controle judicial, (ii) no que concerne ao nome e à pessoa do nomeante, quanto maior a compressão dos princípios republicano, democrático, da impessoalidade e da moralidade pelos princípios da eficiência econômica e da liberdade, mais intenso deverá ser o controle judicial, e (iii) quanto maior for o tempo da concessão dos direitos de denominação, maior deverá ser a intensidade do controle judicial.

27 Quanto aos critérios procedimentais, o controle judicial deve abranger (i) a instrumentalização do contrato, (ii) os aspectos legais concernentes à licitação, (iii) o grau de *expertise* e de abrangência dos estudos econômicos formulados, e (iv) a realização de consultas públicas acerca da concessão.

28 No que concerne ao critério de consultas públicas, devem ser utilizados dois parâmetros distintos, correspondentes a cada etapa da consulta. Com relação à primeira etapa (fase de realização do procedimento de consulta), quanto mais transparente e participativo for o procedimento (quando realizado), maior deverá ser a deferência judicial à decisão administrativa amparada em dados obtidos através do procedimento. No que concerne à segunda etapa (fase posterior à decisão administrativa de explorar os *naming rights*), relativa às razões de decidir da Administração, quanto maior for a

razoabilidade das justificativas administrativas, maior deverá ser a deferência judicial. Ao analisar o ponto da razoabilidade, o juízo deve se restringir a averiguar se, diante de todas as sugestões e críticas feitas pela sociedade, era possível que se chegasse à conclusão alcançada, bem como se algum desses *inputs*, apesar de ser apto a alterar a conclusão administrativa, foi deliberadamente ignorado ou negligenciado pela Administração Pública.

REFERÊNCIAS

ALLEN, Gene W. Negotiating, drafting, and implementing naming rights agreements. *North Dakota Law Review*, vol. 86, issue 4, pp. 790-812, 2010.

ALMEIDA, Fernando Dias Menezes de. Mecanismos de consenso no direito administrativo. In: ARAGÃO, Alexandre Santos de; MARQUES NETO, Floriano de Azevedo (Coord.), *Direito administrativo e seus novos paradigmas*. Belo Horizonte: Fórum, pp. 335-349, 2008.

ALTBACH, Philip G. What's in a Name? How Universities Sow Confusion and Cheapen Academe. In: *International Higher Education*, 40, Summer, pp. 17-18, 2005.

ANDRADE, Fernanda Alves; SANTANA, Jair Eduardo. A concessão de uso de bem público e o pregão: compatibilidade entre o objeto e a modalidade de licitação, *in Revista Fórum de Contratação e Gestão Pública, Belo* Horizonte, ano 10, n. 118, pp. 41-49, 2011.

ARAGÃO, Alexandre Santos. O princípio da eficiência. In: *Revista Eletrônica de Direito Administrativo Econômico*, Salvador, Instituto de Direito Público da Bahia, nº 4, nov--dez/2005, jan/2006.

_____. *Curso de direito administrativo*. Rio de Janeiro: Forense, 2012.

ASHLEY, Greg C.; O'HARA, Michael J. Valuing Naming Rights. In: *Papers of the Nebraska Economics and Business Association held in Hastings*, NE, October, pp. 1-24, 2002.

BARAK-EREZ, Daphne. Three questions of privatization. In: ROSE-ACKERMAN, Susan; LINDSETH, Peter L. (Ed.) *Comparative Administrative Law*. Cheltenham, UK; Northampton, MA, USA: Edward Elgar Publishing, pp. 493-510, 2010.

BARCELLOS, Ana Paula de. Papéis do direito constitucional no fomento do controle social democrático: algumas propostas sobre o tema da informação. In: *RDE – Revista de Direito do Estado*, Rio de Janeiro, v.3, nº 12, pp. 77-105, out./dez. 2008.

BARCELLOS, Cleudes Teresinha Maffei. *Investimentos em patrocínio na modalidade de naming rights:* empresas que praticam esses negócios no Brasil e características deste mercado. 2013. Dissertação (Mestrado em Ciências Contábeis) - Universidade do Vale do Rio dos Sinos, Rio Grande do Sul.

BARROSO, Luís Roberto. Saneamento básico: competências constitucionais da União, Estados e Municípios. In: *Revista Eletrônica de Direito Administrativo Econômico (REDAE)*,

Salvador, Instituto Brasileiro de Direito Público, nº 11, agosto/setembro/outubro, pp. 1-21, 2007.

_____. Neoconstitucionalismo e constitucionalização do Direito. In: *Temas de direito constitucional*, t. IV. Rio de Janeiro: ed. Renovar, pp. 61-119, 2009.

_____. Constituição, democracia e supremacia judicial: direito e política no Brasil contemporâneo. In: *Revista Jurídica da Presidência*, nº 96, pp. 5-43, 2010.

BARTOW, Ann. *Trademarks of Privilege*: Naming Rights and the Physical Public Domain. In: *UC Davis Law Review*, Vol. 40, pp.919-970, 2007.

BERNARD, Sébastien. *La recherche de la rentabilité des activités publiques et le droit administratif*. LGDJ, Tome 218, 2001.

BICKEL, Alexander M. *The least dangerous branch: Supreme Court at the bar of politics*, 2 ed. New Haven: Yale University Press, 1986.

BINENBOJM, Gustavo. *Uma teoria do direito administrativo*: direitos fundamentais, democracia e constitucionalização. 2ª edição revista e atualizada – Rio de Janeiro: Renovar, 2008.

BLOCHER, Joseph. School naming rights and the First Amendment's perfect storm. *The Georgetown Law Journal*, 96, n. 1, pp. 1-57, 2007.

BOLLIER, David. *Silent theft: the private plunder of our common wealth*. New York and London: Routledge, 2002.

BRANDÃO, Rodrigo. Entre a Anarquia e o Estado de Bem-Estar Social: Aplicações do libertarianismo à filosofia constitucional. In: *Teoria e Filosofia Constitucional Contemporânea* (coord. Daniel Sarmento). Rio de Janeiro: Lumen juris, 2009.

_____. *Supremacia judicial* versus *diálogos constitucionais*: a quem cabe a última palavra sobre o sentido da Constituição? Rio de Janeiro: Lumen Juris, 2012.

BURTON, Terry. *Naming rights: legacy gifts and corporate money*. Hoboken, NJ: John Wiley & Sons, 2008.

CARVALHO FILHO, José dos Santos. *Manual de Direito Administrativo*, 25ª edição. Rio de Janeiro: Atlas, 2012.

CORREIA, José Manuel Sérvulo. *Legalidade e autonomia contratual nos contratos administrativos*. Coimbra: Almedina, 2003.

COUTO E SILVA, Almiro. Princípios da legalidade da administração pública e da segurança jurídica no estado de direito contemporâneo. In: *Revista da Procuradoria-Geral do Estado do Rio Grande do Sul*, Porto Alegre, v. 27, pp.13-31, 2003.

CRETELLA JÚNIOR, J. *Bens públicos*, 2ª edição. São Paulo: Livraria e Editora Universitária de Direito Ltda., 1975.

CROSS, Harold L. *The people's right to know: legal access to public records and proceedings*. New York: Columbia University Press, 1953.

DA SILVA, José Afonso. *Curso de direito constitucional positivo*. 25ª edição, revista e atualizada. São Paulo: Malheiros, 2005.

DESCHRIVER, Timothy; JENSEN, Paul. What's in a name? Price variation in sport facility naming rights. In: *Eastern Economic Journal*, 29, pp. 359-376, 2003.

DI PIETRO, Maria Sylvia Zanella. Função social da propriedade pública. In: *Revista Eletrônica de Direito do Estado*, Salvador, Instituto de Direito Público da Bahia, pp. 1-13, nº 06, abril/maio/junho, 2006.

_____. *Direito administrativo*. 27ª edição. São Paulo: Atlas, 2014.

REFERÊNCIAS

DRENNAN, William. Where generosity and pride abide: charitable naming rights. In: *University of Cincinnati Law Review*, n. 80, pp. 53-111, 2012.

DUGUIT, Léon. *Las transformaciones del derecho público y privado*. Granada: Editorial Comares, S.L., 2007.

DWORKIN, Ronald. *Sovereign virtue: the theory and practice of equality*. Cambridge, Harvard University Press, Fourth Printing, 2002.

ENTERRÍA, Eduardo García de. *Democracia, jueces y control de la administración*. 4ª ed. - Madrid: Editorial Civitas, 1998.

FARIAS, Cristiano Chaves de; ROSENVALD, Nelson. *Direitos Reais*, 2ª edição. Rio de Janeiro: *Lumen juris*, 2006.

FARNHAM, D.; HORTON, S. *Managing the new public services*. London: Macmillan, 1992.

FERRARI, Sérgio. A (In)Submissão dos Municípios ao Ordenamento Jurídico Estadual – O caso do §2º do art. 112 da Constituição do Estado do Rio de Janeiro e a Evolução da jurisprudência do TJRJ. In: *Revista de Direito da Associação dos Procuradores do Estado do Rio de Janeiro*, v. 19. Federalismo. Rio de Janeiro: Lumen Juris, pp. 155-169, 2008.

FERRAZ, Luciano. Função regulatória da licitação. In: *Revista do Tribunal de Contas do Estado de Minas Gerais*, v. 72, n. 3, ano XXVII, pp. 27-36, julho-agosto-setembro de 2009.

FONSECA JUNIOR, Antonio Gabriel de Paula; VASCONCELLOS, Luiz Eduardo Meira de (Org.). *Biblioteca Octavio Tarquinio de Sousa e Lucia Miguel Pereira*. Rio de Janeiro: Contracapa, 2011.

FONTE, Felipe de Melo. *Políticas públicas e direitos fundamentais*. São Paulo: Saraiva, 2013.

FRIEDMAN, Barry. The politics of judicial review. In: *Texas Law Review*, 84, n. 2, pp. 257-337, 2005-2006.

GAGLIANO, Pablo Stolze. *O contrato de doação*: análise crítica do atual sistema jurídico e os seus efeitos no direito de família e das sucessões, 4ª edição. São Paulo: Saraiva, 2014.

GRAU, Eros Roberto. *A ordem econômica na Constituição de 1988*. 16ª ed. São Paulo: Malheiros, 2014.

HACHEM, Daniel Wunder. *Princípio Constitucional da Supremacia do Interesse público*. Curitiba: Fórum, 2011.

HARDIN, Garrett. The tragedy of the commons. In: *Science*, New series, vol. 162, nº 3859, pp. 1243-1248, 1958.

HELLIWELL, John F.; LAYARD, Richard; SACHS, Jeffrey. *World Happiness Report 2015*. New York: Sustainable Development Solutions Network, 2015.

HIRSCHL, Ran. The new constitutionalism and the judicialization of pure politics. In: *Fordham Law Review* 75, pp. 721-754, 2006-2007.

HOLANDA, Sérgio Buarque de. *Raízes do Brasil*. 26ª edição. São Paulo: Companhia das Letras, 1995.

HOLMES, Stephen; SUNSTEIN, Cass. *The cost of rights – why liberty depends on taxes*. New York-London: W.W. Norton & Company, 1999.

IKENAGA, Ana Lucia. *A atribuição de nome como modo de exploração de bens públicos*. 2012. Dissertação (Mestrado em Direito do Estado) - Faculdade de Direito, Universidade de São Paulo, São Paulo.

JUSTEN FILHO, Marçal. A exploração econômica de bens públicos: cessão do direito à denominação. In: *Revista de Direito da Procuradoria-Geral do Estado do Rio de Janeiro*, edição especial, pp. 216-236, 2012.

KYMLICKA, Will. *Filosofia Política Contemporânea*. São Paulo: Martins Fontes, 2006.

LAIN, Corinna Barrett. *The judicial system upside-down*. 101 GEO. L. J. 113, 154, pp. 1-69, 2012.

LEAL, Fernando. Propostas para uma abordagem teórico-metodológica do dever constitucional de eficiência. In: *Revista Eletrônica de Direito Administrativo Econômico (REDAE)*, Salvador, Instituto Brasileiro de Direito Público, nº 15, agosto/setembro/outubro, 2008.

LEEDS, Eva M.; LEEDS, Michael A.; PISTOLET, Irina. A Stadium by Any Other Name: The Value of Naming Rights. In: *Journal of Sports Economics*, Vol. 8, n. 6, pp. 581-595, 2007.

LEONCY, Léo Ferreira. *Controle de constitucionalidade estadual:* as normas de observância obrigatória e a defesa abstrata da Constituição do Estado-membro. São Paulo: Saraiva, 2007.

LEWANDOWSKI, Enrique Ricardo. *Reflexões em torno do princípio republicano*. Revista da Faculdade de Direito da Universidade de São Paulo, São Paulo, v. 100, pp. 189-200, jan./dez. 2005.

MARQUES NETO, Floriano de Azevedo. *Bens públicos:* função social e exploração econômica: o regime jurídico das utilidades públicas. Belo Horizonte: Fórum, 2009.

MEDAUAR, Odete. *Direito administrativo moderno*. 8ª edição revista e atualizada. São Paulo: Editora Revista dos Tribunais, 2004.

MENDES, Gilmar Ferreira. *Curso de direito constitucional*. 7ª edição revista e atualizada. São Paulo: Saraiva, 2012.

MENDONÇA, Eduardo. A constitucionalização da política: entre o inevitável e o excessivo. In: *Revista da Faculdade de Direito da UERJ*, 18, edição eletrônica, pp. 1-46, 2010.

MELLO, Celso Antônio Bandeira de. *Curso de direito administrativo*. 29ª edição. São Paulo: Malheiros, 2012.

MELO, Marco Aurélio Bezerra de. *Direito das coisas*. Rio de Janeiro: *Lumen juris*, 2007.

MOORMAN, Anita M. Naming rights agreements: dream deal or nightmare? In: *Sports Marketing Quarterly*, vol. 11, nº 2, pp. 126-127, 2002.

MORAND-DEVILLER, Jacqueline. *Droit administratif des biens: cours, thèmes de réflexion, commentaires d'arrêts avec corrigés*. 8ª édition. Issy-les-Moulineaux: LGDJ-Lextenso éditions, 2014.

_____. Poder Público, Serviço Público: Crise e Conciliação. Trad. Patrícia Baptista. In: *Revista de Direito do Estado* – RDE, Rio de Janeiro, nº 4, out/dez 2006.

MOREIRA NETO, Diogo de Figueiredo. Princípios da licitação. In: *Revista de Direito da Procuradoria-Geral do Estado do Rio de Janeiro*, v. 48, pp; 39-59, 1995.

_____. *Curso de direito administrativo:* parte introdutória, parte geral e parte especial. Rio de Janeiro: Ed. Forense, 2006.

NEVES, Marcelo. *Transconstitucionalismo*. São Paulo: Martins Fontes, 2009.

NOZICK, Robert. *Anarchy, State, and Utopia*. New York: Basic Books, 1974.

OLIVEIRA, Fernando Fróes. *Direitos sociais, mínimo existencial e democracia deliberativa*. 1ª edição. Rio de Janeiro: Editora Lumen Juris, 2013.

OLIVEIRA, Rafael Carvalho Rezende. *Licitações e contratos administrativos:* teoria e prática. São Paulo: Editora Método, 2012.

OLIVEIRA, Regis Fernandes de. *Receitas não tributárias (taxas e preços públicos)*. 2ª edição.

REFERÊNCIAS

São Paulo: Malheiros, 2003.

PAULA, Ana Paula Paes de. *Por uma nova gestão pública*: limites e potencialidades da experiência contemporânea. Rio de Janeiro: FGV, 2005.

PENTEADO, Luciano de Camargo. *Doação com encargo e causa contratual*: uma nova teoria do contrato. 2ª edição revista, atualizada e ampliada. São Paulo: Editora Revista dos Tribunais, 2013.

PEREIRA, Caio Mário da Silva. *Instituições de direito Civil*, v. III – Contratos. 12ª edição. Rio de Janeiro: Forense, 2007.

PUGA, Fernando Pimentel; BORÇA JUNIOR, Gilberto Rodrigues; NASCIMENTO, Marcelo Machado. In: ALÉM, Ana Cláudia; GIAMBIAGI, Fabio (Org.). *O BNDES em um Brasil em transição*. Rio de Janeiro: BNDES, 2010.

RAGAZZO, Carlos Emmanuel Joppert. *Regulação Jurídica, Racionalidade Econômica e Saneamento Básico*, Rio de Janeiro: Renovar, 2011.

ROSE-ACKERMAN, Susan; PERROUD, Thomas. Policymaking and Public Law in France: Public Participation, Agency Independence, and Impact Assessment. In: *Columbia Journal of European Law*, v. 19, n. 2, pp. 223-309, 2013, Yale Law & Economics Research Paper No. 463.

ROSSMAN, Ed. What's in a name? Naming rights as revenue generators. *Public Libraries Briefcase*, nº 29, 1st Quarter, pp. 1-13, 2014.

SAMPAIO, Luis Felipe. Gestão pública democrática e suas relações com supremacia do interesse público, discricionariedade administrativa e transparência. In: *Revista de Direito Administrativo Contemporâneo*, v. 19, pp. 13-39, 2015.

SANDEL, Michael J. *O que o dinheiro não compra*: os limites morais do mercado. Tradução de Clóvis Marques. Rio de Janeiro: Civilização Brasileira, 2012.

SARMENTO, Daniel. O neoconstitucionalismo no Brasil: riscos e possibilidades. In: SARMENTO, Daniel (org.) *Filosofia e teoria constitucional contemporânea*. Rio de Janeiro: Lumen Juris, 2009.

SCHREIBER, Anderson. *Direitos da personalidade*. São Paulo: Atlas, 2011.

SOUSA, Guilherme Carvalho e. A liberdade de contratar para a administração pública: a autonomia da vontade no contrato administrativo. In: *Revista de Direito Administrativo – RDA*, Rio de Janeiro, v. 260, pp. 183-201, maio/ago. 2012.

SOUTO, Marcos Juruena Villela. *Direito administrativo contratual*. Rio de Janeiro: Lumen Juris, 2004.

_____. Parecer nº 01/2000-MJVS. In: *Revista de Direito da Procuradoria-Geral do Estado do Rio de Janeiro*, edição especial, pp. 422-434, 2012.

SOUZA, Gabriel Soares de. *Tratado descritivo do Brasil em 1587*. Colaborador: Francisco Adolpho de Varnhagem. Rio de Janeiro: Typographia Universal de Laemmert, 1851.

SUNDFELD, Carlos Ari. *Direito administrativo para céticos*. São Paulo: Malheiros, 2012.

SUNSTEIN, Cass R.; VERMEULE, Adrian. Interpretation and institutions. In: *Michigan Law Review*, v. 101, n. 4, pp. 885-951, 2003.

TATE, C. Neal; TORBJÖRN, Vallinder. *The global expansion of judicial power*. Nova York: New York University Press, 1995.

TORRES, Ricardo Lobo. Mínimo existencial. In: *Revista de Direito da Procuradoria-Geral do Estado do Rio de Janeiro*, v. 42, 1990.

_____. *Curso de direito financeiro e tributário.* 18ª edição, revista e atualizada. Rio de Janeiro: Renovar, 2011.

VENOSA, Sílvio de Salvo. *Direito civil*: contratos em espécie. 13.ed. São Paulo: Atlas, 2013.

WALLJASPER, Jay. *All that we share: a field guide to the commons.* New York, NY: New Press, 2010.

WANNISKI, Jude. Taxes, Revenues, and the "Laffer Curve". In: *The Public Interest*, n. 50, Winter, pp. 3-16, 1978.

ÍNDICE

AGRADECIMENTOS 5

APRESENTAÇÃO 9

PREFÁCIO 13

SUMÁRIO 19

INTRODUÇÃO 21

1. GESTÃO DE BENS PÚBLICOS 27

2. *NAMING RIGHTS* DE BENS PÚBLICOS 67

3. CONCLUSÃO 175

REFERÊNCIAS 187